Dagmar von Gersdorff
Goethes Enkel

Walther, Wolfgang und Alma

Mit zahlreichen Abbildungen

[handschriftliche Notiz: L. v. Gyhoff z. 28.7.2008 von Deike u. Klaus]

Insel Verlag

Satz: Hümmer GmbH, Waldbüttelbrunn
Druck: Ebner & Spiegel, Ulm
Printed in Germany
Erste Auflage 2008
ISBN 978-3-458-17392-2

1 2 3 4 5 6 − 13 12 11 10 09 08

INHALT

ERSTER TEIL

Zu Lebzeiten Goethes

DAS HAUS gehörte nun ihnen. Das stattliche, am Weimarer Frauenplan gelegene Wohnhaus mit dem barocken Eingangsportal und der ansehnlich breiten Treppe, den Sammlungs- und Repräsentationsräumen, den Kammern, Höfen und Remisen war ihr Eigentum. Das Gartenhaus an der Ilm, wo sie die Sommerwochen verbracht, der Flügel, auf dem sie Mendelssohn gehört, die Kutsche, in der sie Goethe begleitet hatten – ihr Besitz. Die Gemälde und Bronzen, geschnittenen Gläser, bemalten Porzellane und antiken Büsten im Aldobrandini- und Urbinozimmer, die Uhren und Marmorwerke, der Apoll von Belvedere und die beiden schönen Knaben mit den Fackeln in Händen, insgesamt mehr als sechsundzwanzigtausend Kunstgegenstände, gereiht und geordnet in den dafür gebauten Kommoden, Kästen und Schränken – ihnen anvertraut. Es gehörte ihnen die berühmte Majolikasammlung der italienischen Renaissance, zweitgrößte ihrer Art in Deutschland nach der des Königs von Preußen. In ihrer Hand waren die naturwissenschaftlichen Kabinette, die einzigartige Mineraliensammlung mit siebzehntausendachthundert exakt beschrifteten Steinen und Fossilien, die Schubladen mit seltenen Münzen, für die auch ihr Vater sich begeistert, die er zuletzt noch aus Italien geschickt hatte. Und nicht zu vergessen Goethes Privatbibliothek mit sechstausendfünfhundert Bänden und zehntausend Briefen, die Mappen mit zweitausend Handzeichnungen, Kupferstichen und Aquarellen – alles in allem ein unvergleichlicher Schatz.

Es war das Haus, in dem sie geboren und aufgewachsen waren. Im oberen Stockwerk, das Goethe eigens für die Eltern ausbauen ließ, hatten sie gewohnt. Als Kinder waren sie oft in des Dichters Arbeitszimmer gekommen, wo sie malen und spie-

Das Wohnhaus Goethes und seiner Enkel am Frauenplan in Weimar 1828.
Kupferstich von Ludwig Schütze nach Otto Wagner.

len durften. Mit dem gleichaltrigen Erbprinzen Carl Alexander hatten sie im Alkovenzimmer gelacht, im Hof getobt und manchmal den Sprung direkt durchs Fenster über dem Weinspalier in den Hausgarten gewagt. Der Großvater hatte den Krach milde lächelnd erduldet. Man wußte ja, wie sehr er sich über die Geburt der Enkel gefreut hatte.

Der erste Enkel

Die Spannung war groß. Ein männlicher Erbe sollte es sein, wie bei fürstlichen Häusern. Schließlich würde der Junge Träger des berühmtesten Namens werden, den man in Deutschland kannte. Er sollte das Geschlecht in alle Zukunft weiterführen. Daß Goethe selber so dachte, hat ein Besucher ausdrücklich vermerkt: *Es ist offenbar, daß er von seiner Unsterblichkeit als Dichter nur allzu überzeugt ist; er will aber auch in seinen Enkeln weiterleben.*[1]

April 1818. Als feststand, daß die Geburt in den nächsten Tagen erfolgen würde, hatte es der Dichter allerdings eilig, aus dem Haus zu kommen. Den unangenehmen Begleiterscheinungen einer Niederkunft wollte er auf jeden Fall entgehen. Man konnte nicht wissen, ob das Ereignis tatsächlich so erfreulich verlaufen würde, wie das junge Paar hoffte, oder ob nicht vielmehr das Gegenteil einträte. Die Geburtsvorbereitungen mit ihren unausweichlichen Aufregungen würden ihm nur schaden. Schwiegertochter Ottilie war von zarter Natur, kränkelte oft, und die ärztliche Kunst war begrenzt. Lieber floh Goethe nach Jena, überwachte den Ausbau der Universitätsbibliothek und verbrachte ruhige Abende bei Freund Knebel, der ihn in seinem Haus mit Blick über das Ziegenhainer Tal auf die anregendste Weise unterhielt.

Für seine Schwiegertochter Ottilie war die letzte Zeit sehr schwer gewesen. Sie litt an Kopfschmerzen, Migräne und Gesichtsneuralgien. Ihre Leber war geschwollen, sie hustete, sie klagte. Wie würde sie die Geburt überstehen? Und das Kind, käme es gesund zur Welt? In dieser Hinsicht hatte er selber, Goethe, keine guten Erfahrungen gemacht. Seine Kinder Karoline, Karl und Kathinka, die ihm Christiane Vulpius geboren hatte, waren alle auf unbegreifliche Weise schon im Säuglingsalter gestorben. Eines der Kinder kam tot zur Welt. Kein Arzt war imstande, ihm diese Katastrophen zu erklären. Geblieben war ihm nur einer, der kräftige Erstgeborene, sein einziger Sohn August. Der Neunundzwanzigjährige, seit einem Jahr verheiratet, bekleidete zum Glück eine gut dotierte Stelle als Kammerrat beim Großherzog Carl August von Sachsen-Weimar.

Und nun das Kind. Ein Leibhusar des Großherzogs war eigens als reitender Bote von Weimar herübergeschickt worden, um Goethe die erfolgte Geburt zu melden. Er war den Weg im Eiltempo geritten. Ein Junge sei auf der Welt, geboren am 9. April 1818.

Goethe nahm die Botschaft hochbeglückt zur Kenntnis. Der erste Enkel! Besondere Eile, nach Hause zu kommen, hatte er dennoch nicht. Die ersten Tage würde er in Ruhe abwarten. Es hieß, die Geburt sei schwer gewesen. *Gestern mittag hat Ottilie nach vier Tagen banger Angst und Erwartung einen Sohn geboren, und dies Ereignis, das von jedem nur als der Tod der kleinen, schwachen Frau erwartet ward, hat mich unbeschreiblich erfreut,* schrieb Caroline von Egloffstein an ihre Schwester Julie.[2] Für Ottilie waren die vier Tage eine einzige Marter gewesen. Nun mußte man sehen, ob sie und das Kind am Leben blieben.

Schon traf der erste Glückwunsch ein, übersandt von Staatsminister Christian Gottlob Voigt, dem treuen Kollegen. Das Billett war klug formuliert. Voigt gratulierte nicht nur *zur glücklichen Ankunft des kleinen Gastes,* sondern fügte hinzu: *in welchem das große Erbteil Ihres Namens perennieren soll ...* Damit drückte er aus, was alle dachten: Durch diesen Knaben wird der berühmte Name weitergetragen durch Jahrhunderte. Das mußte dem Dichter gefallen.

Zur angekündigten Taufe erschien Großvater Goethe pünktlich in Weimar und überbrachte, zusammen mit einer Anzahl farbiger Steine, ein eigens für das Neugeborene geschaffenes Gedicht: »Wiegenlied dem jungen Mineralogen«. Damit gedachte er, den Enkel in neun Strophen auf seine zukünftige Bestimmung als Naturwissenschaftler vorzubereiten. Die letzte Strophe des Gedichts lautete:

> *Nun! Wie es Vater und Ahn Dir erprobt*
> *Gott und Natur und das All ist gelobt!*
> *Komme! Der Stiftende führet Dich ein*
> *Unserem Ringe willkommener Stein!*

Leider zeigte die höfliche Aufforderung, sich dem Ring der Naturforscher einzureihen, keinerlei Wirkung. Der Enkel begeisterte sich später zwar für die Natur, doch nur dann, wenn sie als Kulisse romantischer Empfindungen dienen konnte. Für Steine interessierte er sich nicht im geringsten.

Die Namen des Jungen standen bereits fest. Er sollte Walther heißen, nach seinem Vater *Julius August Walther*. Sein zweiter Name war natürlich *Wolfgang*, wie es sich von selbst verstand. *Walther Wolfgang von Goethe*.

Am Tag der festlichen Taufe war zum ersten Mal auch die Familie der jungen Mutter vollständig im Haus am Frauenplan versammelt. Geradezu fürstlich, einem jungen Goethe angemessen, erschienen Auswahl und Anzahl der Paten. Daß sich unter ihnen zwei veritable Gräfinnen befanden, erstaunte niemanden. Gräfin Caroline von Egloffstein, mit ihren dreißig Jahren recht jugendlich wirkend, war Ottilies Freundin und eine begabte Musikerin. Der Vortritt gebührte jedoch der alten Reichsgräfin Luise Eleonore Maximiliane Ottilie Henckel von Donnersmarck, Ottilies 68jährige Großmutter. Als Oberhofmeisterin der russischen Erbgroßfürstin Maria Pawlowna trat sie würdevoll, allerdings mit nur mühsam zurückgehaltenem Unwillen unter die versammelten Gäste. Dieser Tag, der 21. April 1818, zählte nicht zu ihren glücklichsten. Sie nämlich war es gewesen, die von Anfang an die Heirat ihrer Enkelin mit dem Sohn dieses Hauses zu verhindern gesucht hatte. August von Goethe war leider Gottes – man wagte kaum, es nur zu denken – der illegitime, also nicht ehelich geborene Sproß der Demoiselle Vulpius, die vielleicht hübsch lockig, aber arm und ungebildet ins Haus gekommen war. In keiner Weise konnte sich ihr Sohn August, dessen Hang zum Alkohol und plebejischen Äußerungen die Reichsgräfin verabscheute, mit dem Uradel der Donnersmarcks und den aristokratischen Pogwischs messen. Angesichts der einigermaßen späten Nobilitierung seines Vaters war der plumpe August in ihren Augen ein durchaus ungeeigneter Partner für die reizende Enkelin Ottilie, deren Stammbaum fast lückenlos bis ins dreizehnte Jahrhundert zurückreichte. Die alte Dame würde darüber sogar *gezankt und getobt haben*, wußte Gräfin Julie von Egloffstein zu berichten, hätte nicht plötzliche Wehmut beim Anblick des Urenkels sie im letzten Augenblick daran gehindert.

Seine Exzellenz der Staatsminister Johann Wolfgang von Goethe war als Großvater väterlicherseits ebenso Pate wie auch der Großvater mütterlicherseits – dieser allerdings entgegen dem ausdrücklichen Wunsch der alten Reichsgräfin, die ihn nicht ausstehen konnte. Es war der in Kurland lebende Major Wilhelm Julius von Pogwisch, Gutsverwalter und Domherr von Kolberg, von dem sich die Mutter – zum großen Kummer der beiden Töchter – früh getrennt hatte. In Wirklichkeit hatten Ottilie und Ulrike ihren Vater, der nicht mit Geld umgehen konnte und sein Vermögen verspekuliert hatte, seit vierzehn Jahren nicht mehr zu Gesicht bekommen. Auch zu diesem hohen Tag war er leider nicht erschienen. Da Major von Pogwisch aber seiner Tochter Ottilie zu ihrer freudigen Überraschung mit einem langen und warmherzigen Brief zur Hochzeit gratuliert hatte, hoffte sie wohl, ihn durch die Einladung wieder in den Familienkreis zurückholen zu können.

Ein einziges Mal noch ist Major von Pogwisch tatsächlich nach Weimar gekommen, und zwar im Dezember des gleichen Jahres, in dem Walther geboren wurde. Er kam ins Goethehaus, wo er mit dem Dichter zu Mittag speiste, um den neugeborenen Enkel zu besichtigen. Doch obwohl ihm ein langes Leben von sechsundsiebzig Jahren beschieden war, hat Walther diesen Großvater niemals kennengelernt.

Laut Taufprotokoll war bei der Zeremonie persönlich nicht anwesend Frau Johanna Melber, geborene Textor, mit vierundachtzig Jahren die einzige noch lebende Schwester von Goethes Mutter. Es fehlte auch des Dichters Jugendfreund Willemer, bei dessen Gattin der Täufling später seine schönsten musikalischen Stunden verleben würde. Ernst von Schiller, Sohn des Dichters und seit Kindertagen mit August von Goethe befreundet, war ebenso zu Gevatter gebeten wie Goethes Hausfreund Johann Heinrich Meyer. Als Patinnen traten Ottilies Schwester Ulrike und ihre liebste Freundin Adele Schopenhauer in Erscheinung. Auffallen mußte, daß keiner der Verwandten von Christiane Vulpius, welche vor zwei Jahren gestorben war, einer Patenschaft gewürdigt wurde. Nur der sechzehnjährige Rinaldo Vulpius, Sohn ihres Bruders, durfte laut Taufprotokoll am festlichen Essen teilnehmen.

Enkel Walther war noch nicht lange auf der Welt, als schon von verschiedenen Besuchern seine angebliche Ähnlichkeit mit dem berühmten Großvater konstatiert wurde. Goethes Name überstrahlte alles, und da sein Sohn August tüchtig, aber keinesfalls mit Genialität gesegnet war, mußte es der Enkel sein, der die Begabung des Dichters erben und seinen Ruhm glänzend fortsetzen würde. Marianne von Willemer zählte zu

Walther von Goethe als Kind,
gemalt von Julie Gräfin Egloffstein

den ersten, die selbst aus der Ferne diese Prognose stellte. Kaum
daß Walther laufen konnte, meldete sie aus Frankfurt: *Von dem*
großen Enkelchen wurde gerühmt, daß er Ihnen ähnlich sei.

Ottilie war dreiundzwanzig, August dreißig Jahre alt, als der
Dramatiker Bernhard von Beskow nach einem Abend bei
den jungen Eltern befriedigt notierte: *Goethes Privatleben ist*
ebenso glücklich und sonnig wie seine schriftstellerische Laufbahn
gewesen. Sein häuslicher Frieden wird vom Sohne und dessen Enkel
verschönert. August v. Goethe ist verheiratet mit Ottilie v. Pogwisch,
einer ausgezeichneten, interessanten und liebenswürdigen Frau, an-
gebetet von ihren Freunden und von allen hochgeschätzt.[3] Demnach verlief das Leben des jungen Paares in Einigkeit und Har-
monie.

Überglücklich aber war Ehemann August, als Ottilie wieder ein Kind erwartete. Walther war noch nicht zwei Jahre alt, als es angekündigt wurde. Doch diesmal verlief die Geburt noch weit schwieriger und komplizierter als die erste. Es fehlte nicht viel, und Ottilie wäre samt ihrem Kind gestorben – Goethe rechnete bereits mit ihrem Tod. *Ich bin in alles, was erfolgen kann, ergeben, obgleich ihr Verlust einen unübersehbaren Umsturz meiner Zustände hervorbringen müsste*, so sein Kommentar.

Wieder war er vorzeitig aus Weimar geflohen, um während der beängstigenden Vorgänge im Oberstock seines Hauses nicht anwesend zu sein. Immer, wenn es um Leiden und Krankheit ging, floh er. Als sein Vater einen Schlaganfall erlitten hatte, fuhr er nicht mehr nach Frankfurt, kam auch nicht zur Beerdigung. Auch als Schiller starb, blieb er fern. Als seine Mutter Catharina Elisabeth sichtlich alterte, vermied er es zehn Jahre lang, sie zu besuchen; und selbst als er von ihrem Tod erfuhr, reiste nicht er, sondern seine Frau Christiane zur Regelung der Erbangelegenheiten nach Frankfurt. In Erwartung von Christianes Hinscheiden meldete er sich krank und zog sich in sein Zimmer zurück, bis man ihn von ihrem Ende benachrichtigte.

Es war die treue Freundin Adele Schopenhauer, die die Geburt von Ottilies zweitem Kind aus unmittelbarer Nähe miterlebte und mit erlitt. In ihrem Tagebuch heißt es: *Ottilie hat eine schwere, entsetzliche Niederkunft überstanden, sie und ihr Sohn leben. Wie das möglich war nach den Krämpfen, die ihr alle Kraft genommen und sie vier Tage und fünf Nächte so marterten, daß die eigene Mutter sie lieber tot wünschte als so leidend – es ist ein Wunder – das gellende Schreien – die Pogwisch und ihre Verzweiflung!*

Wieder ein Junge. Er kam am 18. September 1820 auf die Welt und erhielt auf Wunsch des Großvaters dessen eigenen Vornamen: *Wolfgang Maximilian von Goethe.*

Das Glück war vollkommen. Goethe verwöhnte seine Schwiegertochter, schickte ihr Geschenke, legte Schönes und Nahrhaftes auf ihren Tisch. Zu seinem ersten Geburtstag erhielt Wolfgang – Wolf genannt – eine blau-goldene Kindertasse mit zierlichen Schriftzügen: *Wolf heißt der Held / der mir gefällt / Ihn tausch ich nicht um die ganze Welt.* Sie befindet sich heute ebenso im Weimarer Goethehaus wie die Spielsachen der beiden Knaben: das Puppentheater, die Modelleisenbahn und Kulissen zum Theaterspiel, die schon August besaß: ein ägyptischer Tempel aus bemalter Pappe, eine Landschaft mit rot leuchtendem Vulkan.

Seit die Kinder drei und fünf Jahre alt waren, durften sie täglich aus den Mansardenzimmern des Oberstocks hinunter in die Zimmer des Großvaters kommen. Selbst im geheiligten Raum, dem Arbeitszimmer des Dichters, konnten sie sich nach Belieben aufhalten, durfte Wolf in eine Schublade des großen Schreibtischs seine Spielsachen einordnen und Walther in Bilderbüchern blättern. Jeden Tag durften sie, meist nach Tisch, den Großvater auch bei seiner Spazierfahrt begleiten. Man fuhr gewöhnlich zu den Orten, wohin er schon mit August seine Ausflüge gemacht hatte, rund ums Webicht, nach Gelmeroda, zum Schloß Tiefurt oder nach Belvedere.

Die Kinder, so klein sie waren, spürten die Zuneigung, die der siebzigjährige Großvater ihnen entgegenbrachte. Bei ihm wußten sie sich aufgenommen, hier waren sie willkommen. Seine Besucher konnten sich nicht genug über den großzügigen Umgang des Dichters mit seinen Enkeln wundern. Wilhelmine Bardua, deren Schwester Caroline die Kinder porträtierte, erlebte im November 1827 ein Mittagessen mit Goethe. Verblüfft notierte sie: *Der siebenjährige Wolf kam mit seiner Serviette zum Großvater; Goethe band sie ihm um, wurde aber von dem Jungen zurechtgewiesen, weil er statt des rechten Arms den linken freigelassen, und musst es noch einmal anders machen, wobei er überaus großväterlich sanft und geduldig verfuhr.*[4]

Ottilie von Goethe im Alter von 40 Jahren.
Pastell von Luise Seidler, um 1845

Sohn August, bei den Mahlzeiten ebenfalls zugegen, fand in der Regel weit weniger Beachtung. Seine Beziehung zu den eigenen Kindern schien den Gästen selten einer besonderen Betrachtung wert. Nur aus den Briefen, die August im Sommer 1830 aus Italien schrieb, erfahren wir sozusagen per Zufall, wie sehr er an seinen Söhnen hing, welche Geschenke er besorgte und wie viele Päckchen er schickte. Freilich, für die besonderen Erfordernisse der Kinder hatte ihr Vater auch nicht viel Zeit. Er war mit seinen verschiedenen Funktionen als Kammerrat des Großherzogs, Sekretär, Verwalter, Stellvertreter des Vaters und wirtschaftlicher Organisator von zwei Haushaltungen fast immer überfordert.

Ehefrau Ottilie war für August keine Stütze. Im Gegenteil, eine tüchtige Haufrau, wie er wohl gehofft hatte, war sie nie, wollte sie auch nicht sein. Ottilie hatte niemals in ihrem Leben selber gekocht, nie eine Mahlzeit bereitet. Die Küche war der Ort, den sie lieber nicht betrat. Selbst das Essen für die Kleinkinder wurde von Kinderfrau Wilhelmine zubereitet. Daß Ottilie gelegentlich den Säugling, der ihr von der Amme wohlverpackt und reinlich zur Mittagszeit in den Arm gelegt wurde, eigenhändig fütterte, registrierte die Umwelt mit wohlwollender Bewunderung. Auch sonst gab sich Ottilie nicht mit Haushaltsfragen ab. Stubenmädchen, Köchin und Küchenpersonal erledigten die täglich anfallenden Arbeiten, und sie benötigte viel Zeit für ihre eigenen Angelegenheiten, die englische Lektüre, die berühmten Gäste, die Ausfahrten mit dem Schwiegervater. Da sie notorisch unordentlich war, ihre Sachen überall herumliegen ließ und bei jeder Reise die notwendigen Dinge vergaß, die ihr dann nachgeschickt werden mußten, kam es mit August zu heftigen Disputen, gab es Streit und Tränen.

Ottilie dachte nicht daran, ihren Mann als den zu akzeptieren, den sie geheiratet hatte. In ihren Augen war er gewissermaßen ein Stoffel, da er ihre herrlichen Ideen nur belächelte. Schon vor der Verlobung hätte sie merken müssen, daß der

nüchtern und realistisch veranlagte August zwar für die Öko-
nomie hervorragend, für romantische Phantasien aber nicht
zu gebrauchen war. Er wiederum kritisierte ihre extravaganten
Anschaffungen, die luxuriösen Kleider, Schals und Hüte und
alle überflüssigen, an Verschwendung grenzenden Anschaffungen, mit denen sie das Budget überzog und ein Leben lang
Schulden machte. In den Mansardenzimmern gab es Wortge-
fechte und häßliche Szenen. Goethe, dem die Spannungen natürlich nicht entgingen, zog sich mit geschickter Diskretion
in seine Privaträume zurück.

Noch waren die kleinen Söhne das einigende Band. Doch die
Meinungsverschiedenheiten, die lautstark und beängstigend
den häuslichen Frieden bedrohten, wuchsen sich mit der Zeit
zu einem veritablen Drama aus. Ottilies Benehmen sei unklug
und unduldsam, urteilte selbst die sonst tolerante Adele Schopenhauer. Sie hatte diese Zerwürfnisse weiß Gott lange vor-
ausgesagt. Aber gegen Ottilies Liebeswahn und Augusts erotische Wut, mit der er die Angebetete am Ende eroberte, war
sie letztendlich machtlos gewesen. Daß sich Ottilie trotz der
vorangegangenen Auseinandersetzungen und entgegen allen
Warnungen in Augusts Arme geworfen hatte, blieb Adele, der
unter vielen Katastrophen wenigstens die einer unglücklichen
Ehe erspart blieb, nachgerade unbegreiflich.

August und Ottilie

Ottilie Wilhelmine Ernestine Henriette Freiin von Pogwisch, 1796 in Danzig geboren, war praktisch ohne Vater aufgewachsen. Der Niedergang ihrer Familie hatte sich vollzogen, als sie vier Jahre alt war. Ihr Vater, Major Wilhelm Freiherr von Pogwisch, ein im Grunde gütiger und weichherziger Mann, hatte mit der gleichen Nonchalance, mit der er die Töchter behandelte, sein ganzes Vermögen im Spiel verloren. Daraufhin hatte seine Schwiegermutter, die herrische Reichsgräfin Henckel von Donnersmarck, die sofortige Trennung von ihrer Tochter verlangt. Henriette von Pogwisch weinte – aber sie gehorchte. Mit ihren Töchtern Ottilie und Ulrike zog sie nach Weimar, wo ihre Mutter, die dort das Amt der Oberhofmeisterin bekleidete, eine Stelle bei der Herzogin Luise für sie bereithielt. Der kleinen Familie wurde eine Wohnung – nicht komfortabel, aber preiswert – in den Dachstuben des Fürstenhauses eingeräumt. Von nun an wuchsen Ottilie und Ulrike, vier und zwei Jahre alt, bei einer »alleinerziehenden« und berufstätigen Mutter auf, die viel abwesend war. Den Mittagstisch erhielten die Kinder bei der Gräfin Henriette von Egloffstein, die mit ihren Töchtern Caroline und Julie ebenfalls im Fürstenhaus lebte.

Ottilie war ein intelligentes und verständiges Kind. Sie lernte leicht, sprach gut englisch und französisch und erwies sich als exzellente Briefschreiberin. Niemals aber wurde sie schulisch gefordert, man verlangte, was Wissen betraf, wenig von den Schwestern, und da man sie nicht zu kontinuierlichem Lernen anhielt, besaß Ottilie später keinerlei Ausdauer und erst recht keine Disziplin. Ihren Anlagen nach hätte ein guter Unterricht ihr später einen entsprechenden Beruf ermöglicht. Doch das Gegenteil war der Fall. Man sah bei Töchtern auf ein gutes Klavierspiel sowie auf geschmeidige Konversation, wie sie allge-

mein von heranwachsenden jungen Damen in den gesellschaftlich gehobenen Salons erwartet wurde. Eigenständigkeit war
nicht erwünscht und nicht erforderlich. So sah sich Ottilie,
oft allein gelassen und geistig nicht gefordert, nach interessanten Ablenkungen und passenden Verehrern um.

Von Gestalt schmal und zierlich, kleidete sich Ottilie von
Pogwisch schon als junges Mädchen gern »zigeunerhaft« und
farbenfroh, mit einer Schwäche für extravagante Kleider und
kühn dekorierte Hüte, die sie sich eine Menge kosten ließ.
Für diese Art von Eitelkeit zeigte nicht einmal der sonst ein-
sichtige Goethe Verständnis. Vermutlich erbte Ottilie ihre viel
kritisierten Eigenschaften von ihrem zur Verschwendung nei-
genden Vater. In jeder Hinsicht vorurteilsfrei, war Ottilie auch
in ihren moralischen Ansichten tolerant, konnte ungemein
herzlich sein und einen Charme entfalten, der alle Besucher
für sie einnahm. In den behaglich eingerichteten Mansarden
des Goethehauses schuf sie sich dann ihren eigenen Salon, in
dem sich interessante Vertreter ihrer Generation und auslän-
dische Gäste in bunter Mischung trafen. Ottilie mit den dicken
Locken und dem bräunlichen, italienisch anmutenden Teint
agierte unter ihren Gästen mit einem Charme, dem sich Männer kaum entziehen konnten und der selbst Frauen wie die er-
fahrene Diplomatengattin Anna Jameson und die reiche, hoch-
gebildete Sibylle Mertens zu ihren lebenslangen Gönnerinnen
werden ließ.

Klein, braun, mit feurigen, geistblitzenden Augen, so beschrieb sie
Frédéric Soret, der neue Erzieher der herzoglichen Kinder, der
sich auf der Stelle in sie verliebte. Allerdings erkannte der er-
fahrene Pädagoge bald auch diejenigen Eigenschaften, die ihr
das Leben schwermachten: *lebhaft, empfindsam, kokett, voll Phantasie, ab und zu auch launenhaft*, betonte er und merkte zugleich
an, daß sie Bälle und schöne Kleider liebe, dennoch aber gute
Literatur und geistvolle Gespräche vorziehe.

In diese verführerische Frau, die das Gegenteil seiner Mutter Christiane Vulpius darstellte, hatte sich August von Goethe glühend verliebt. Man flirtete zunächst nur miteinander, mehr nicht. Denn obwohl Ottilie von den leidenschaftlich vorgebrachten Gefühlen des Kammerassessors nicht unbeeindruckt blieb, verhielt sie sich unter den strengen Blicken der Großmutter Reichsgräfin lieber distanziert. Ihrer Familie schien es von vornherein klar, daß die selbstbewußte und intelligente Siebzehnjährige ihre Sympathie wohl interessanteren Männern zuwenden würde als dem rechtschaffenen, aber langweiligen August.

Goethes einziger Sohn hatte in Weimar das Gymnasium besucht, mit mäßigem Erfolg, denn sein Lerneifer war begrenzt. Der Direktor warf ihm *unverantwortlich häufiges Versäumen und geringe häusliche Vorbereitung* vor.[5] Die Leidenschaft des Heranwachsenden galt weniger dem Lernstoff als den Aufenthalten in der freien Natur und den faszinierenden Sammlungen seines Vaters an Münzen und Mineralien. Noch bevor August zum Studium nach Heidelberg geschickt wurde, verliebte sich der Sechzehnjährige in Caroline Schumann, Tochter eines Hofadvokaten, die seine Gefühle aufrichtig erwiderte. Augusts Aufbruch zur Heidelberger Universität machte der Romanze, die immerhin noch eine Weile schriftlich fortgeführt wurde, zum beiderseitigen Kummer ein Ende. Zuvor hatte der verliebte Student dem traurigen Mädchen, zusammen mit selbstgereimten Versen, einen Ring gesandt.

> *Nimm diesen Ring zum Pfande,*
> *Niemals vergeß ich Dich;*
> *Obgleich nach fernem Lande*
> *Das Schicksal führet mich.*
>
> *Hier denke ich Dein immer,*
> *Stets sehe ich Dein Bild,*

Wenn sich im Mondesschimmer
Mein Herz mit Sehnsucht füllt.

Vom Vater zurückgerufen, kehrte August, der sein Jurastudium an der Universität Jena fortgesetzt, aber nicht beendet hatte, ohne Doktortitel nach Weimar zurück. *Er ist recht brav und gut und ernsthaft, beinahe melancholisch in seinem Wesen: er ist recht gebildet und hat eine herzliche Anhänglichkeit in seinem Gemüt. Er ist mir sehr lieb,* lautete das Urteil von Schillers Witwe. Ludwig von Knebel schrieb aus Jena an seine Schwester: *Dies ist ein wunderlicher Mensch, aber ich habe ihn doch lieb. Er hat eine innere Rechtlichkeit und einen Ernst, der bis zur Melancholie geht. Wirklich neigt er auch dahin, so daß man zuweilen um ihn besorgt sein könnte.*[6]

Goethe, der den Sohn dringend in Weimar benötigte, regelte im Handumdrehen seine berufliche Karriere, indem er dem Herzog versicherte, August bringe zum Staatsdienst die besten Voraussetzungen mit. Diese Zusage wurde vom gehorsamen Sohn in der Tat eingelöst. August war fleißig, pünktlich, ordentlich und gescheit und arbeitete, nachdem er 1816 zum Kammerrat ernannt worden war, unermüdlich und zuverlässig. Sein Sohn werde respektiert *als ein Muster von Solidität,* hatte der Dichter Zacharias Werner Goethe schon aus Heidelberg berichtet.[7] Augusts Fleiß war bemerkenswert – ein Schöngeist und Charmeur war er allerdings nicht.

Ottilie, nach Abenteuern und neuen Freundschaften begierig, verhielt sich noch abwartend, als ein Zufall die Wende herbeiführte. Mitten in den Befreiungskämpfen gegen Napoleon im Jahre 1813 brachte der Krieg den Gardeleutnant Ferdinand Heinke nach Weimar. Der patriotische Aufruf des preußischen Königs hatte den Breslauer Jurastudenten zu den Waffen gerufen, er hatte in Leipzig gekämpft und sich in der Völkerschlacht durch Tapferkeit ausgezeichnet. Ottilie begegnete ihm über-

Der Breslauer Student und preußische Offizier
Ferdinand Heinke im Jahre 1813.
Zeichnung von unbekannter Hand

raschend im Salon von Johanna Schopenhauer, und der strahlende junge Held, dreißig Jahre alt, machte auf die Siebzehnjährige einen unauslöschlichen Eindruck.

Es war nicht nur eine kurze Liebelei. Ferdinand Heinke wurde Ottilies Lebensliebe. Kaum in Weimar eingetroffen, wurde er von Goethes Ehefrau Christiane, die er früher schon in Lauchstädt kennengelernt hatte, dem Dichter persönlich vorgestellt und durfte fast täglich wiederkommen, zumal er sich wie ein Retter verhielt, als Goethe sehr in Not war, wie Heinke in sein Tagebuch schrieb. Man hatte dem Dichter nämlich zwölf Donkosaken als Einquartierung geschickt, die vor dem Haus am Frauenplan lautstark randalierten. Es gelang dem jungen Offizier, die Kosaken nach *zweistündigem Straßenskandal* zur Umkehr zu bewegen. Als Dank widmete ihm Goethe – es war überdies Heinkes Geburtstag – ein Exemplar der »Wahlverwandtschaften«.

Ottilie, von Bewunderung überwältigt, sah in Ferdinand Heinke den Mann ihrer Träume. In seiner leuchtenden Tapferkeit, mit schöngeistigen Kenntnissen und einem verwegenen, doch vornehmen Wesen war er offensichtlich das Gegenteil von August, den der Vater sogar vom Wehrdienst zurückbeordert hatte. Doch alle Träume zerstoben, als Ottilie die Wahrheit erfuhr: Heinke war bereits vergeben. Noch vor dem Feldzug hatte er sich mit Charlotte Werner, der Tochter eines Bergbaudirektors, verlobt.

Niemandem konnte indessen entgehen, daß die temperamentvolle Adlige dem jungen Offizier – verlobt oder nicht – über die Maßen gefiel. *Abends bei Schopenhauers*, notierte er in sein Tagebuch, *Adele präsentierte uns ihrer bildschönen Freundin Ottilie von Pogwisch.*

Adele Schopenhauer, mit Ottilie gleichaltrig, war ihre engste und vertrauteste Freundin. Beide in Danzig geboren, beide ohne Vater aufgewachsen, beide im Kindesalter nach Weimar gekommen, schwärmten sie gemeinsam von romantischer Liebe und unvergänglichem Lebensglück. Adele allerdings besaß nicht Ottilies Charme, nicht ihre erotische Ausstrahlung. Sie war humorvoll und begabt und verfügte über eine wohlklingende Stimme, für die der musikalische Walther später besonders schwärmte. Doch im übrigen galt sie als häßlich, und ihre Heiratspläne zerschlugen sich allesamt – wodurch sie freilich Ottilies Kindern, die sie wie ihre eigenen ansah, treu und selbstlos verbunden blieb. Mit Adele Schopenhauer verfaßte Walther die Libretti zu seinen Opern, mit ihrer Hilfe schrieb Wolf sein Märchendrama »Erlinde«.

Auch Adele Schopenhauer war in den Gardeleutnant verliebt. Sie durchschaute aber ziemlich bald, daß er sich nur für Ottilie interessierte. Die beiden trafen sich heimlich, gingen schließlich sogar auch öffentlich Arm in Arm. Stolz bemerkte Heinke, daß Fräulein von Pogwisch *Glanzpunkt* und *Mittelpunkt* der Gesellschaft sei. *26. November. Abends bei Schopenhauers. Ottilie in der Rolle eines jungen Offiziers ist wieder der Glanzpunkt, und August v. G. wieder zum Totschießen unglücklich.* Schließlich beichtete er ihr in der Silvesternacht 1813, daß er sie mehr liebe, als erlaubt sei.

Nie in ihrem Leben konnte Ottilie dieses Geständnis vergessen. Sie hielt die Verbindung zu Heinke auch dann noch aufrecht, als sie längst verheiratet war, wurde Patin eines seiner Kinder und erreichte noch als Witwe, daß ihre Söhne sich mit Heinkes Töchtern – von denen eine Ottilie hieß – befreundeten. *Alles Gute, alles Schöne*, erklärte sie später, *ist vom Jahre dreizehn.*[8] *Nie ist mir ein Mann so lieb gewesen wie er, und schwerlich wird es je einer werden. Glaube nicht, liebe Mutter, daß ich dies aus einer romanhaften Idee sage und mir etwa in den Gedanken einer ewigen, unbesiegbaren Liebe wohlgefalle; – nein, sicher nicht . . .* Das schrieb Ottilie nach des Freundes Abreise. Es war eine Leidenschaft, die nicht vergehen wollte. Auch Heinke konnte Ottilie nicht vergessen. Als Polizeipräsident von Breslau und Vater von sieben Kindern schrieb er ihr einen überaus wehmütigen Brief, der sie wieder an ihr glückliches Beisammensein erinnerte, und unter Tränen notierte Ottilie in ihr Tagebuch: *Mein armes, armes Leben, was wäre aus mir als seine Frau geworden . . .*

Das Liebesdrama vollzog sich unmittelbar vor den Augen des wütenden August. Er raste vor Eifersucht, daß nicht er, sondern der preußische Leutnant am Christfest 1813 zu Ottilies Füßen unter dem Weihnachtsbaum sitzen durfte. Für ihn gab es nur einen Trost: Der Nebenbuhler hatte den Marschbefehl schon in der Tasche.

Ferdinand Heinke reiste weiter, August eroberte zielstrebig und zäh die alte Stellung zurück. Doch jetzt empfand Ottilie die Kluft zwischen ihm und ihrem Idol noch deutlicher. Im Vergleich zu dem kühnen preußischen Helden wirkte der junge Goethe schwerblütig. Vielleicht war seine Kindheit nicht so problemlos verlaufen, wie viele dachten, und trug die Schuld an seiner Schwermut und Schwunglosigkeit. Die Verschiedenartigkeit seiner Eltern, des berühmten Dichters und der aus einfachen Verhältnissen stammenden Mutter, die nie mit den vornehmen Gästen an der Tafel speiste und die Werke ihres Mannes nicht las, war bekannt. August hatte schon in der Schule spöttische Bemerkungen deswegen ertragen müssen. Als Goethe Christiane Vulpius heiratete, war er, der einzige Sohn, schon sechzehn Jahre alt. Achim von Arnim bezeichnete August als *stumpf*, Boisserée fand ihn *derb natürlich, ein bisschen gemein*. Es gab aber auch andere Urteile. Eckermann notierte nach einem Theaterbesuch 1823 zufrieden: *Ich sprach mit dem jungen Goethe sehr lebendig über das »Bild« von Houwald, welches vor einigen Tagen gegeben worden. Wir waren über das Stück einer Meinung und ich freute mich, wie der junge Goethe die Verhältnisse mit so vielem Geist und Feuer auseinander zu setzen wußte.*

Ottilie nannte Augusts Charakter *fremdartig* und sagte zu ihrer Mutter die prophetischen Worte: *Herr von Göthe steht nicht hoch genug über mir, daß er ... mich zu etwas erheben könnte.* Eine zutreffende Erkenntnis, wie Adele Schopenhauer sofort bemerkte. Ottilie könne mit August niemals glücklich werden, meinte auch Julie von Egloffstein, denn sie sei leicht und flatterhaft, er aber *von trockner, pedantischer Lebensweise.*

Im kleinen Weimar konnten die beiden jungen Leute, ob sie wollten oder nicht, eine Begegnung kaum vermeiden. Man traf sich überall, im Theater, bei Hofe, im Redoutensaal und in befreundeten Häusern wie dem des Ministers Ernst August von Gersdorff und seiner schönen Frau Diane von Pappenheim, deren Tochter Jenny später bei dem jungen Elternpaar ein und aus ging. Ottilie bekannte am 26. Juli 1815 ihrer Mutter: *Seit gestern ist Herr von Goethe wieder redend in meinem Leben eingeführt ... Nun möchte ich nicht, dass er zur alten Liebe wiederkehrte, denn dann hätte ich die alte Qual ...*

Zugleich aber muß ihr bewußt geworden sein, was es bedeutete, den Sohn des größten deutschen Dichters zum Verehrer zu haben. Goethes sichtbares Wohlwollen bei verschiedenen Gelegenheiten war ihr keineswegs entgangen. Im Heinke-Jahr hatte er sie persönlich in sein Haus gebeten. Verwirrt und beglückt, hatte Ottilie während der ganzen Unterhaltung das Bildnis des Herzogs von Urbino betrachtet, welches Ähnlichkeiten mit ihrem preußischen Freund aufzuweisen schien. Es war Ottilies erster Besuch in diesem außergewöhnlichen Haus, in dem zu wohnen ein Traum sein mußte. Als sie Goethe später in seinem Garten wiedersah, schrieb sie an Adele: *Großer Gott, ich verging in dieser Stunde fast vor Glück und Wehmut.* Der Dichter hatte ihr, die ohne Vater aufgewachsen war, unsagbar imponiert. Vater, so nannte sie ihn zeit ihres Lebens.

Es wäre also entschieden ein Fehler gewesen, mit August zu brechen. Ottilie wurde im Oktober 1816 zwanzig Jahre alt, höchste Zeit, die Zukunft energisch in die Hand zu nehmen. So dumm war sie nicht, eine Verbindung auszuschlagen, die von großem Vorteil sein konnte.

Man verabredete sich von neuem. Sie möge bitte auf ihren Ruf achten, monierte die Großmutter Reichsgräfin verärgert. Man habe sie in der Stadt mit August gesehen. Aber schon damals verhielt sich Ottilie so leichtsinnig wie später bei ihren Liebesaffären: unüberlegt und inkonsequent.

Würde es eine Heirat geben? Das war ausgeschlossen, denn da gab es ein unüberwindliches Hindernis in Gestalt von Goethes Ehefrau Christiane. Selbst Heinke hatte die beleibte Dame reichlich *unangenehm* gefunden. Die Existenz der Vulpius war für Ottilies adelsstolze Verwandtschaft eine Zumutung. Ottilies Mutter allerdings schien allmählich schwankend zu werden, zumindest erschien ihr die Partie überlegenswert. Ottilie schrieb ihr im Juli 1816: *Ich glaubte früher, es wäre Dir ganz gleichgültig, uns verheiratet zu sehen oder nicht – jetzt weiß ich doch wohl, dass Du es wünschst.*

Mit Entsetzen sah Adele Schopenhauer ein Unglück herankommen, gegen das sie sich mit allen Mitteln gestemmt hatte. *... lieben, wie das Wort in unseren Seelen steht, kannst Du A. nicht.* Sie riet der unschlüssigen Freundin allen Ernstes zur Flucht. Ottilie solle verreisen. Noch war Zeit, den schrecklichen Bewerber loszuwerden. *... dieser harte wilde Mensch, ich weiß, er zerstört Dich noch ganz.* Zwar lagen beide, August wie Ottilie, erotisch auf einer Wellenlänge, beide waren leicht erregbare, sinnliche Naturen. Auf diesem Gebiet würde es keine Schwierigkeiten geben. Doch in ihren Lebensvorstellungen waren sie so unterschiedlich wie nur möglich.

Von Zweifeln zermürbt, gelobte Ottilie der Freundin schließlich, sich endültig von August zu trennen. *In zwei Stunden gehe ich an Hof – werde suchen, Herrn von Goethe zu sprechen und ihm auseinander zu setzen, daß unser Verhältnis enden muß ...* Ob sie es wirklich wollte, ist fraglich. Jedenfalls mißlang das Vorhaben gründlich. *Herr von Goethe war nicht an Hof –* ausgerechnet an diesem Abend war er zu den Freimaurern gegangen. Statt der erhofften Trennung, so erfuhr die entgeisterte Adele, ereignete sich das Gegenteil. Seine Exzellenz der Staatsminister von Goethe ließ sich bei Freifrau Henriette von Pogwisch melden, um in rein privater Angelegenheit bei ihr vorzusprechen.

Denn das Hindernis, das der Verbindung bislang im Wege gestanden hatte, existierte seit dem Juni 1816 nicht mehr. Nach furchtbaren Krämpfen und Schmerzen, die ihr fast die Besinnung raubten, war Goethes Ehefrau ihrem schweren Leiden

August von Goethe im Alter von 36 Jahren.
Kreidezeichnung von Joseph Joachim Schmeller, 1825

erlegen. Man hatte sie zu Grabe getragen. Ottilie war nun nicht mehr gezwungen, mit dieser fatalen Schwiegermutter unter einem Dach zu leben.

Die Verlobung der zwanzigjährigen Freiin Ottilie von Pogwisch mit dem sieben Jahre älteren Kammerrat August von Goethe wurde zu Silvester des Jahres 1816 bekanntgegeben.

Was bei Ottilies Einwilligung letztlich den Ausschlag gab, war nicht nur ihre Sehnsucht nach einem standesgemäßen und finanziell gesicherten Leben – es war vor allem die Persönlichkeit Goethes. Seine überragende Autorität, sein universales Wissen und nicht zuletzt seine väterliche Güte waren für ihren Schritt entscheidend. *Du weißt, ich liebe den Vater ungewöhnlich*, sagte sie im April 1817 zu August. Dieses Mannes Sohn zu heiraten und in seinem überaus kultivierten Haus zu leben, war nicht nur eine Chance, es war eine Auszeichnung, auf die niemand leicht verzichtet hätte.

Ottilie von Goethe, einen besseren Namen gab es nicht.

Die gegenseitige Zuneigung enthüllt unter anderem ein Brief, den der Dichter im Juli 1828 von Schloß Dornburg, wo Ottilie ihn mit den Enkeln besucht hatte, an seinen Sohn schrieb: *Sie war überhaupt allerliebst und gerade heute vermisse ich sie gar sehr.*

Ein Jahr nach Christianes Tod, am 17. Juni 1817, wurde in kleinem Kreise die Trauung vollzogen. Goethe hatte dem jungen Ehepaar im Dachgeschoß seines Hauses acht gemütliche Räume einrichten lassen, die er ihr »Schiffchen« nannte. Offenbar bestand nie ein Zweifel daran, daß die neue Schwiegertochter selbstverständlich ins alte Haus ziehen würde, obgleich August über die Mittel verfügte, seiner Familie ein eigenes Heim zu besorgen.

Zur Hochzeitsreise bei schönstem Sommerwetter fuhren die Neuvermählten im offenen Wagen zu den Dornburger Schlössern, nach Kösen und zur Rudelsburg. Die Pogwisch-Familie erblickte ein sehr verliebtes Paar. Einzig Adele Schopenhauer ließ sich nicht täuschen, verheimlichte aber ihre Sorgen und vertraute nur dem Tagebuch an: *Ottilie hat ihn lieb, l i e b t ihn nicht.* Sophie von Schardt hingegen berichtete ihrer Schwägerin Charlotte von Stein per Post, die jungen Leute seien äußerst glücklich miteinander. *Der Papa hat die Schwiegertochter sehr lieb. Noch in Jena, muß sie ihm alle Woche schreiben, und so er an sie. Er teilt ihr alle Schätze mit, die er con amore hegt oder hervorbringt. Da sie geistvoll ist, hat sie große Freude dran und schmiegt auch ihr Gemüt sehr freundlich am Vater hinauf.*[9]

Die Ehe begann hoffnungsvoll. August war vor Liebe nahezu blind und bereit, seiner kapriziösen Frau das herrlichste Leben zu bereiten, während Ottilie überzeugt blieb, den gutmütigen Ehemann mit der Zeit ihren Vorstellungen entsprechend zurechtbiegen zu können. Walther, der erste Sohn, ein gesundes Kind, wurde geboren, und Goethe hatte sich als herzlich erfreuter Schwiegervater erwiesen. Ottilie sandte ihm, der sie großzügig beschenkte, einen besonders charmanten Dank. Sie schrieb zu seinem Geburtstag im August 1818: *Ermüden Sie nicht, bester Vater, zu hören, daß ich Sie so sehr liebe und verehre ... Das Gefühl, als hätte ich Ihnen von dem ersten Augenblick meines Lebens als Tochter angehört, wird jeder verstehen, der Augenzeuge war, wie viel Liebe Sie mir beweisen.* Schöner konnte keine Schwiegertochter der Welt ihre Zuneigung ausdrücken.

Bereits zwei Jahre nach dem ersten Kind war der hübsche kleine Wolfgang – *Wolf, Wolfi, Wölfchen* – zur Welt gekommen. Anläßlich seiner Geburt hatte Goethe die tapfere Schwiegertochter mit einer großen Geldsumme beschenkt und ihr ein Gedicht dediziert, das gut gemeint war, aber auch deutlich machte, welche Rolle ihr in seinen Augen zukam.

Deiner Treue seis zum Lohne,
Wenn du diese Lieder singst,
Daß dem Vater in dem Sohne
Tüchtig-schöne Knaben bringst.

Genau betrachtet, verraten die Verse, daß er, Goethe, sich als der eigentlich Beschenkte ansah. *Die tüchtig schönen Knaben,* für ihn waren sie geboren worden. So stand auch zu erwarten, daß die unter seiner Aufsicht heranwachsenden, außergewöhnlich hübschen und begabten Enkel seinem Namen alle Ehre machen würden.

Walther und Wolf

Das große Haus füllte sich mit Leben. Seit die Kinder aus dem oberen Stock zu ihm herunterkommen durften, herrschte ungewohnte Lebendigkeit und geräuschvolle Heiterkeit in den geheiligten Räumen. Goethe erwähnt das Zusammensein mit den Enkeln fast täglich. Seine Tagebücher, sonst mit nüchternen und kurzen Bemerkungen zu Besuchern und wichtigen Tagesereignissen versehen, erfuhren einen entscheidenden Wandel. Als er Napoleon traf und von ihm mit einem hohen Orden ausgezeichnet wurde, notierte er knapp: »Beim Kaiser.« Äußerte er sich aber über seine Enkel, findet man Worte der Wärme und Zuneigung und, was sonst noch seltener war, ein plötzlich aufscheinendes Glücksgefühl. *Mit Walter zweiten Vers des Fischers gelesen und gesungen. — Mit Wolf die Albrecht Dürerschen Steindrücke besehen. — Walter die Geschichte des Siebenschläfers erzählt. — Erste Märzglöckchen durch die Kinder entdeckt. — Mit Wölfchen den Kalender und die Himmelszeichen durchgegangen und den Orion und Sirius gewiesen. — 1001 Nacht gelesen.*

Walther war drei Jahre alt, als der zwölfjährige Felix Mendelssohn aus Berlin — sein späterer Lehrer — auf dem Klavier des Goethehauses sein frühes Talent zeigte. Verblüfft erlebte Adele Schopenhauer, wie das gefeierte Wunderkind Hand in Hand mit dem Dreikäsehoch im Zimmer umhersprang und die ganze Familie — Goethe ausgenommen — sich zur Musik tanzend im Kreis drehte.

Beschäftigung mit Walther. Der Junge war ein freundliches, zutrauliches Kind. Ein von seiner Patin, der Malerin Julie von Egloffstein, wie in einer Momentaufnahme gezeichnetes Bild zeigt den dreijährigen Walther, der mit großen Augen von dem Buch, in dem er gerade blättert, aufblickt.

Der Junge machte Goethe viel Freude. *Kinder sind meinem Herzen am nächsten auf der Erde*, hatte der Dichter seinen *Werther* sagen lassen. *Der Umgang mit Kindern macht mich froh und jung*, äußerte er später in Ilmenau. Aus Verantwortungsgefühl und Liebe hatte er seinerzeit den Schweizer Hirtenjungen »Peter im Baumgarten« bei sich aufgenommen, und der elfjährige Fritz von Stein, vom Dichter wie ein geliebter Pflegesohn behandelt, bezeichnete diese Jahre als seine *glücklichste Periode*. Fritz lobte an Goethes Erziehung vor allem seine Toleranz und Großzügigkeit. Ob diese Erziehungsmaximen tatsächlich ideal waren, sei dahingestellt: ein systematischer, umfassender und konsequenter Wissenserwerb war jedenfalls Goethes Sache nicht. Er sah in der Erziehung vor allem die Aufgabe, angeborene Anlagen zu fördern. *Wohlgeborene gesunde Kinder bringen viel mit, dieses zu entwickeln ist unsere Pflicht*, schrieb er im »Wilhelm Meister«. Nach dieser Vorstellung handelte er auch bei seinen Enkeln. Er forderte Respekt und Ehrfurcht vor den Erwachsenen, war im übrigen großzügig, liebevoll und heiter.

Kanzler von Müller staunte. Er habe mit angehört, wie der Dichter sich mit dem Vierjährigen unterhielt wie mit seinesgleichen, registrierte er verwundert. *Ich traf ihn gegen 6 Uhr abends ganz allein, nur sein kleiner Enkel blätterte in Bilderbüchern und ward bei seinem lebhaften Wesen und öftren Fragen von dem alten Herrn aufs geduldigste von Zeit zu Zeit beschwichtigt, endlich aber durch allerlei Persuasionen vermocht, sich auf das Bett im Kabinett schlafen zu legen* (3. Februar 1823). Selbst als Goethe im März 1823 schwer krank lag, gab er sich nach Müllers Bericht trotz aller Beschwerden intensiv mit Walther ab, *sang ihm sogar ein Liedchen aus dem Spiegel von Arkadien vor.*[10] Man ahnt, welches Lebenselixier Walther und Wolf für Goethe bedeuteten.

Magnus von Stackelberg teilt mit, daß er den Dichter so gut wie nie ohne die Kinder antraf. *Goethe ... mit seinem schneeweißen Schlafrock, in dem er wie ein dicker weißer Hammel aussieht, zwischen seinem Sohn, seiner Schwiegertochter und seinen zwei Enkelkindern, die mit ihm spielen, im Gespräch über Schiller ... ist der interessanteste und liebenswürdigste Mensch.*[11]

Großvater und Enkel dachten sich gemeinsam Geschichten aus und erzählten sich ihre frisch erfundenen Märchen. Die Anwesenheit der »Neulinge«, die vertrauensvoll zu ihm aufblickten, wirkte herzerwärmend: Goethe war dann ganz in seinem Element. Seine Fähigkeit zur nicht endenden Geduld wurde von jedem Besucher bewundert. Eckermann notierte einmal: *Der kleine Walter kam gesprungen und machte sich an Zelter und seinen Großpapa mit vielen Fragen. ›Wenn Du kommst, unruhiger Geist‹, sagte Goethe, ›so verdirbst Du gleich jedes Gespräch.‹ Übrigens liebte er den Knaben und war unermüdet, ihm alles zu Willen zu tun.*

Gelernt wurde nebenbei auch – lehrreich war im Grunde alles, was Goethe unternahm. Bevor Wilhelm Rothe als Hauslehrer angestellt wurde, nahm der Dichter die Ausbildung und Erziehung der Kinder selbst in die Hand. *Walther war gar artig im Erzählen teilnehmend.* Der geborene Pädagoge nahm seine Aufgabe ernst. Tagebuch vom 10. Juni 1823: *Abends Hofrat Meyer und Soret ... Vorher mit Walthern Kupfer besehen und erklärt.* Mit dem gerade fünfjährigen Walther betrachtete er ein Buch über Indien, das ihn selbst schon als Kind gefesselt hatte. Allerdings gab es auch Ärger, wenn die Dinge nicht nach Wunsch verliefen und der Kleine ihm nicht gehorchte. *Einige leichte pädagogische Mißhelligkeiten mit Walther ... Walther war eine Stunde unartig mit allerley Spielereien beschäftigt.*[12] Ein Besucher erlebte, wie die Kinder, als sie im Garten zu laut tobten, zornig zurechtgewiesen wurden. Es war der Architekt Zahn, der sich unangemeldet in den Hof des Goethehauses geschlichen hatte, um nach dem Dichter zu fahnden. Er entdeckte aber nur zwei Knaben, *die wild umherrannten und einen großen Lärm trieben. Da öffnete sich plötzlich ein Fenster, und der Ersehnte lehnte heraus. Mit blitzenden Augen und einer Löwenstimme rief er herunter:* »*Wollt Ihr Lümmel endlich Ruhe halten!*« *Schrie's und warf klirrend das Fenster zu.*[13]

Im Jahre 1823 – Walther war fünf, Wolf drei Jahre alt – kam ein neuer Mitarbeiter ins Haus: der dreißigjährige Johann Peter Eckermann. Ihn hatte die Verehrung für den berühmten Dichter, über dessen Poesie er schon ein Büchlein verfaßt hatte, nach Weimar gebracht, und er war glücklich, bei Goethe als Sekretär, Redakteur und Herausgeber seiner Werke angenommen zu werden. *Der Empfang seiner Seits war überhaus herzlich und der Eindruck seiner Person auf mich der Art, daß ich diesen Tag zu den glücklichsten meines Lebens rechne.* Eckermann schildert das Haus, in dem er zehn Jahre lang ein und aus gehen wird, mit den Augen dessen, der an eine solche Pracht nicht gewöhnt ist: *ohne glänzend zu sein war alles höchst edel und einfach; auch deuteten verschiedene an der Treppe stehende Abgüsse antiker Statuen auf Goethes besondere Neigung zur bildenden Kunst und dem griechischen Altertum* ... Diese edle Welt der Klassik und Schönheit war die Umgebung, in der die Enkel aufwuchsen. *Mit welcher Sehnsucht denke ich oft Ihres Hauses*, hatte Achim von Arnim 1808 an Goethe geschrieben, *wo jedes Zimmer ..., jede Wand wie eine Weltgegend ein eigenes Leben hat.*[14]

Durch Eckermann erfährt man jene Einzelheiten des häuslichen Lebens, die ohne ihn kaum bekannt geworden wären. *Ich sah verschiedene Frauenzimmer, die unten im Hause geschäftig hin und wieder gingen; auch einen der schönen Knaben Ottiliens, der zutraulich zu mir herankam und mich mit großen Augen anblickte ... Diesen Mittag war ich das erste Mal bei Goethe zu Tisch. Es waren außer ihm nur Frau von Goethe, Fräulein Ulrike und der kleine Walter gegenwärtig und wir waren also bequem unter uns. Goethe zeigte sich ganz als Familienvater, er legte alle Gerichte vor, tranchierte gebratenes Geflügel und zwar mit besonderem Geschick ...*

Die Kinder hatten Glück. Ihr Großvater war eine Persönlichkeit, die von der ganzen Welt verehrt wurde, ein Dichter, der sich trotz seiner Arbeitsüberlastung die Zeit nahm, sich mit ihnen zu befassen, ein Großvater überdies, der neben seinen ernsthaft pädagogischen Seiten auch eine Menge Humor besaß. Goethe fand zuweilen sein listiges Vergnügen daran, die Kinder mit verschmitzter Miene in die Irre zu führen. Er überraschte sie mit hintersinnigen Rätseln oder komplizierten Denkaufgaben, die er sich eigens für sie ausgedacht hatte, um ihren Scharfsinn zu prüfen, und freute sich diebisch, wenn sie es nicht errieten.

Des Großvaters Sinn für skurrilen Humor und seine beinah kindliche Neugierde betraf auch das gewaltige Gebiet der Zauberkunst. Das war etwas Neues, das er mit den Kindern erkunden und erproben mußte: Zauber- und Taschenspielerkünste, die man aus einem eigens zu diesem Zweck angeschafften Buch erlernte. Sie wurden von den Enkeln im Haus eingeübt und dann vor Publikum ausprobiert.

Goethes Liebe zum Zauberwesen ging so weit, daß er seinen Enkeln sogar erlaubte, die Taschenspielertricks eines in Weimar gastierenden Berufskünstlers zu erlernen. Anschließend durften sie zur Darbietung ihrer »verderblichen« Künste eine Reihe wohlwollender Zuschauer ins Haus bitten. Es erschien der mit Walther gleichaltrige Erbgroßherzog Carl Alexander von Sachsen-Weimar mit seinem Lehrer Soret, die Vettern Rinaldo und Felix Vulpius, die Jugendfreundinnen Marie und Natalie Herder. Im Publikum saß auch Eckermann, der die Vorführung einigermaßen skeptisch über sich ergehen ließ. *Seine Enkel amüsierten sich mit Taschenspieler-Kunststückchen, worin besonders Walther geübt ist*, notierte er entsetzt. Offenbar hatte er seine Zweifel über derart unpädagogische Versuche auch Goethe gegenüber laut werden lassen, denn der Dichter entgegnete ihm energisch, er habe durchaus nichts dagegen einzuwenden, *daß die Knaben ihre müßigen Stunden mit solchen Torheiten aus-*

Johann Peter Eckermann.
Zeichnung von Joseph Joachim Schmeller

füllen. Es ist, besonders in Gegenwart eines kleinen Publikums, ein
herrliches Mittel zur Übung in freier Rede und Erlangung einiger
körperlichen und geistigen Gewandtheit.

Der genannte Zweck der *Erlangung geistiger Gewandtheit* machte es wohl auch nötig, daß für die Enkel ein teures Buch mit
350 illustrierten Seiten angeschafft wurde: *Carl der Tausend-*
künstler, oder Sammlung mechanischer-, chemischer-, magnetischer-
und Karten-Kunststücke und arithmetischer Belustigungen, zur an-
genehmen und geselligen Unterhaltung. Mit 6 Kupfern. Leipzig, bey
Carl Cnobloch, 1825.[15]

   Auch ein Puppentheater kam ins Haus. Goethe selbst hatte
als Kind sein Marionettentheater heiß geliebt; noch jetzt kannte er viele Szenen auswendig, die er den Enkeln mit verstellter
Stimme eindrucksvoll deklamierte.

Der sechsundsechzigjährige Dichter, der in Wirklichkeit mit der »Farbenlehre«, der Herausgabe seines Briefwechsels mit Schiller und seit 1827 auch mit der Arbeit am zweiten Teil des »Faust« beschäftigt war, erübrigte für die Kinder trotzdem viel Zeit. Sie konnten sich auch dann auf ihn verlassen, wenn zu hohen Geburtstagsfesten künstlerische Darbietungen verlangt und am herzoglichen Hof ihre Mitwirkung bei Theaterstücken und Singspielen erwartet wurde. Umzüge und Charaden fanden statt, es gab Kinderbälle und Maskenfeste. *Mein Sohn und die Frauenzimmer präsentierten sich in ihren Masken. Er als Falstaff nahm sich besonders gut aus ... Die Kinder als Pulcinelle liefen mit drein.*

Neuerdings wurde auch wieder viel gesungen im Haus. Ottilie hatte eine schöne Altstimme, und ihre Mutter, »die Amama«, erteilte dem vierjährigen Walther ersten Klavierunterricht. Kostüme wurden genäht und mit wechselnden Rollen Verkleiden gespielt, schließlich war der Großvater jahrelang Direktor des Weimarer Theaters gewesen. Es fanden Liebhaberaufführungen statt, bei denen die Enkel selbstverständlich mitmachen durften. Goethe entwarf, plante und schrieb, die Kinder probten seine Texte, stellten »Lebende Bilder« dar, übten, lachten, lernten und überboten sich, sein Lob zu erhalten.

Noch führten die Eltern, Ottilie und August, eine halbwegs erträgliche Ehe. Goethe mochte seine Schwiegertochter und sah über ihre Extravaganzen gütig hinweg. Sie wiederum fand in ihm einen Vater, wie sie ihn nie gekannt hatte. Schon vor der Heirat hatte sie wahrheitsgemäß an August geschrieben, sie wolle seinem Vater eine Tochter sein, und zwar *dadurch, daß ich den Namen des Sohnes tragen werde ...*

Auch mit seinem Sohn, den er als den »einzig haltbaren Punkt« im Gefüge seiner täglichen Anforderungen bezeichnete, konnte Goethe zufrieden sein. August erledigte nicht nur die ihm vom Großherzog gestellten Aufgaben hervorragend, er agierte auch unersetzlich als offizieller Geschäftsträger seines Vaters, dessen Vermögen und Verlagsangelegenheiten er anstandslos erledigte. Nur durch Augusts unermüdlichen Einsatz war es Goethe überhaupt möglich, seine literarischen Arbeiten fortzusetzen und die Fertigstellung des »Faust« zu bewerkstelligen.

Dann aber zogen sich die Wolken des Unheils über der Mansardenwohnung zusammen. Während August mit Pflichten überhäuft war, ging Ottilie, entlastet vor allem durch den Einsatz ihrer unverheiratet mit im Haus wohnenden Schwester Ulrike, ihren eigenen Interessen nach. Als »Dame des Hauses« übernahm sie die Aufgabe der Repräsentation und Gästebetreuung. Als intelligente Gesprächsführerin, liebevolle Gastgeberin und anmutige Stellvertreterin des Dichters war sie unübertrefflich. Ihre Sympathie galt Goethe; als Augusts Ehefrau war sie weniger in ihrem Element. Der ständig überarbeitete Kammerrat zeigte für die geistigen Allüren seiner Frau keinerlei Verständnis, kam spät aus der Gastwirtschaft oder abstoßenden Kumpaneien nach Hause, benahm sich ohne das wünschenswerte Feingefühl und behandelte seine Frau unangemessen, so daß Ottilie, wäre Goethe nicht gewesen, ihn lieber heute als morgen verlassen hätte.

Die Katastrophe ließ unter derartigen Verhältnissen nicht lange auf sich warten. Sie nahte sich in Gestalt eines jungen Mannes, der Ottilie durch seine angenehme Erscheinung ebenso wie durch seine Klugheit entflammte und in einen Zustand versetzte, der keine Rücksichtnahme kannte und ihr mühsam erhaltenes Eheleben vollends erschütterte.

Charles Sterling, irischer Abstammung, blaß und rothaarig, Sohn des englischen Konsuls in Genua, sprach im Haus am Frauenplan vor. Das Empfehlungsschreiben, das er bei sich trug, stammte von keinem Geringeren als dem berühmten

Dichter Lord Byron persönlich. Der junge Mann wurde vorgelassen und verliebte sich anscheinend fast ebenso schnell in Ottilie wie sie sich in ihn.

Die vehemente Liebe der verheirateten Frau zu dem acht Jahre jüngeren Irländer nahm weit dramatischere Formen an, als es je bei Heinrich Nicolovius oder dem französischen Kunstreiter Baptiste, der eine Zeitlang als Ottilies Verehrer galt, der Fall gewesen war; selbst ihr Idol Ferdinand Heinke trat angesichts dieses Mannes in den Hintergrund. Keine Macht der Welt konnte Ottilie davon abhalten, sich mit dem bereitwilligen Sterling in ein stürmisches Liebesverhältnis einzulassen, das sie an den Rand der Verzweiflung brachte und dessen Folgen für ihre Ehe und die Kinder außerordentlich belastend waren.

In ihren Aufzeichnungen hielt Ottilie fest, was sie an diesem Mann faszinierte. *Ich lernte vor elf Jahren, im Mai 1823, Herrn Sterling kennen, und er war damals eine auffallend anziehende Erscheinung, groß und schlank, lichte Haare von einer ungewöhnlichen Farbe, glänzende und doch sanfte blaue Augen, eine feine durchsichtige Haut, die von Jugend und jeder vorübergehenden Empfindung, ja von jedem Gedanken gerötet wurde, Züge, welche sehr viel Ähnlichkeit mit den Bildern von Byron hatten, und ein Ausdruck von Poesie, Milde, Heiterkeit und Reinheit der Seele ließen ihn im Äußern, und mit der vollkommenen Übereinstimmung des Innern, wie ein I d e a l von einem Jüngling erscheinen.*

Walther und Wolf waren, als Sterling auftauchte, fünf und drei Jahre alt. Goethe, der die Wirkung bemerkte, die der *dämonische Jüngling* auf seine Schwiegertochter ausübte, gab sich zunächst großzügig. Er kannte ihre *Verwirrtheiten* und war der Meinung, daß die Affäre vorübergehend sei. Doch Sterling blieb ein volles Jahr in Weimar, und das leidenschaftliche Verhältnis konnte auch dem Ehemann nicht verborgen bleiben.

August von Goethe, einst ein hübscher Jüngling mit dunklen Augen und dunklen Locken, den sogar die kritische Frau von Stein liebgewann, hatte sich in den Jahren der Ehe nicht zu seinen Gunsten verändert. Überhäuft mit Sorgen aller Art, war er bemüht, die ehelichen Probleme mit Alkohol zu betäuben. Zwar wurde er seiner beruflichen Verantwortung gerecht, niemand konnte ihn pflichtvergessen nennen, doch er trank zuviel, war dick geworden und benahm sich gegenüber seiner in höheren Regionen schwebenden Ehefrau bitter und vorwurfsvoll.

Ottilie wiederum fühlte sich weder während noch nach ihrer Ehe zum Verzicht bereit. Sie ließ August spüren, daß er ihr nicht genügte, und betrog ihn vor seinen Augen mit einem Jüngling, in dem sie ein Ebenbild des angebeteten Idols Lord Byron zu erblicken glaubte. Es kam zu täglichen Zerreißproben. Mit ihrer Forderung nach »Freiheit« und »Natürlichkeit« verteidigte Ottilie ihre egozentrische Verhaltensweise in der sicheren Vorstellung, in Charles Sterling endlich die wahre romantische Liebe gefunden zu haben.

Ein in ihrem Tagebuch erhaltenes Gedicht gibt Auskunft über Ottilies Seelenzustand, dieses Wogenmeer von Glück und Schmerz, in das sie sich rückhaltlos zu stürzen bereit war.

> *Gib mir Dein Bild — ich will es tragen*
> *Als einen Schild, der Stärke gibt,*
> *Und mutig jedem Schmerzlaut sagen:*
> *Verstummt! Er hat mich ja geliebt!*

Mit Unruhe beobachtete Adele Schopenhauer, in welch gefährliche Lage sich die Freundin begab. Sie wußte, daß Ottilie den gleichen sentimentalen Träumen nachhing wie als Sechzehnjährige, daß sie die rauschhafte Liebe suchte, die der nüchterne August ihr niemals geben konnte.

Die Ehe erreichte einen Tiefpunkt. *Durch welches Gefühl soll sich unser Verhältnis noch bessern?* klagte Ottilie ihrer Mutter, die August in Schutz nehmen wollte, *sieben Jahre lang habe ich mich ungeliebt gesehen, stets getadelt, stets verletzt: nun hängt nichts mehr von ihm ab, er mag sein wie er will, es kann mich zwar noch peinigend, aber nicht mehr erfreuend berühren.*[16] Sie verteidigte ihre Liebe zu Sterling gegen alle Vorwürfe mit der einen Begründung: Er sei ihr Ideal. Später hatte sie sogar die Absicht, ihm Walther und Wolf zur Erziehung zu übergeben.

Sterling, der Theologie studiert hatte, trug sich mit dem Gedanken, als Missionar in Afrika tätig zu werden. Sofort war Ottilie ernsthaft bereit, ihm zu folgen und an seiner Seite als Lehrerin unter den Wilden tätig werden. Selbst die sechzehnjährige Jenny von Pappenheim, Stieftochter des Ministers von Gersdorff, die häufig ins Haus kam, schüttelte über die Unausgegorenheit dieser abenteuerlichen Pläne den Kopf. Als sie sich in der Mansardenwohnung darüber unterhielten, erklärte Ottilie dem jungen Mädchen: *Was soll mir das Geld! Er wollte Missionar werden, ich stimme dem bei, es ist ein edler Beruf. ... Auch eine Schule wollte er gründen; ich würde die Wirtschaft führen ... Inmitten brennender Tränen rief sie aus,* so Jenny: *›Immer nur Leidenschaft, niemals Liebe!‹ Aber schon im nächsten Augenblick klammerte sie sich an die Leidenschaft, die ihr in der Maske der Liebe nahte – und dann immer dasselbe Trauerspiel: Glück, Seligkeit, Verlust und Reue.*[17]

Längst hatte Goethe die wachsende Entfremdung zwischen August und Ottilie bemerkt. Als er sich im Sommer 1823 zur Kur in das böhmische Marienbad begab, sandte er seiner Schwiegertochter, deren überspanntes Wesen er bei Freunden beschönigend »wunderlich« zu nennen pflegte, leicht verweisende, aber auch zweideutig-verständnisvolle Briefe, denen er ein Gedicht beilegte, das von unerlaubter Liebe handelte und Ottilie gefallen haben wird.

Tadelt man daß wir uns lieben,

Dürfen wir uns nicht betrüben,

Tadel ist von keiner Kraft.

Andern Dingen mag das gelten,

Kein Mißbilligen, kein Schelten

Macht die Liebe tadelhaft.

Allerdings benötigte Goethe zu jener Zeit selber moralischen Beistand in Liebesdingen. Es hatte sich nämlich der dreiundsiebzigjährige Dichter in Marienbad seinerseits ernstlich verliebt. Das allein wäre nicht »unstatthaft« und tadelnswert gewesen, hätte es sich nicht um ein blutjunges Mädchen gehandelt, dem er vor aller Augen den Hof machte. Es war die neunzehnjährige Ulrike von Levetzow, die er – man konnte es kaum glauben – zu heiraten beabsichtigte. Der Großherzog Carl August persönlich spielte den Vermittler und überbrachte der Mutter den Antrag seines bejahrten Ministers. Es war ein moralisch aufwühlendes Abenteuer, das es dem Dichter kaum gestattete, seiner siebenundzwanzigjährigen Schwiegertochter ihren Liebeswahn zu verbieten. Die eigenen Gefühlsaufwallungen und Herzensnöte stimmten den alten Herrn milde und nachsichtig.

Ottilie ihrerseits zeigte für die erotischen Anwandlungen ihres über siebzigjährigen Schwiegervaters nicht das mindeste Verständnis. Es war ein Skandal. Wie man hörte, war die »Marienbader Grazie« noch einige Jahre jünger als sie selbst. Sollte sie etwa dieses unreife Frauenzimmer als »Schwiegermutter« akzeptieren? Das konnte keiner von ihr verlangen. Es würde nichts anderes bedeuten, als dass man sie und die Söhne um ihr Erbe bringen würde. Die täglich skandalöseren Nachrichten aus Marienbad versetzten August und Ottilie derart in Empörung, daß beide schon daran dachten, mit ihren Kindern nach Berlin zu ziehen.

Goethes Heiratsantrag blieb unbeantwortet. Ulrike von Levetzow war zwar, wie sie später schrieb, nicht ganz abgeneigt, mochte sich aber so früh nicht von ihrer Familie trennen. Nach drei glücklichen Monaten reiste der Dichter in trauriger Verfassung nach Hause, in schwankender Kutsche auf seinen Knien die »Marienbader Elegie« niederschreibend. Seine Hoffnung auf ein verjüngendes Leben an der Seite einer liebevollen jungen Frau hatte sich zerschlagen.

Im herbstlichen Weimar frostig empfangen, erkrankte der enttäuschte Dichter schwer und war wochenlang dem Tod nahe. Ende des Jahres 1823 fuhr Ottilie ohne August, der zum Reisen keine Zeit hatte und mit den Kindern zurückblieb, alleine nach Berlin. Aus der Ferne dankte sie ihm in einem ihrer seltenen Briefe, daß er ihr die Reise ermöglichte: *ließe sich ein Gedankenhändedruck 82 Meilen weit fühlen, so würdest du mit mir zufrieden sein.*

Goethes Bitte an Freund Zelter, sich in Berlin der Schwiegertochter anzunehmen, zeigt ungeschönt, wie er Ottilie einschätzte: unruhig und rastlos von einem Ereignis zum anderen jagend. *Ottilie west nun in Berlin und wird es von Stund zu Stunde treiben, bis sie von Zeit zu Zeit pausieren muß.* Eine ähnliche Charakterisierung findet man auch in den Briefen der in Berlin weilenden Caroline von Humboldt. *Wir besitzen seit einigen Wochen Frau v. Goethe hier ... Sie hat alles daheim gelassen, was ihr Glück und Zufall gegeben, um — hier zu tanzen. Und dabei sieht sie so schwach und kränklich aus, daß man's gar nicht begreift, warum sie gerade so tanzen muß* (3. Februar 1824).[18]

Dann erfuhren die Daheimgebliebenen die Wahrheit: Charles Sterling war seiner Geliebten nachgereist. Diese Nachricht brachte das Faß zum Überlaufen. Der Ehekrach muß, als Ottilie zurückkam, furchtbar gewesen sein. Die Folgen der Auseinandersetzung ließen nicht auf sich warten. Ottilie erklärte rundheraus, sie wolle sich von August trennen. Die Heiratsgelüste des Schwiegervaters, das Unverständnis des Ehemanns, die Geständnisse des Geliebten – alles zerrte an ihren Nerven. Ottilie war dem Zusammenbruch nahe. Ein Leben mit August sei nicht länger zu ertragen, erklärte sie ihrer entgeisterten Mutter.

Ottilie verlangte die Scheidung.

Der Skandal stand vor der Tür. Henriette von Pogwisch, ihrerseits vom Leben nicht verwöhnt und gerade wieder enttäuscht durch einen Grafen Edling, der sie vorgeblich hatte heiraten wollen, warnte die Tochter vor übereilter Leichtfertigkeit. Ottilie sei ohne Geld, ohne eigenes Einkommen. Sie solle *diese Art von Existenz nur noch zwei Jahre zu ertragen versuchen,*[19] sagte die Mutter. Eine Scheidung, zumindest zum jetzigen Zeitpunkt, sei die schlechteste Lösung.

In tiefer Verstimmtheit, über Leber- und Kopfschmerzen klagend, ließ Ottilie ihre Kinder wieder unter der Aufsicht ihrer Schwester Ulrike zurück und reiste im Juli 1824 zur Kur nach Ems und Schlangenbad. Bettine von Arnim, die Ottilie dort traf, schilderte ihrem Mann das »extravagante« Verhalten von Goethes Schwiegertochter: *wenn sie daran dachte, nach Hause zu müssen, von wo sie schon 11 Wochen entfernt war, fing sie an zu weinen, ... packte jeden Tag ein und aus trotz den dringendsten Bitten des alten Goethe ...* (24. August 1824). Das war gut beobachtet.

Nach ihren Kindern schien sie keine Sehnsucht zu haben. Um so intensiver beschäftigte sich Goethe mit den daheimgebliebenen Enkeln. Walther war jetzt sechs, Wolf vier Jahre alt. *Die Kinder sind munter und viel um mich her, besonders da ich sie mit großen Jenaer Erdbeeren speise*, berichtete er Ottilie vergnügt. Seine Briefe an die Schwiegertochter spiegeln das häusliche Leben in allen seinen Facetten. *Die Kinder sind wohl und froh; Walther durch Stunden, Klavierüben und Hofbesuche beschäf-*

tigt und zerstreut. Wie sorgfältig er sich der Kinder annahm, geht auch aus seinem Tagebuch hervor. *Ich fuhr mit Walther spazieren, der nach der Zurückkunft mich mit mancherlei Geschichten unterhielt.* Und: *Mit Walther spazieren gefahren in den Unteren Garten. Mit Walther zum Belvedere.* Über seine bereitwillige Beschäftigung mit den Enkeln erstaunt, notierte die Dichterin Pauline Hase: *unter dem Spiegel standen niedliche Arbeiten und mancherlei Spielzeug seiner Enkel, die viel bei ihm sind*, und der Archäologe Magnus von Stackelberg notierte: *er hat eine rührende Art, sich mit ihnen zu unterhalten, und spricht dann ganz in ihrem Sinne; drum sie auch an ihm hängen und ganz mit ihm vertraut sind.*[20] Als Bettine von Arnim mit ihrer Schwester Gunda von Savigny 1824 Goethe überraschend besuchte, drehte sich das Gespräch hauptsächlich darum, wie sie und Achim sich mit ihren sechs Kindern beschäftigten.

Damals begann Goethe, den jüngeren Enkel sichtlich zu bevorzugen. Wolf, hübscher und zutraulicher als Walther, wurde sein Liebling. *Wolf hält sich besonders zu mir und hat eine Schublade in meinem Schreibtisch sich zu Kleinigkeiten und anderen Spielsachen angemaßt, die er jeden Tag umlegt; aber stets mit Sorgfalt und in einer gewissen symmetrischen Ordnung, woran man sich zu erfreuen hat*, vermeldete er zufrieden am 13. August 1824. Kurz darauf ließ er einen neuen Schreibtisch eigens für die Enkel anfertigen und neben dem seinem aufstellen. Er befindet sich noch heute samt Tintenfaß und Sandbüchse am alten Platz im Goethehaus.

Der kleine Wolf genoß erkennbar die Bevorzugung durch den geliebten Großvater. Als Walther, wie Goethe am 25. Dezember 1825 dem Grafen Reinhard schrieb, *durch Leben und Lernen aus dem Kreise großväterlicher Liebe hinausgeführt wurde*, war es Wolf, *der mir immer liebenswürdiger erscheint, je mehr er sich in meiner Nähe gefällt.* Über den Siebenjährigen bemerkte Goethe: *Unterhaltung mit Wölfchen bis in die Nacht.* Der Junge

Goethe im Alter von 59 Jahren.
Ölgemälde von Gerhard von Kügelgen, 1808/09

war demnach noch spät bei ihm geblieben. *Nachts beschäftigte sich Wölfchen mancherlei Lieder im Takt halb singend vorzutragen, welches ihm nicht übel gelang.* Auch Eckermann wußte um die gegenseitige Zuneigung. *Als ich diesen Abend gegen acht Uhr in Goethes Hause anfragte, hörte ich, er sei noch nicht vom Garten zurückgekehrt. Ich ging ihm daher entgegen und fand ihn im Park auf einer Bank unter kühlen Linden sitzen, seinen Enkel Wolfgang an seiner Seite* (23. Juli 1827).

Weihnachten 1827 hieß es: *Abends fortgesetztes Lesen der gestrigen Werke. Später Unterhaltung mit Wölfchen.*

Ottilie kehrte erst dann nach Hause zurück, als August sie nach zwei Monaten ermahnte, *weil neue Geldausgaben von mir unmöglich zu bestreiten sind.* Ein glückliches Wiedersehen mit dem gutmütigen Ehemann wird es angesichts ihrer Leidenschaft zu Charles Sterling kaum gegeben haben, doch immerhin war sie rechtzeitig zu Goethes Geburtstag am 28. August 1824 zurück, der in großem Stil gefeiert wurde. Die Enkel erlebten die Begeisterung mit über einen Jubilar, von dem Willibald Alexis damals schrieb: *Diese herrliche Gestalt, diese offene, mächtige Stirn, und vor allem das klare, große Auge des alten Mannes!* Auf ihren Großvater waren sie stolz.

Dann ereignete sich ein doppeltes Unglück: August und Ottilie wurden beide zur gleichen Zeit sehr krank. Es war ein Segen, daß man sich auf »Tante Ulrike« als Kindermädchen verlassen konnte. Beim Ausreiten stürzte Ottilie vom Pferd und erlitt schwere Verletzungen an Stirn, Gesicht und Knie. Sie sah so furchtbar aus, daß Goethe sich weigerte, sie in diesem Zustand zu sehen. Die Nase hatte Knochensplitter verloren, die Oberlippe mußte mehrfach genäht werden. Sulpiz Boisserée aus Heidelberg war zu Besuch, der Ottilie in ihrer Wohnung erlebte. *Grüne Rouleaus, bleiches totenhaftes Aussehen durch dies grünliche Licht; Stirn, Nase und Oberlippe mit schmalen weißen Pflastern ver-*

klebt, wie eine mit Papier verklebte Fensterscheibe. Alter und junger Engländer, einige Damen zur Gesellschaft um die Kranke, die mitten im Zimmer sitzt mit ihrem vom Sturz gelähmten Knie. Noch nach vier Monaten meldete Ottilie ihrer Schwester Ulrike, sie sei verzweifelt, denn sie bleibe *auf ewig entstellt.*

August erkrankte in dieser Zeit an Blasen- und Nierenkoliken, sichtbares Zeichen seiner psychischen Belastung. Das Verhältnis war so angespannt, daß Ottilie auch an Adele Schopenhauer schrieb: *Das einzige, was mir Frieden geben könnte, wäre, daß August sich von mir scheiden ließe und ich in einen ruhigen Winkel zöge; dies will er nicht, und doch ist das Leben so nicht zu ertragen; ich bewundere, daß er diesen Trübsinn, diese ewige Unzufriedenheit mit meinem Zustand so geduldig erträgt; doch so kann es nicht bleiben.*

Ottilies Geständnis, sie wolle nicht länger mit August leben, wurde am 8. August 1826 geschrieben. Zwei Monate später verliebte sie sich erneut in einen Gast des Hauses, und auch diesmal war es ein Engländer. Charles des Voeux war nach Weimar gekommen, um Goethes »Tasso« zu übersetzen, und Ottilie war durchaus bereit, ihm mit ihren guten Englischkenntnissen dabei behilflich zu sein. Charles des Voeux scheint ein schöner, beeindruckender und, wie selbst Knebel fand, »ausgezeichneter« Mann gewesen zu sein, und Ottilie erblickte in dem intelligenten Mann offenbar schon den neuen Partner: Wenn er erschien, waren ihre nervösen Kopfschmerzen, die sie beim Anblick von August befielen, wie weggeblasen. Was ihr fehlte, waren männliche Anerkennung und erotische Bewunderung, was sie brauchte, war eine Aufgabe, in der sie ihre Fähigkeiten sichtbar und erfolgreich hätte zum Ausdruck bringen können. Die gemeinsame Übersetzertätigkeit mit Charles des Voeux beflügelte sie und gab ihrem Leben einen Sinn.

In dieser zwiespältigen und unerfreulichen Situation bewahrte Ehemann August offensichtlich noch immer seine gleichmütige Ruhe. Zu überarbeitet, um sich mit den ständigen Affären seiner Frau zu befassen, behandelte er sie mit Nachsicht. Es kam zu einer unerwarteten Wende. Ottilie, einunddreißig Jahre alt, wurde schwanger.

Goethe war höchst erfreut, als ihm der unverhoffte Nachwuchs angekündigt wurde. Doch seine Schwiegertochter wurde durch die Beschwerden der Schwangerschaft derart reizbar und nervös, daß man froh war, als sie sich zu einem Besuch bei ihren Verwandten in Dessau entschloß. Die beiden Söhne, neun und sieben Jahre alt, wurden wieder Großmutter und Tante übergeben.

Goethe befand sich auch jetzt mit den Enkeln im glücklichen Einvernehmen. Kanzler von Müller notierte: *Ich traf ihn mit Kindern und Enkeln, auch Eckermann, noch bei Tische, höchst milde und munter, vergnügt und mitteilend* (20. Juni 1827). Ebenso erlebte Eckermann das Zusammensein. *Der Kanzler ließ sich melden und trat herein und setzte sich zu uns an den Tisch. So auch kamen Goethes Enkel Walter und Wolfgang nach einander gesprungen. Wolf schmiegte sich an den Kanzler. Goethe forderte ihn auf, sein Stammbuch zu holen, in das Zelter die Worte »Lerne gehorchen!« hineingeschrieben hatte. ›Das ist doch das einzige vernünftige Wort‹, sagte Goethe lachend, ›was im ganzen Buche steht.‹*[21]

Als Ottilie zurückkam, ging es ihr noch immer miserabel. Selbst Goethe war von ihrem elenden Befinden mitgenommen. *Meine Schwiegertochter sieht ihrer Entbindung, und wir mit ihr, umso sehnsuchtsvoller entgegen, als sie diesmal in ihrem Zustand mehr als billig zu leiden hat,* schrieb er an Zelter.

Ottilies beklagenswerter Zustand hatte jedoch noch einen anderen Grund. Ein Liebesbrief ihres Verehrers Charles des Voeux hatte sie – trotz der Schwangerschaft – auf ein Wiedersehen mit ihm hoffen lassen. Er aber war, um allen Problemen aus dem Weg zu gehen, abgereist. Nun ging es ihr schlechter als je zuvor. Der Ehemann verstand sie nicht, Sterling schrieb

nicht, Charles des Voeux blieb in Dresden. In ihrer Verzweiflung wurde ihr die Familie zur unerträglichen Belastung. *Ich
gehe nach Tiefurt, liebe Mutter, in der Absicht, mir dort ein Zimmer-
chen zu mieten und bis zum 1. Oktober dort zu bleiben. Wie reizbar
ich bin, wie alles mich in einen Zustand der Verzweiflung bringt, hast
Du selbst gesehen; ich vermag die Qual des Gedankens aber nicht
mehr zu ertragen, durch diese heftigen Erschütterungen, die sich ja
beinah täglich erneuern, die Gesundheit des Kindes zu gefährden* ...

Offenbar hatte Frau von Pogwisch das Verhalten der Tochter
scharf kritisiert. *Tadele mich nicht zu sehr, – ich habe keine Kräfte
mehr und kann wirklich nicht anders. Wie soll ich wohl das Leben
ertragen, wenn ich alle Verhältnisse erst habe bis zum Schlimmsten
kommen lassen. Lebewohl und gönne mir Ruhe.* Sie wollte die be-
vorstehende Geburt in der Einsamkeit erwarten.

Alma

Alma, die einzige Tochter von August und Ottilie, wurde am 27. Oktober 1827 in Weimar geboren. Goethe eilte von seinem Schreibzimmer nach oben. *Als er das erste Mal heraufkam, sie zu sehen*, notierte Ottilie über ihren Schwiegervater, *beugte er sich mit auf den Rücken zusammengehaltenen Händen, wie es seine Art war, zu ihrer Wiege hinab und sagte, nachdem er sie lange freundlich betrachtet hatte: Alma soll sie heißen.*[22]

Alma Sedina Henriette Cornelia lauteten die Namen, die das Kind bei der Taufe erhielt. *Alma* ist die spanische Bezeichnung für *Seele* – möglich, daß Goethe davon inspiriert wurde. *Sedina* entstammte einem Einfall von Ottilie. *Henriette* hieß das Kind nach Großmutter Henriette von Pogwisch, die auch zur Patin ernannt wurde, *Cornelia* nach Goethes Schwester, wie es Adele Schopenhauer vorgeschlagen hatte.

Seine Freude über den Neuankömmling verkündete der Großvater sogleich den verschiedenen Freunden. Seinem Herzog gegenüber bekundete er mit großer Zufriedenheit: *Das neu eintretende Lebendige hat die Kraft uns im Leben zurückzuhalten, wenn wir uns auch allenfalls bequemten es endlich zu verlassen.* Der Dichter Karl Streckfuß beglückwünschte ihn in diesem Sinne: *Möge das Neugeborene Ihnen dieselbe Freude bereiten, welche die beiden schönen und liebenswürdigen Knaben, die ich an Ihrem Tische mit Vergnügen betrachtet und beobachtet habe, Ihnen schon jetzt machen.*

Zelter in Berlin wurde über das gute Gedeihen des Kindes informiert. Ottilie *beschäftigt sich, das Töchterchen heranzufüttern, das vorderhand ganz niedlich und freundlich aussieht.* Die Taufe fand am Sonntag, dem 2. Dezember 1827, mit großem Zeremoniell im »Saal« des Goethehauses statt. Anwesend waren außer Vater August und Großvater Goethe auch Ottilies

Alma von Goethe, gemalt von Luise Seidler

Mutter und Schwester, drei Gräfinnen von Egloffstein, Frau
von Groß, Herr von Wegener, Fräulein Emma Froriep, Fritz
von Stein und Kammerherr von Waldungen, ferner der Or-
ganist Gottlob Töpfer, Vetter Nicolovius aus Berlin und der
Engländer James Lawrence. Ein Taufgeschenk in Form eines
dreiteiligen silbernen Bestecks, mit »Alma« graviert, blieb bis
heute erhalten.

Auch der Prinzenerzieher Frédéric Soret war Pate von Alma.
Der Schweizer Soret, ein wenig steif, aber gebildet und ge-
schätzt, nahm gerne an Ottilies Einladungen zu Maskenfesten
und Schlittenpartien teil und hing, nach seinen Briefen zu
schließen, mit Verliebtheit an ihr. Ottilie von Goethe, schrieb
er, sei *die junge Dame mit dunkelbraunem Haar und eleganter Figur, deren große und lebhafte Augen abwechselnd den stolzen Blick
des Adlers und den zärtlichen des Engels haben.* Mit seinem Schüler, dem Erbprinzen Carl Alexander, kam Soret oft zu Goethe,
der den Knaben Zeichnungen erklärte und, als er ihren Gesprä-

chen im Alkovenzimmer lauschte, zu Soret bemerkte: *Kinder sind die allerbesten Erzieher, denn sie hören williger und aufmerksamer einander zu und reden untereinander eine verständlichere Sprache als wir.*[23]

Walther war schon seit seinem vierten Lebensjahr oft mit dem gleichaltrigen Carl Alexander, dem Enkel des Herzogs Carl August von Sachsen-Weimar, zusammen. Soret hatte die Kinder im Dornburger Rokokoschloß zusammengebracht. *Der kleine Walther Goethe war einige Tage bei meinem Zögling in Dornburg. Sein Großvater fragte mich, ob ich mit ihm zufrieden gewesen sei, und ich stellte dem Jungen ein gutes Zeugnis aus. ›Sein Anschauungskreis‹, sagte ich unter anderm, ›ist schon recht weit, der Besuch hat daher meinem Zögling sehr genützt‹* (Juli 1824). Überrascht habe man festgestellt, daß Walther von Goethe schon mehr gelernt hatte als der sächsische Prinz. *Walther plauderte mit ihm über Dinge, die dem Prinzen völlig neu waren.*[24]

Zum weiteren Paten erkor Ottilie tatsächlich auch ihren Verehrer Charles des Voeux. Schon vor der Zeremonie sei sie tagelang zu nichts anderem fähig gewesen, bekannte sie Adele Schopenhauer, als *stundenlang am Fenster zu stehen und jedes Klopfen, jeden Fußtritt für den seinen zu halten … und Du kannst Dir denken, in welchen Zustand meine Nerven gerieten …* Selbst angesichts seines Rückzugs blieb sie unverbesserlich in ihren irrealen Liebesträumen, daran hatte die Geburt von Alma nichts geändert. *Ottilie sieht elend aus und schleppt sich immer fort*, merkte sogar Caroline von Egloffstein.[25] Da ein anderer Mann nicht in Sicht war, klammerte sich Ottilie an des Voeux. Er aber verließ eilig Weimar, um in diplomatischer Mission nach Berlin zu gehen und eine andere zu heiraten.

Alma war noch keine sechs Wochen alt, als Ottilie ihm einen anklagenden Brief nachsandte. *Des Voeux! Sie haben mich tief und unheilbar verletzt. Mit dem Glauben an das Traumbild Ihrer*

Freundschaft gebe ich den letzten Anspruch an Glück für ewig auf . . .
Sie war so wenig belehrbar, daß sie sich noch nach Jahren –
wie bei Ferdinand Heinke, wie bei Charles Sterling – der Überzeugung hingab, gerade für diesen Mann die richtige Frau
gewesen zu sein. In aller Naivität schrieb sie an Adele Schopenhauer: . . . *hätte Gott mich gesund und blühend des Voeux in*
den Weg geführt, hätte ich ihn schuldlos und innig lieben können,
meine Hand hätte es vermocht, ihn zu ewigem Ruhme zu geleiten.[26]

»Ruhm« – auch das gehörte zu den Dingen, die Ottilie bei
ihrem Ehemann kaum zu erwarten hatte. Ihre Unzufriedenheit legte sich beklemmend auf ihr Eheleben. August pflegte
abends die verschiedenen Wirtshäuser Weimars aufzusuchen;
man munkelte, daß er bei gewissen »Weibern« Entschädigung
für die Ehekälte zu Hause suche. Einmal hatten ihn Engländer
nachts betrunken auf der Straße aufgegriffen und nach Hause
gebracht.

Daß die Ehe ihrer Eltern nicht glücklich war, merkten auch
Walther und Wolf, die die Kräche hautnah miterlebten. Doch
immer fanden sie im Kummer einen Trost, fanden Rückhalt
und Ermutigung. Kinderfüße auf der Treppe, die zu den unteren Räumen führte: Walther und Wolf liefen zum Großvater.
Goethe beschwichtigte, holte Mappen und Bilder herbei, sprach
über die Sterne, las ihnen vor: »Erzählungen aus Tausend und
einer Nacht«.

Inmitten dieser verhängnisvollen und ungeklärten familiären
Lage gab es einen Lichtblick. Es war die Anwesenheit der jun-
gen, sehr hübschen Jenny von Pappenheim. Sie kam jetzt regel-
mäßig ins Haus, um sich mit besonderer Freude der kleinen
Alma anzunehmen. Begeistert schrieb sie: *Nach der Geburt von*
Alma, Goethes reizender Enkelin, die meine lebendige, sehr geliebte
Puppe war, wurden meine Beziehungen zu Goethes Haus und Fa-
milie sehr innig. Täglich stieg ich nun zu Ottilie hinauf, ich lernte

Jenny von Pappenheim als junges Mädchen in Weimar

die kleine Alma wickeln, ihr Milch im Schnabeltässchen geben, be-
kümmerte mich zu Anfang wenig um die Mutter, und wenn die Kin-
derfrau beschäftigt war, hieß es: Fräulein von Pappenheim ist ja da
und hat das Kind.

Jenny von Pappenheim, geboren 1811, wuchs im Haus von
Goethes Kollegen, dem Juristen und Staatsminister Ernst August von Gersdorff, der ebenfalls häufig zu Goethe kam, als dessen Stieftochter auf. Die Familie von Gersdorff wohnte in der
Nähe des Theaters, nur einen Katzensprung vom Frauenplan
entfernt.[27] Gersdorff, Vater eines Sohnes, hatte nach dem Tod
seiner ersten Frau die schöne, früh verwitwete Diane von Pap-

penheim geheiratet, Jennys Mutter. Der neuen Ehe entstammte eine zweite Tochter, Cäcilie von Gersdorff, die Walthers Spielgefährtin und Jugendfreundin wurde.

Jenny war fünfzehn, als sie zum erstenmal Goethe mit seinen Enkeln beschäftigt sah. *Er war leicht steif und zugeknöpft, aber niemals ihnen gegenüber. Kamen sie zu ihm, was häufig geschah, so hatte er immer neue, interessante Dinge zu zeigen und zu erklären: den Kindern Bilder und geschnittene Steine, den Heranwachsenden Bücher und Kunstwerke. Rührend war es, wie er auch für das körperliche Wohl der Kinder besorgt war, wie er sich der Ausführung seines Planes, den Griesebachschen Garten für sie zum Tummelplatz zu kaufen, freute.*[28]

Goethe mochte die reizende Jenny, die sich nicht nur um Alma kümmerte, sondern bald auch zur Freundin von Walther und Wolf avancierte, denen sie Französischunterricht erteilte; er fand sie so hübsch und weiblich anziehend, daß er wünschte, seine Enkelin Alma werde ihr ähnlich. *So kam ich häufig an Goethes Tür vorüber*, berichtet Jenny, *kehrte ich ein, so war es in seinem Eß- und Empfangszimmer oder in seinen Gärten, wo ich ihn traf ...* Goethe schenkte ihr einen Ring, in dessen Kristall sich ein schwarzer Einschluß befand, *wie ein Pfeil, der ihn getroffen habe*, bemerkte er anzüglich.[29]

Auch der Archäologe Magnus von Stackelberg war von der jungen Jenny äußerst angetan. Er schildert seinen Aufenthalt im Goethehaus im August 1829: Es wurde *zu meiner Unterhaltung die schönste junge Dame von Weimar täglich eingeladen, ein Fräulein Gersdorff, sanft und jungfräulich, mit einem Paar der schönsten Augen, bei hoher schlanker Gestalt.* Jenny empfand die Atmosphäre des Goethehauses als fürstlich, und die beiden adrett gekleideten, aufgeweckten Enkel kamen ihr vor wie »zwei verwunschene Prinzen«. Nach und nach wurde offenbar, daß der heranwachsende Walther sich im Laufe des Unterrichts in sie verliebt hatte, und zwar so heftig, daß er noch zehn Jahre später über Jennys Heirat mit Werner von Gustedt in Verzweiflung geriet. Sie hatte zu seiner Verliebtheit allerdings auch durch zärtlich klingende Briefchen beigetragen. In Wirklichkeit bevorzugte Jenny jedoch den hübscheren Bruder. *Wolf war mit sechs Jahren ein heiteres, sehr gesprächiges Kind mit den wunderschönen Goetheschen Augen, voll Lust zu jedem Spiel, der Liebling seines Großvaters. Er wurde ein denkender, lernender Knabe, der mit Leidenschaft auf- und erfaßte. Noch ein halbes Kind, fühlte er die Liebe eines Jünglings.* Mit dieser bedeutungsvollen Beschreibung spielte Jenny auf eine frühreife Sexualität des Jungen an. Seine *tiefen, dunklen, glühenden Augen* machten Eindruck, und wie Goethe war sie der Meinung, daß Wolf zum Dichter geboren sei.

Jenny von Pappenheim schwärmte auch für die Mutter der Kinder, obgleich sie deren Unrast schon damals erkannte; sie nannte Ottilies Wesen »elektrisierend« und schrieb: *das geistig Anregende im Verkehr mit ihr übte einen unwiderstehlichen Zauber auf mich aus; der Weg nach den Dachstuben zu dem »verrückten Engel« (wie Frau von Egloffstein sie nannte) wurde nur zu gern von mir zurückgelegt.*[30]

Im Sommer 1828 reiste Ottilie ohne die Kinder als Begleiterin ihrer Großmutter, der Reichsgräfin, nach Karlsbad. Alma war kaum ein halbes Jahr alt, bekam gerade die ersten Zähnchen, wie ihr der zehnjährige Walther stolz meldete. Goethe benutzte ihre Abwesenheit zu gemeinsamen Ausflügen mit den Enkeln und Kutschfahrten nach Berka, wo man im Freien rastete und aus mitgebrachten Körben Leckereien verzehrte. Carl von Holtei, Augusts Freund, war mit von der Partie. *Unter all den kleinen und großen Festen, die uns vereinigten, waren bei schönem Frühlingswetter die Picknicks die beliebtesten. Zu Fuß, zu Wagen, zu Pferde gings hinaus nach Tiefurt, Ettersburg, Belvedere. Tiefurt besonders, unter herrlichen alten Bäumen ... wo bei Spielen,*

Spaziergängen, dicker Milch, auch wohl bei einem ländlichen Ball im Pavillon große Heiterkeit herrschte.[31] Die Großherzogin Maria Pawlowna hatte Spielzeug geschickt, das Goethe der hübschen kleinen Alma gab. An Freund Zelter schrieb der Dichter im Oktober 1828: Das kleine Volk im zweiten Grade hat etwas eigen Anmutiges und Gefälliges.

Während Ottilie unterwegs war, durfte auch die kleine Alma gemeinsam mit den Brüdern in Goethes Arbeitszimmer kommen, am kleinen Schreibtisch sitzen und mit ihren Puppen spielen, von denen sich eine besonders wertvolle Biedermeierpuppe mit Wachskopf und echtem Haar bis heute erhalten hat. Es war ein Vorzug, daß sich die Kinder in diesem Raum aufhalten durften, den Luise Seidler vorsichtig als wahres »Heiligtum« bezeichnete. Goethes Studierzimmer hatte die Sonnenseite; niedrige Fenster gingen nach dem Garten. In der Mitte des Gemachs sah man einen großen, schlichten, mit hellgrauer Ölfarbe angestrichenen Tisch und eben solche Stühle; einer derselben, auf dem Goethe zu sitzen pflegte, war durch ein Polster erhöht. Auch ein Stehpult erblickte man in dem Zimmer; aber kein Sopha, keine moderne Bequemlichkeit. Hier diktirte der Dichter, sitzend oder auf und abwandelnd, die Hände auf dem Rücken.

Früher als geplant wurde Ottilie aus Böhmen zurückgerufen: Großherzog Carl August von Sachsen-Weimar war gestorben. Auf die Nachricht hin begab sich Goethe in die Einsamkeit der Dornburger Schlösser. Ottilie vermißte ihn. Zum erstenmal wurde ihr bewußt, wie es sein würde, wenn er, das Zentrum, der Mittelpunkt, fehlte. In ihr Tagebuch schrieb sie: Es ist mir eine unbeschreiblich traurige Empfindung, das Haus ohne den Vater zu finden, es sagt mir, wie es künftig sein wird. Die Kinder und August waren, Gottlob, wohl. Alma erkannte mich nach der ersten halben Stunde vollkommen ...

Mit dem Ehemann kam es sofort zu einer erregten Ausein-

andersetzung. Ohne sie zu fragen, hatte er ihrer Schwester Ulrike, die sich in Ottilies Abwesenheit rührend um Alma kümmerte, das Wohnen im Haus untersagt – nicht eben auf die
feinste Weise, wie Adeles Mutter Johanna Schopenhauer spitz
anmerkte. Der Rauswurf Ulrikes, die elf Jahre lang im Goethehaus gelebt und ihrer Schwester geholfen hatte, empörte die
ganze Familie. Henriette von Pogwisch rief, die armen Kinder dürften doch nicht nur »den Männern« überlassen bleiben. Sie ahnte nicht, daß es bald keinen Mann im Haus mehr
geben würde.

Die Kinder wurden hineingeboren in eine eigenartige Welt.
Goethes Freunde, einst groß und bedeutend, waren jetzt, als
Walther, Wolf und Alma sie sahen, uralt und fast schon bedrük-
kend seltsam. Charlotte von Stein saß hinter einem grünen
Lampenschirm am Fenster; sie starb, als Walther neun Jahre
alt war. Freundliche alte Leute waren ihr Bruder Ernst von
Schardt und seine Frau Sophie, die von Goethe sagte: *Der Papa
hat die Schwiegertochter sehr lieb* ... Charlotte von Schiller und
ihre Schwester, die Schriftstellerin Caroline von Wolzogen,
erschienen als vornehme alte Damen, die man zuweilen mit
Schirm und Hund im Park an der Ilm spazierengehen sah, des-
gleichen die wegen ihrer einstigen Schönheit und theatralischen Begabung gerühmte Schauspielerin Caroline Jagemann,
jetzt Frau von Heygendorf, die, üppiger geworden, zuweilen
im Hause erschien.

In Weimar wohnten außerdem noch die Verwandten von
Großmutter Christiane Vulpius. Ihr Bruder, der Schriftsteller
Christian August Vulpius, war als Bibliothekar an der Groß-
herzoglichen Bibliothek, als Übersetzer und Bearbeiter vieler
Schauspiele bei Goethe tätig gewesen. Berühmtheit hatte er
durch seinen Räuberroman »Rinaldo Rinaldini« erlangt. Seine
Söhne Rinaldo und Felix besuchten ihre Vettern am Frauen-

Das sogenannte Juno-Zimmer im Goethehaus

plan häufig. Rinaldo Vulpius studierte Jura und wurde in Weimar als Aktuar angestellt. Sein Bruder Felix, der Medizin studierte, hat den Kontakt zu Walther und Wolf zeitlebens nicht abreißen lassen und sie bis zu ihrem Tod medizinisch betreut.

Wieland, Herder und Schiller, von denen im Hause oft die Rede war, lebten nicht mehr. Ihre Nachkommen aber wohnten weiterhin in Weimar, und man kannte sich. Wielands Enkelin Lina wohnte gegenüber dem Haus der Gersdorffs und war mit Jenny und Cäcilie gut befreundet. Schillers Tochter Emilie wurde wie Walther und Wolf zur Prinzessin Augusta von Sachsen-Weimar eingeladen, der späteren deutschen Kaiserin.

Es war, solange Goethe lebte, eine überaus anspruchsvolle Umgebung, in der die Kinder heranwuchsen. Luise Seidler, die nach Weimar kam, um Goethe zu porträtieren, hat in ihren Erinnerungen mit Bewunderung nicht gespart. Der Dichter hatte sie zuerst in das Urbino-Zimmer gebeten, in welchem auch Ottilie ihren Schwiegervater zum ersten Mal sah. *Das Gemälde des Herzogs von Urbino*, schreibt die Malerin, *hing neben anderen italienischen Gemälden der Renaissance und einem Kupferstich von Heinrich Wilhelm Tischbein. An das Urbinozimmer stieß der Empfangssalon. Über dem Sopha hing eine sehr schön in Wasserfarben ausgeführte Copie von Meyers Hand: ›die Aldobrandinische Hochzeit‹, ohne Rahmen, mit einem grünseidenen Vorhange verwahrt; in der Größe des Originals. Auch ein Flügel fehlte nicht. Im Nebenzimmer standen nahe beim Fenster die Ludovisische Juno und der Jupiter des Phidias, beide kolossal. An den Wänden sah man die ganze Geschichte der Psyche von Raffael, aus der Villa Farnesina, ausgezeichnet aquarellirt; über dem Kamin hing eine treffliche alte Kopie nach Tizian ... Durch das geschilderte Zimmer kam man in ein mittelgroßes blaues Gemach, welches ganz mit Gypsen, vorzüglich Büsten, angefüllt war; aus diesem gelangte man auf einen von wildem Wein und Epheu grün umrankten Balcon, von dem eine kleine Treppe in den Garten hinabführte ...*[32]

Den Kindern war jede Kammer, jeder Winkel, jeder Gegenstand im Haus vertraut. Sie kannten die Kostbarkeiten wie die Kuriositäten, die versteckt in Kästen und Laden ruhten, den Stock mit dem Wiedehopf, von Wolf als Mariannes »Liebesbote« enthüllt, die antiken Figürchen im Glasschrank, die Lederhandschuhe von Urgroßvater Textor, die getrockneten Blumenkränze und das Futeral mit dem gravierten Glaspokal aus Marienbad – nichts blieb vor ihnen verborgen.

Die Zahl der Besucher, die die Enkel im Haus am Frauenplan miterlebten, war überwältigend. Die Komponisten Zelter und Mendelssohn traten durch die von einer lateinischen Inschrift bekrönte Haustür, über der in großen Lettern die Worte eingemeißelt waren: AD GLORIAM DIE ET CIVITATIS ORNAMENTU AEDES HAE A. MDCCIX SUNT EXAEDIFICATAE ... DEUS TER OPTIMUS TER MAXIMUS SERVET DOMUM. (GOTT ZUM RUHM UND DER STADT ZUM SCHMUCK WURDE DIES HAUS ANNO 1709 ERBAUT ...

DER ALLGÜTIGE UND GROSSE GOTT SCHÜTZE DAS HAUS.)

Zahlreiche Künstler eilten über das am oberen Treppenabsatz eingelegte SALVE, um den Dichter in Marmor und Ton abzubilden: Rauch, Schadow und Schinkel aus Berlin, die Medailleurin Angelica Facius und der französische Bildhauer David d'Angers, der im Juli 1831 Goethes kolossale Porträtbüste schuf, die Maler Carl August Schwerdgeburth und Johann Melchior Kraus, Heinrich Meyer, Ferdinand Jagemann und Johann Joseph Schmeller, der in Goethes Auftrag alle seine Freunde porträtierte.

Die Geselligkeit in Goethes Haus war ein vielfaches Kommen und Gehen, berichtet Jenny von Pappenheim. Die Enkel erlebten den Philologen Göttling, den Archäologen von Stackelberg, den Oberbaudirektor Coudray und den zweiundsechzigjährigen Naturforscher Alexander von Humboldt. Als letzter Gast weilte im März 1832 Siegmund von Arnim im Goethehaus, der seiner Mutter Bettina mitteilte, daß der Dichter – wie der Neunzehnjährige sich ausdrückte – *nicht mehr in der Welt lebt, sondern nur noch wie in einem Buche darin herumblättert . . .*[33]

Waren diese Gesellschaften durch besondere Größen der Kunst und Wissenschaft, Humboldt, Rückert, Zelter, Rauch, Felix Mendelssohn veranlasst, so hatten sie einen anderen Charakter und auch für Goethe ein anregendes Interesse, so die gut beobachtende Jenny von Pappenheim. Man diskutierte über die Farbenlehre und den neu entdeckten Elefantenzahn, über die Geschichtsschreibung des Plutarch und die historischen Berichte von Raumer. Die Enkel wurden in des Großvaters Lektüre ebenso eingeweiht wie in seine Studien, Natur- und Wetterbeobachtungen.

Wenn Goethe zum Essen einlud, waren Sohn und Schwiegertochter, der Hauslehrer und die Enkel meistens seine Tischgäste. *Man aß nach damaliger Zeit gut, nach jetziger Zeit einfach*, bemerkt Jenny von Pappenheim, *erst in den letzten Jahren hatte er einen Koch, vorher Haushälterinnen, mit denen er die Wirtschaft führte ohne Ottiliens Hilfe. Er hatte kein Vertrauen in ihre wirtschaftlichen Talente und sagte wohl scherzend: ›Ich hatte mir so eine kochverständige Tochter gewünscht, und nun schickt mir der liebe Gott eine Thekla und Jungfrau von Orleans ins Haus.‹ Die Unterhaltung war bei diesen kleinen Anlässen stets sehr animiert. Sie drehte sich immer um Gegenstände der Kunst und Wissenschaft.*

Magnus von Stackelberg, im November 1829 fünf Tage bei Goethe zu Gast, konnte ihn im Umgang mit den Enkeln nicht genug rühmen. *Es war eine Lust, den Alten mit den Kindern, die immer ab und zu bei ihm vorkamen, sprechen zu hören, denn er hat eine rührende Art, sich mit ihnen zu unterhalten ... Ich könnte nicht aufhören, von ihm zu erzählen, so hat er mich bezaubert, so schlicht und naiv ist sein Reden, so ungekünstelt und ungewählt sind seine Worte und immer treffend; er hat die Natursprache in seinem Besitz.*[34]

Erstaunlich war, in welche Fachgebiete die Enkel eingeführt wurden. Keine Stunde sollte ungenützt vorübergehen. Goethes Tagebuch: *Mittag mit der Familie. Die französischen Angelegenheiten, literarische und politische, durchgedacht ... Auf Wölfchens Veranlassung wurde der Globus geholt und die letzte Reise der Russen um die Welt dadurch versinnlicht* (1. Juli 1829). *Mittags speiste(n) Ottilie und Walther mit. Es wurden wissenschaftliche und Weltangelegenheiten durchgesprochen* (17. März 1831). Schon dem fünfjährigen Walther hatte Goethe als Maxime für den kommenden Lebensweg ins Stammbuch eingetragen:

> *Ihrer sechzig hat die Stunde*
> *Über tausend hat der Tag.*
> *Söhnchen! werde dir die Kunde*
> *Was man alles leisten mag.*

Größtes Ereignis für die Kinder war in jedem Jahr das Weihnachtsfest. Der Dichter ließ es sich niemals nehmen, für den Heiligen Abend auch solche Geschenke zu besorgen, die in Weimar nicht zu haben waren, den Kindern aber Freude machen würden. Rechtzeitig bestellte er darum in Frankfurt die berühmten, aus Marzipan und Mandeln fabrizierten Bethmännchen, die ihm seine Mutter, solange sie lebte, selber gebakken hatte. Unbekannt waren in Weimar auch die Frankfurter Brenten, die Frau Aja zusammen mit Maronen und Pfeffernüssen pünktlich zu jedem Weihnachtsfest für den kleinen August geschickt hatte, wobei sie sich weigerte, die von Goethe bestellten Kanonen mitzuliefern: Für Kriegsspielzeug sei sie nicht zu haben.

Wie an den Sohn dachte Goethe mit gleicher Liebe auch an die Enkel. Nun war es nicht mehr seine Mutter, sondern Freundin Marianne von Willemer, die er um Pfeffernüsse, Ingwerkonfitüre und Spielzeug für Walther und Wölfchen bat. Sie bekamen ihre Soldaten, auch wenn sie nicht aus Zinn, sondern nur aus Holz und bemalter Pappe bestanden. Ein Offizier zu Pferde mit gezogenem Säbel, Herzog Carl August nicht unähnlich, und salutierende Infanteristen mit Dreispitz und Kokarde blieben bis heute erhalten.[35] Dazu gab es für Walther ein Tagebuch und die Gitarre, die er sich gewünscht hatte, für Alma eine Puppe mit Porzellankopf und Seidenkleid, so kostbar, daß sie zum Spielen fast zu schade war, für Wolf den »Robinson Crusoe« und für beide Enkel den teuersten Taschenspielerkasten, der auf der Frankfurter Messe zu haben war. Es waren unvergleichliche Überraschungen, die der liebevolle Großvater seinen Enkeln bereitete.

Die Kinder wuchsen heran wie kleine Götter. Sie durften sich weit mehr herausnehmen als jemals Sohn August. Goethe ertrug manches ihnen zuliebe, Eckermann sah es mit an. *Abends*

einige Augenblicke bei Goethe ... Ich fand ihn umgeben von sei-
nem Enkel Wolf und Gräfin Caroline Egloffstein, seiner intimen
Freundin. Wolf machte seinem lieben Großvater viel zu schaffen.
Er kletterte auf ihm herum und saß bald auf der einen Schulter und
bald auf der andern. Goethe erduldete Alles mit der größten Zärtlich-
keit, so unbequem das Gewicht des zehnjährigen Knaben seinem
Alter auch sein mochte. ›Aber, lieber Wolf, sagte die Gräfin, plage doch
Deinen guten Großvater nicht so entsetzlich! er muß ja von Deiner
Last ganz ermüdet werden.‹ ›Das hat gar nichts zu sagen, erwiderte
Wolf; wir gehen bald zu Bette, und da wird der Großvater Zeit ha-
ben, sich von dieser Fatigue ganz vollkommen wieder auszuruhen.‹
›Sie sehen, nahm Goethe das Wort, daß die Liebe immer ein wenig
impertinenter Natur ist.‹

Zukunftspläne

Ein Lieblingsthema zwischen Goethe und seinen Enkeln war die herrliche Welt des Theaters. Es scheint für beide Jungen von größtem Interesse gewesen zu sein, zu erfahren, welche Stücke aufgeführt, von wem die Kulissen gebaut, welche Musik gespielt und wie die Darsteller beurteilt wurden. Das ging so weit, daß Wolf selber eigene Rezensionen verfaßte, während Walther die Arien nachsang.

Schon mit sieben und neun Jahren hatten die Brüder singend und spielend Goethes Singspiel »Jery und Bätely« aufgeführt. Wolf, der im September elf Jahre alt wurde, sah im Weimarer Theater hintereinander Shakespeares »König Lear«, Marschners »Vampyr«, er deklamierte Kotzebue, schrieb anschließend seine »Theaterurteile«, referierte die Akte des »Alpenkönigs«, schrieb nachher seine Rezension und führte am 15. November 1831 ein Nebentheater auf.

Im Gegensatz zum Kaiserlichen Rat Goethe, der seinem Sohn die Theaterbesuche verbot und seine dramaturgischen Versuche wenig schätzte, hatten es die Kinder bei Großvater Goethe mit einem Kenner zu tun, der vom positiven Einfluß des Theaters überzeugt war und an ihren Schilderungen großes Gefallen fand. Es klang zufrieden, wenn er ins Tagebuch notieren konnte: *Abends schrieb Wolf Komödienzettel* (23. 4. 1828).

Goethe, der von den literarischen Produkten seines Enkels Wolfgang viel hielt, hat seine ersten »Rezensionen und Kritiken« nach Kräften gefördert. Wenn der Junge aus dem Theater kam und schwungvoll erzählend das Ereignis wiedergab, verlangte der Dichter sein Urteil auch in schriftlicher Form. *Nach Tische Wölfchen. Dessen Theaterleidenschaft scherzhaft beschwichtigt. Besieht man es genau, so findet sich, daß das Theater*

Erbgroßherzog Carl Alexander von Sachsen-Weimar
als Kind. Gemälde von Julie Gräfin Egloffstein

das einzige eigentlich Lebendige im bürgerlichen Leben ist ... Wölf-
chens Rezensionen sind deshalb sehr merkwürdig, wie er dieselben
nicht anders als beurteilend aufnimmt, anstatt daß Walther sich nach
der Absicht des Dichters und Spielers zu leidenschaftlichem Anteil hin-
reißen lässt. Ottilie kam aus dem Theater. Die Kinder kamen nach,
und die Verhandlungen über jenes Stück gaben Anlaß zu obenstehen-
den Betrachtungen (7. Dezember 1831).

Dem Prinzenerzieher Soret erschien Wolfs Begabung schon
beinahe beunruhigend. Phantasie und Intelligenz des Jungen
seien *überbordend*, die körperliche Entwicklung bleibe hinter
der geistigen zurück, fand er besorgt.

Das Weimarer Theater war für die Kinder auch deshalb von
höchstem Interesse, weil es die Werke des eigenen Großvaters
waren, die dort aufgeführt wurden, dazu an einem Ort, an dem
er selber jahrzehntelang als Direktor gewirkt hatte. Als Ecker-

mann einmal wegen der auf der Bühne präsentierten Unmoral Einwände gegen den Besuch von Kindern erhob, antwortete ihm Goethe, man brauche wegen eines unmoralischen Buches oder skandalösen Theaterstücks bei Kindern keine Sorgen zu haben: *Das tägliche Leben ist, wie gesagt, lehrreicher, als das wirksamste Buch.*

Allerdings hat Goethe doch einmal das Haus unter Protest verlassen. Herr von Bülow berichtet, daß Goethe die Schauspielerin Henriette Sontag nicht leiden konnte. Er war mit seinen sechs- und achtjährigen Enkeln im Theater, als ihm Spiel und Darstellerin so mißfielen, daß er die Kinder bei den Händen nahm und sie trotz ihres Widerstrebens zur Loge hinausführte.

Das Theater blieb dennoch das größte Vergnügen, und zwar in einem Maße, daß die Brüder sich bereits eine Zukunft beim Theater vorstellten. Goethe notierte im Februar 1831: *Spazieren gefahren mit den Knaben, welche beide mit dem lustigsten Wetteifern ihre theatralischen Tendenzen, Teilnahme, Unternehmungen und Pläne auf das Lebhafteste vortrugen, als wahrhafte Poeten sich darstellend ...*

Goethe benutzte die Theaterbesessenheit seiner Enkel auch dazu, sie zu eigenen Texten anzuregen. Der Erfolg gab ihm recht. Sie verfaßten kurze Dramen, die mit verteilten Rollen und musikalischer Untermalung in seinem Haus oder bei »Amama« von Pogwisch aufgeführt wurden. Zu den Mitwirkenden gehörte Charlotte Voelckel, die ein wenig in Walther verliebt war, sowie die gleichaltrige Ida Melos. Walther hat die Kinderfreundin später am Rhein besucht, als sie schon die Frau des Dichters Ferdinand Freiligrath war. Ida Melos-Freiligrath hat die Liebhaberaufführungen beschrieben und die bevorzugten Autoren genannt: *Kotzebue, Houwald, Iffland, Frau von Genlis, Florian (denn es wurde auch französisch gespielt) u. a. lieferten die Stücke. Aber auch Aufführungen von größeren Prä-*

tensionen fanden häufig statt; die Laune des Verliebten, die Fischerin, Jery und Bätely und andere kleine Sachen von Goethe wurden öfters in Gegenwart des alten Herrn und eines erlesenen Publikums mit Aufwand aller unserer Kräfte glänzend dargestellt. Charaden und lebende Bilder kamen auch öfters an die Reihe, zuweilen in großem Stil und in den Gemächern Goethes, wo dann der Hof und die ganze Hofgesellschaft Zuschauer waren und La Roche die Leitung übernahm.

Es haben sich einige der handgeschriebenen Programme zu den von Walther und Wolf in Szene gesetzten Stücken erhalten. Als Schauspieler agierten außer den Verfassern Auguste von Buchwald, Ida, Marie und Luise Melos, Cäcilie von Gersdorff, Felix Vulpius und Erna von Mandelsloh. Ida Melos versicherte später noch einmal: *Unser Hauptvergnügen bestand im Theaterspielen.*[36]

Sechs kleine Theaterstücke aus den Jahren 1830 bis 1837, der Kinder- und Jugendzeit von Walther, haben sich in seinem Nachlaß gefunden, auch ein *Zaubermärchen mit Musik*, dessen Verfasser *Walther von Habenichts* dem Publikum auf seinem Programmzettel befahl: *Unmäßiges Schluchzen ist verboten.*

Trotz seiner Anstrengungen beim Dichten und Musizieren war aber nicht Walther, sondern nach wie vor der hübsche Wolf des Großvaters Liebling. Er war anschmiegsam und *charmant* und schickte dem geliebten *Apapa* viele kleine Briefchen in deutscher, französischer oder lateinischer Sprache, schmeichelte ihm und war nach Jenny von Pappenheim *ein heiteres, sehr gesprächiges Kind mit den wunderschönen Goetheschen Augen.* Frédéric Soret erlebte den Dichter an einem Abend im Februar 1830 unzufrieden, ärgerlich, halb krank. Da kam Wolf herein, streichelte ihn, und Goethe erwiderte die Liebkosungen *zärtlicher als sonst. Wolf ist der Liebling des Großpapas, ich treffe ihn sehr oft bei ihm; Walther, das arme Kerlchen, wird etwas vernachlässigt, er hat kein so liebenswürdiges Wesen wie der jüngere Bruder und weiß nicht so zärtlich zu schmeicheln,* konstatierte er. ›Sehen Sie hier *das gute Kind‹, sagte Herr von Goethe heute abend zu mir, ›alle Abend bringt es seinen Großvater zu Bette, nimmt ihm sein Halstuch ab und bindet ihm eines für die Nacht um.‹ Da Wolf gähnte, sagte ich ihm, er solle schlafen gehen. ›Nein, noch nicht!‹ rief er, ›es ist noch nicht 9, ich muß erst Großpapa zu Bett bringen!‹* [37]

Auch andere Gäste waren meist mehr von Wolf angetan als von seinem blassen, unscheinbaren Bruder. Sulpiz Boisserée notierte bei seinem Besuch im Februar 1832: *Wolfi, der jüngste Knabe, ein allerliebstes, munteres, freies, natürliches Kind, holt gleich beim Großvater von den Pfeffernüssen, die ich von Willemer mitgebracht.* Nicht von Walther, nur von Wolf ließ Goethe sich zu Bett geleiten. Der Junge stand ihm wesensmäßig nahe, war ein guter Schüler, besonnen, konzentriert und literarisch interessiert. Er wird später, obgleich zum Juristen ausgebildet, immer der Philologie zuneigen; am liebsten wäre er Privatgelehrter geworden. *Wolf schreibt Trauer- und Lustspiele, sammelt die Komödienzettel, liest grenzenlos . . .*, teilte Goethe Ulrike von Pogwisch mit. In den Tagebüchern heißt es: *Wolf erzählte mir ein Märchen, das er sich ausgedacht hatte. – Wölfchen, der mir von der griechischen Mythologie zu erzählen hatte. – Wölfchen las in dem ersten Bande meiner Biographie und machte neckische Bemerkungen dazu.*

»Tante Ulrike«, Ottilies Schwester, erfuhr auch die Gedanken, die sich Goethe besonders über diesen Enkel machte. *Wölfchen hält sich wie immer ganz nah an den Großvater, wir frühstücken zusammen, und von da an zieht sich's durch den ganzen Tag durch . . . Wolf ist klug, wie alle Kinder und alle Menschen, die unmittelbare Zwecke haben. Wenn ich sehe, wo er hinaus will, so mach ich mir einen Spaß, seine Wünsche bald zu hindern, bald zu fördern, wodurch er sich aber in seinem Gange keineswegs irren lässt.* Dem sechsjährigen Wolf schrieb Goethe folgende Widmungsverse ins Stammbuch:

Meinem lieben Wölfchen

Eile Freunden dies zu reichen,
Bitte sie um eilig Zeichen,
Eilig Zeichen daß sie lieben.
L i e b e n das ist bald geschrieben;
Feder aber darf nicht weilen,
Liebe will vorübereilen.

Weimar, d. 28. May 1826   Goethe

Damals galt der Eintrag ins Stammbuch als wichtiger Freund-
schaftsbeweis. In Ottilies Stammbuch, das sie seit ihrer Ver-
heiratung führte, finden sich nicht weniger als fünfhundert
Einträge, wobei sie natürlich von Goethes berühmten Gästen
ebenso profitierte wie Walther und vor allem Wolf, in dessen
rotgoldenes Exemplar sich so bedeutende Besucher eintrugen
wie Mendelssohn und Rauch, Graf Sternberg, Zelter und Ludwig Tieck, Charlotte von Stein und Johanna Schopenhauer.
Goethe schenkte den Stammbüchern große Aufmerksamkeit,
was das Interesse seiner Enkel an Handschriften sicherlich för-
derte und dazu beitrug, daß Wolf später eine eigene Autogra-
phensammlung anlegte.[38]

Wolf schien zum Dichter geboren. So jedenfalls hatte es Goethe
schon prophezeit, als der Junge erst fünf war, und dabei war
es geblieben. In Weimar notierte sich Rat Grüner am 7. September 1825 folgende Bemerkung: ›*Sehen Sie meinem Wolf in*
die Augen‹, sagte Goethe, ›es spricht so etwas heraus, daß ich meinen
sollte, er werde ein Dichter.‹
    Zwar wirkte auch Walther in erstaunlichem Maß als »Poet«.
Er verfaßte viele Theaterstücke, darunter »Das Märchen von
dem rothen Flecken«, komponierte die Musik dazu und agierte
bei den Liebhaberaufführungen im großen Saal als talentierter

Schauspieler und Dirigent zugleich. *Walther war ein leidenschaftlicher Theaterfreund*, berichtet seine Freundin Ida Melos, *und wir kamen fast nie zusammen, ohne dass etwas aufgeführt wurde. Walther war Schauspieler, Dirigent, Dekorateur und Orchester, alles in einer Person. Wir hatten fortwährend Rollen einzustudieren; und unser gestrenger Dirigent verstand gar keinen Spaß darin. Er nahm die Sache so ernst wie ein richtiger Künstler, der er auch seiner ganzen Anlage nach war* . . .[39]

In Walthers Stammbuch notierte Goethe zu seinem siebten Geburtstag am 9. April 1825 die herzlichen Worte:

> *Seinem lieben, guten,*
> *erstgebohrnen*
> *heute siebenjährigem*
> *Enckel*
> *Walther von Goethe*
> *treugesinnt*
> *JWvGoethe.*
> *Weimar d. April 1825.*

Dazu gab er ihm ein Rätsel auf:

> *Nicht sterblich, noch unsterblich, aber von Natur*
> *Gebildet also daß er nicht nach Menschen Art,*
> *Noch Götterweise lebe, sondern stets aufs neu*
> *Geboren werde, wechselsweise zum Untergang;*
> *Gesehn von keinem, allen aber wohlbekannt,*
> *Vorzüglich Kindern, die er sich besonders liebt.*

Walthers Qualitäten als Regisseur und Schauspieler traten bei der Aufführung des Singspiels »Die Fischerin« so glänzend zutage, daß das Stück noch einmal für Goethe allein gegeben werden mußte, der von Walthers Darbietung absolut entzückt war. Seitdem, so versicherte Soret im November 1831 Julie von Egloffstein, liebe der Dichter diesen Enkel besonders und ziehe ihn neuerdings sogar dem geliebten jüngeren vor – er, Soret, habe Goethe und Walther Hand in Hand sitzend gesehen, wie sie sich gegenseitig Zärtlichkeiten sagten. Walther sei vor Glück nahezu verrückt.

Augusts Italienreise

Angesichts von Ottilies wechselnden Liebschaften schien August von Goethe bisher verhältnismäßig ruhig geblieben zu sein, denn über sein friedfertiges Wesen erstaunt, hatte Ottilie nach ihrer Rückkehr aus Böhmen ihrer Freundin Adele Schopenhauer gemeldet: *August schien entschlossen, mit mir gut sein zu wollen* (9. Juli 1828). Bemerkte sie nicht, wie schlecht es ihm ging? War sein Zustand ihr gleichgültig? Denn in Wirklichkeit erhoffte sich Ottilie das wahre Glück noch immer durch eine neue Beziehung, träumte sie von einer Romanze mit dem idealen Mann. Dem Liebhaber des letzten Jahres, Charles des Voeux, klagte sie, obwohl er sie längst verlassen hatte, wie unglücklich sie in ihrer Ehe sei. Schon früh habe sie an Scheidung gedacht. Erhalten blieb das Konzept dieses Briefes. *Des Voeux, wähnen Sie nicht, daß ich August anklagen und mich ganz freisprechen will, nein, unsere beiderseitige größte Schuld ist, dass auch nicht eine gemeinschaftliche Saite in uns klingt; er würde mit jeder anderen Frau glücklicher geworden sein, denn ich besitze für ihn nicht einmal die kleine Kunst, ihn zu amüsieren ... Denken Sie, dass nicht etwa dieses unglückliche Verhältnis obwaltet, seit ich Sterling kenne, sondern dass ich mich schon wollte scheiden, als Walther kaum zwei Monate alt!* [40]

Daß es August körperlich und seelisch schlechtging, war nicht länger zu verheimlichen. Ihm wuchs alles über den Kopf. Er wollte nur noch weg, wollte die Flucht ergreifen, versprach sich Heilung und Befreiung von einem Aufenthalt in Italien. Es dauerte lange, bis sein Vater, der ihn bei Honorarfragen und finanziellen Obliegenheiten nicht entbehren wollte, die Reise endlich genehmigte.

Wie unglücklich August sich fühlte, geht aus einem bösen Gedicht hervor, das er für die Zeitschrift verfaßte, die seine eigene Frau unter dem für sie bezeichnenden Titel *Chaos* gegründet hatte. Es war typisch für Ottilie, daß sie, im Hause eines Dichters lebend, auch selber mit einem poetischen Erzeugnis hervortreten wollte. Augusts Gedicht beweist derart deutlich seinen Ärger, daß man sich wundert, es tatsächlich veröffentlicht zu finden.

> *Ich will nicht mehr am Gängelbande*
> *Wie sonst geleitet sein,*
> *Und lieber an des Abgrunds Rande*
> *Von jeder Fessel mich befrein ...*

August von Goethe liebte seine drei Kinder. Er sei immer ein guter und rührender Vater gewesen, versicherte Jenny von Pappenheim, einfallsreich beim Erfinden neuer Spiele. Doch sie erlebte auch den Konflikt zwischen ihm und seinem alles dominierenden Vater. *Ich stand einmal mit ihm am Fenster des Eßzimmers kurz vor Tisch*, erzählt Jenny. *Im Garten ging Goethe auf und nieder, seine Enkel kamen hinuntergelaufen, um ihn zu holen. Jubelnd umschlangen sie den Großvater, erzählten, lachten, spielten; er freute sich sichtlich ihrer lieblichen Gegenwart, und ich sah mit Vergnügen zu. Da fiel mein Blick auf August: er starrte mit zusammengekniffenen Lippen, blaß und schwer atmend, auf dasselbe Bild, sein Aussehen sagte mehr als Worte.*[41] August war zumute, als dirigiere der Vater nicht nur sein Leben, sondern entfremde ihm sogar die eigenen Kinder.

Im April 1830 war es endlich soweit. Der vierzigjährige Kammerrat wirkte so erschöpft, daß Goethe ihm die Reise nicht länger abschlagen konnte. Der Sohn war krank. Herzschmerzen, Entzündung der Schleimhäute, allgemeine Schwäche, Kopfschmerzen. Das einzige, was ihn in der letzten Zeit getröstet hatte, war Walthers schönes Klavierspiel. Die Kinder hatten ihn auch erheitert, als er krank zu Bett lag. *Gestern Abend haben mir Walther und Wolf mit ihrem Puppentheater eine von Walther*

selbst verfasste Komödie vorgespielt, was mich auf eine Stunde etwas
erheiterte ... Dennoch schien es ihm, als wäre er *nur noch geborgt*
auf der Welt ... (26. Februar 1830).

Italien sollte die Erlösung bringen. August verließ Weimar
im April des Jahres 1830. Über Frankfurt, Basel und Genf reiste
er nach Mailand. 2000 Taler waren ihm für die Reise bewilligt worden.

Bereits nach drei Wochen fühlte August sich so wohl wie
seit Monaten nicht. Seiner Frau schrieb er in halb wehmüti-
gem Ton, er verstehe schon jetzt die vorausgegangenen Auseinandersetzungen nicht mehr. *Liebe Ottilie. Ich bin nun 150 Mei-*
len weit von Dir entfernt und will Dir doch auch ein vertrauliches
Wort zukommen lassen, welches Dir meinen Zustand klar machen
soll. Ich ging wirklich so krank aus Weimar daß ich nicht glaubte
Frankfurth lebendig zu erreichen, so am 13. Mai 1830 aus Mailand. ... *Ich wollte Du könntest mich jetzt beobachten, welche Ruhe*
im Gemüt ist eingetreten, wie stark fühle ich mich wieder, mit wel-
cher Leichtigkeit steige ich die 54 Stufen zu meinem Zimmer! Dir
danke ich alles dieses, denn Du hast doch den Entschluß befördert
und das Ganze gemacht, ich will es in der Zukunft zu vergelten su-
chen, könnte ich nur mein früheres Unrecht gegen Dich austilgen ...
Was machen denn die Kinder? ... *Lebe wohl küsse die Kinder, grüße*
den Vater, die Großmutter und Mutter auch Ulriken und denke zu-
weilen wohlwollend an Deinen August.[42]

Einen Monat nach der Abreise verteidigte August seinen flucht-
artigen Aufbruch nicht bei Ottilie, wohl aber bei seinen Freunden, dem Weimarer Ehepaar Gille, bei dem er in seiner be-
drängten Lage oft Zuflucht gesucht und Mitleid gefunden hatte.
Der Brief läßt erkennen, daß er sehr wohl wußte, wieviel er
geleistet und wie wenig Anerkennung er dafür bekommen
hatte. *Ich habe meine Verhältnisse alle in moralischer Hinsicht rein*
verlassen, nach 20jähriger Dienstzeit habe ich mir keinen Vorwurf
gegen den Staat zu machen, ich habe meine Fähigkeiten und meine

Kraft soweit ich beides besaß gern und ununterbrochen für denselben verwendet; als Sohn habe ich seit meiner frühsten Jugend mehr als mancher andere gethan und mehr als mancher andere in meiner Lage entbehrt ...

Bei jedem schönen Ereignis dachte August während der Reise an seine Kinder. Mit den Söhnen war er, der Komödienliebhaber und Theaterkenner, oft zu Weimarer Aufführungen gegangen. Jetzt berichtete er am 11. Mai 1830 aus Mailand, daß er das Marionettentheater besucht, »Die Hexen von Benevent« und den »Carneval von Venedig« als Ballett gesehen habe: *Es ging alles vortrefflich, ich habe viel gelacht, und wünschte Walther und Wolf recht an meiner Seite.* Er sandte den Kindern Grüße und Geschenke. *In dem anderen Kistchen sind einige Kleinigkeiten für die Kinder, nämlich 2 Halstücher für Walther und Wolf, ein Kleidchen für Alma und ein weißes Rosenbouket für Ottilie zur Erinnerung des 17t Juny.* Das war ihr Hochzeitstag, an den er sie erinnern wollte. *Liebe Ottilie. Diese Zeilen nebst den weißen Rosen sind dem 17t Juny gewidmet ... Dieses Simbol möge auch für die Zukunft Freude bedeuten, indem Du siehst daß ich in der Ferne eines Tages mit Rührung gedenke, den ich noch oft mit Dir zu durchleben hoffe. Die anderen Kleinigkeiten, als die Halstücher sind für Walther u. Wolf bestimmt, das Kleidchen für Emmi-Minzi, grüße die Kinder herzlich und küsse sie in meinem Namen.* Emmi-Minzi war der Kosename für die dreijährige Alma. An Ottilie sandte er Noten und Lieder und ermahnte sie in einem halb vorwurfsvollen Ton, besser für die Kinder zu sorgen: *Bei den Jungens sieh doch einmal wieder nach den Köpfen, Du verstehst mich, so auch sorge für Reinhaltung der Zähne bei denselben* (2. Juni 1830).[43]

Die eigenständige Reise bewirkte eine spürbare Veränderung. *Es ist das erste mal, im 40ten Jahre, daß ich zum Gefühle der Selbstständigkeit gekommen,* bekannte August, offenbar zu seiner eigenen Verwunderung. Noch wenige Wochen zuvor hatte er sich nach Weimar zurückgesehnt, zumal Eckermann, der ihn bisher begleitet hatte, sich von ihm trennte. *Eckermann geht morgen ab und ich stehe allein in der fremden Welt, wie wird es mir vorkommen? Doch ich muß durch, es koste was es wolle, doch ich hoffe nicht das Leben* (23. Juli 1830).[44]

Ottilie antwortete ihrem Mann freundlicher, als sie es je in seiner Anwesenheit getan hatte. *Du magst die angenehme Überzeugung haben lieber August, daß Du uns allen einen wahrhaft freudigen Tag bereitet. Der Vater sitzt über seinen Münzen, s e h r mit Deinem Kauf zufrieden, und Alma hat ihr rotes Röckchen gar nicht wieder hergeben wollen. Ich aber habe mich an dem schönen Bouquet erfreut, und alle Arien schon einmal durchgesungen ... Die Kinder werden glückselig sein; Walther kommt hoffentlich diese Woche zurück, aber an Wolf werde ich sein Tuch schicken.*

Goethe freute sich in der Tat über die kostbaren und seltenen Medaillen, die August für ihn erworben hatte. *Wenn Mutter und Kinder durch die artigen Aufmerksamkeiten ergötzt sind, Alma im roten Kleidchen herum läuft und die, noch auswärts sich befindende Knaben, bey ihrer Rückkehr, mit dem ächt Mayländischen Andenken erfreut werden sollen, so wird der Münzfreund kaum sein Vergnügen ausdrücken können ...* (5. Juli 1830).

Der zehnjährige Wolf schrieb seinem Vater: *Lieber Papa! Wie geht es Dir. Du glaubst nicht was mir das Halstuch für Freude gemacht hat. Die Mama wird Dir wohl geschrieben haben, daß ich 5 Wochen in Dessau war wo es wunderhübsch war. Die Alma sacht immer, wo ise Papa. Grüße den Doktor Eckermann. Die Omama lässt Dich grüßen und die Mama und Tante auch ... Leb wohl. Dein Dankbarer Sohn Wolf. Weimar, d. 13. August 1830.*

Augusts Verbundenheit mit den Kindern war stärker, als ihm wohl selber bewußt gewesen war. Mit den Interessen und Liebhabereien seiner Söhne war er bestens vertraut. Während er am Lido von Venedig Muscheln suchte, Seekrabben und Quallen

beobachtete, dachte er daran, welche Freude sie bei diesen Ent-
deckungen gehabt hätten. *Um uns zu erholen fuhren wir nach
Tisch auf das Lido und hatten einen schönen Anblick auf das Adria-
tische Meer. Hier liegen eine Unzahl von Muscheln, ich dachte recht
an Walther und Wolf, auch sah ich von den Großen Gallertarti-
gen Mollusken mit ihren bunten Armen von denen welche 2-3 Fuß
groß waren ... wir brachten beinahe eine Stunde mit Beschauung
des Meers und naturhistorischen Gegenstände zu ...* (9. Juni 1830
aus Venedig).

Bald darauf hatte August ein wenig angenehmes Erlebnis
zu verkraften: Durch einen Sturz mit der Kutsche erlitt er einen
Schlüsselbeinbruch. Bei unerträglicher Hitze mußte er, mit
einem *30 Ellen langen Verband um den Körper* und den Stichen
der Moskitofliegen ausgeliefert, in La Spezia das Zimmer hüten. Zu seiner Überraschung meldete sich plötzlich ein Freund
vergangener Tage bei ihm. Es war kein anderer als Charles Sterling, der Liebhaber seiner Frau. *Er hatte meinen Unfall erfahren*,
berichtete August, *und ist gekommen mir einige Tage Gesellschaft
zu leisten. Es ist mir ein wahrer Trost in meiner Einsamkeit, er hat
mir auch Bücher mitgebracht ... dann zog Sterling neben mich in
ein Zimmer wo wir die Thüren aufhaben und so zusammen leben ...*
Was bei dieser Nachricht in Ottilie vorging, die unverhofft
ihren Geliebten und ihren Ehemann beieinander wußte, kann
man nur ahnen.

Goethe ermahnte seinen Sohn, er möge durch diese Reise
wieder in einen akzeptablen Zustand gelangen und gesund
zurückkehren. *Fahre in allem und jedem so fort und es wird ein freudiges Wiedersehen und Zusammenleben erfolgen.* Erhaltung des
Hausfriedens und des guten »Zusammenlebens«, darauf kam
es ihm an. *Mögest Du alsdann an dem seligen Frieden unsers Hauses wie wir ihn jetzt genießen, ganz hergestellt mit Liebe und Freude
teilnehmen.* Goethes Briefe belegen, wie glücklich er, der Großvater, in dieser Zeit mit den Enkeln war. In die kleine Alma,
die vier Jahr alt wurde, schien er ganz und gar verliebt. *Das*

Mädchen, zum Bewundern gescheut, von lebhaftem Willen, sehr leicht auf einen andern Gegenstand zu lenken, deshalb ihre Gegenwart höchst anmutig. Alle Kinder seien *munter und tätig,* berichtete er, *die Aprikosen unter meinen Fenstern sind zur Reife gediehen, die Knaben lassen sich solche schmecken, das Mädchen zieht die Kirschen vor.*

Am 28. August 1830 wurde in Weimar Goethes Geburtstag gefeiert. Sein Sohn, von seinem Schlüsselbeinbruch geheilt und in Florenz eingetroffen, dachte mit rührender Anhänglichkeit an diesen *hohen Tag.* Von früher Kindheit an galt der Geburtstag des Vaters für August als der wichtigste Tag im Jahr. *Mein erster Gedanke war, wie alles sich jetzt im Vaterhaus rege, um Ihnen bester Vater zu diesem Tage Glück zu wünschen. Ich sah Ottilien und die Kinder geputzt mit Blumen u. Glückwünschen vor Ihr Bett treten ... Sie schreiten umher, sagen manches freundliche Wort und manche Träne der Freude glänzt in den Augen der Teilnehmenden. (Geht es mir doch auch nicht anders indem ich dieses schreibe.)*

Im Oktober sah August zum ersten Mal in seinem Leben die Stadt Rom. Er bat Freund Gille: *Lassen Sie meinen Vater wissen daß ich hier in Rom bin. Meine Dankbarkeit gegen ihn ist ohne Grenzen, daß er mir alle diese Genüsse verschafft.* August Kestner, der Sohn von Charlotte Kestner, »Werthers Lotte«, der als Diplomat in Rom akkreditiert war, führte den jungen Goethe durch die Stadt. Mit ihm und dem Maler Preller unternahm der Neuankömmling auch den ersehnten Ausflug nach Frascati, unglücklicherweise an einem Tag, an dem August sichtlich angeschlagen war. Sie ritten bis zum Albaner See, wo er vor Fieber glühte, so daß man umkehrte und abends um zehn Uhr Rom wieder erreichte.

In dieser Zeit schrieb Ottilie an Adele Schopenhauer: *Wenn ich mir denke, dass ich August nicht wiedersehen könnte, so empfinde*

ich auch nicht die leiseste Bewegung. Er war in einem beklagenswer-
ten Zustand, als er ging, und ich fragte mich oft, ob dieser wutähnliche
Zustand durch den Tod oder Wahnsinn enden werde.

Tod oder Wahnsinn – Ottilie sollte unfreiwillig recht behalten. Die Freunde Kestner und Preller brachten den todkran-
ken August in der Wohnung Via di porta Pinciana Nr. 17 zu
Bett und beschlossen, bei ihm zu wachen. Mitten in der Nacht
sprang August plötzlich hoch fiebernd aus dem Bett, stürzte sich
auf Preller, den er fast erdrückte, und brach dann auf seinem
Lager zusammen. Er starb am Morgen des 27. Oktober 1830.

Die Diagnose der Ärzte lautete: Pocken, verbunden mit einem
Gehirnschlag. Heutige Mediziner diagnostizieren nach dem
schriftlich vorliegenden Befund eine Meningitis, also eine Ge-
hirnhautentzündung, die infolge der gleichzeitig schwer ge-
schädigten Leber zum Tod führte.

Bei *heiterem Sonnenscheine* wurde August als »Goethe filius«
am 29. Oktober 1830 auf dem protestantischen Friedhof von
Rom nahe der Cestius-Pyramide, die sein Vater schon Jahre
zuvor betrachtet und sogar gezeichnet hatte, begraben.

Verhehlen konnte man sich nicht, daß die Neigung zum Alkohol das Leben des jungen Mannes verkürzt hatte. *Alle die*
Ihm nah waren, schrieb Kestner, *fanden, daß er viel zu viel Wein*
trank – Ich habe ihn nicht trunken gesehen ... aber auch mir war seine
Bereitheit, jede Stunde des Tages Wein zu trinken, auffallend, ja an-
stößig. Noch am Vorabend seines Todes habe er wieder fast eine
Flasche geleert. Er teile dies nur unter dem Siegel der Vertrau-
lichkeit und absoluten Verschwiegenheit dem Kanzler mit.
Goethe solle davon nichts erfahren.

Erst Tage später gelangte die Todesbotschaft nach Weimar. Der
Kanzler und Hofrat Vogel mußten sie dem Vater überbrin-
gen. Goethe habe sie ruhig angehört. *Es war rührend, den Greis*
mit Mühe seine Tränen unterdrücken zu sehen, als ich ihm die Bot-

schaft brachte, schrieb Hofrat Vogel an Rahel Varnhagen. Goethe habe ihnen dann das Wort abgeschnitten mit der Bemerkung: *Als er fortging, gab ich ihn schon verloren!*

Ottilie bewahrte Haltung. Sie war froh gewesen, August in Italien zu wissen; seine Rückkehr erscheine ihr drohend wie eine unheilbringende Wolke, hatte sie zu Adele gesagt. Entsprechend kühl nahm sie zunächst die Todesnachricht auf, oder, wie Eckermann berichtet: *Ruhig und gefasst.* Johanna Schopenhauer aber bedauerte die Kinder und ließ keinen Zweifel daran, daß sie von Goethes Schwiegertochter nicht viel hielt. *Die Kinder bekommen Vormünder. Sie sind dereinst, Gott gebe, so spät als möglich, des Großvaters einzige Erben. Auf welche Weise er für die Mutter sorgen will, hängt von ihm ab. Gewiß geschieht es nicht auf die Weise, daß ihre Wünsche, ins Ausland, besonders nach England zu ziehen, befriedigt werden können; wenigstens werden die Vormünder nicht zugeben, dass sie die Kinder mitnimmt.* Das schrieb sie an Augusts Freund, den Dichter Carl von Holtei.[45]

Wollte Ottilie nach England ziehen? Tatsächlich hatte sie in Augusts Abwesenheit ein neues Liebesverhältnis angeknüpft. Der Erwählte, wieder ein Engländer, hieß Samuel Naylor.

Goethe litt. Als er seine Schwiegertochter am Morgen nach der Todesbotschaft in Trauerkleidung sah, so Jenny von Pappenheim, streckte er ihr die Hände hin mit den Worten: *Nun wollen wir recht zusammenhalten.* Am 27. November 1830 notierte er am Abend: *Kam Walther aus dem Schauspiel und erzählte.* Danach ging er zu Bett, wurde aber nach zehn Uhr durch einen Bluthusten wieder aufgeweckt. Der Arzt wurde gerufen. Goethe glaubte, auch er werde nun sterben. Er schrieb an Zelter: *Das Außenbleiben meines Sohns drückte mich, auf mehr als Eine Weise, sehr heftig und widerwärtig. Plötzlich ... riß ein Gefäß in der Lunge und der Blutauswurf war so stark, daß, wäre nicht gleich und kunstgemäße Hülfe zu erhalten gewesen, hier wohl die ultima linea rerum sich würde hingezogen haben ...*[46]

Von den Kindern wird berichtet, sie hätten die Nachricht vom Tod ihres Vaters verhältnismäßig gleichmütig aufgenommen, zumal ihre Mutter nicht weinte, nicht klagte, nicht schluchzte, sondern starr und stumm blieb. Walther, Wolfgang und Alma hatten den Vater seit fast einem halben Jahr nicht mehr gesehen. Er war fern, war ihnen entrückt. Die Gegenwart des mächtigen Großvaters hatte seine Stelle eingenommen. Daß ihre Liebe und Anhänglichkeit zu August größer war, als die Umgebung ahnte, würde sich später zeigen. Die Gräfinnen Egloffstein kommentierten das traurige Ereignis unterschiedlich. *Im Goetheschen Hause geht alles den alten Gang, und die Lücke ist schon völlig ausgefüllt, die der Tod des Sohnes und Gatten, ja des Vaters sogar, gemacht hatte. Die Kinder denken nicht mehr an ihn, und selbst der Kanzler ist davon empört.*[47] Goethe aber trauere um den Sohn, er wünsche sich ein Porträt von ihm. Ottilie erwarte, daß ihr Schwiegervater ein Monument anfertigen lasse; sie habe indessen die Bepflanzung von Augusts Grab in Rom bezahlt.

Über Ottilies Unfähigkeit, die Kinder zu erziehen, hatte sich die Gräfin Henriette Egloffstein, Mutter von Caroline und Julie, schon vor Jahren kritisch geäußert. Als der sechsjährige Walther sich den Arm brach, bemerkte sie bitter: *Walterchen ist recht wohl und trägt sein Missgeschick mit ruhiger Heiterkeit. Aber die Torheit und den Leichtsinn der Mutter muß ich verachten. Alles andere kann ich ihrem irregeleiteten Kopf verzeihen, doch diese Gleichgültigkeit eines Mutterherzens ist empörend und verächtlich. Arme Kinder! Was wird euer Los einst sein? Sinnlichkeit, Eitelkeit und Eiseskälte werden eure Lehrmeister sein . . .*[48]

Man wußte allgemein um Ottilies mangelnde mütterliche Fähigkeiten. Ihre Disziplinlosigkeit hatte schon August beklagt. Er bat sie noch von Italien aus, den Kindern mehr hygienische Pflege zukommen zu lassen und dafür zu sorgen, daß sie besser lernten. *Wolf kann seinen Namen noch nicht schreiben, er schreibt immer statt Goethe Goehte . . .*[49]

Auch der Großvater erkannte bald, welchen Mangel Walther, Wolf und Alma nun litten. *Oft sah er die Enkel wehmütig an und sagte: ›Ihr armen Kinder!‹ – es schnitt mir durchs Herz*, berichtete Allwina Frommann am 16. November 1830 Marianne von Willemer. Aber sah er voraus, wie katastrophal und regellos es nach seinem Tod weitergehen würde? Sogar die junge Jenny von Pappenheim erlebte fassungslos Ottilies Unruhe und Hektik. *Ich fand meine Freundin in ihren hübschen Mansardenstuben, umgeben von Büchern und Papieren, vor einem kleinen offenen Bücherschrank; ihre Augen glänzten, ihre braunen Locken schienen schon zwanzig Mal nach hinten geschüttelt zu sein; ihre kleine weiße Hand hielt ein Buch, ihre Wangen brannten, und schon ihre Begrüßung zog mich in die lebhafteste Unterhaltung ... welch buntes Durcheinander: Kleider und Schärpen, Blumen und Bücher, die sie sich zum Geburtstage wünschte, verschiedene Adressen, quer darüber einige Verse ihrer Tasso-Übersetzung, den Titel einer neuen Geschichte Irlands ...* Ottilie war bereits mit Gedanken an eine neue Heirat beschäftigt. ... *nichts hatte Bestand in diesem Kopfe, in dem die Phantasie Alleinherrscherin war*, schreibt Jenny. *Da warf sie zwanzig verschiedene Männerbilder, tausend Lebenspläne, Gedanken, momentane Empfindungen durcheinander, bis die Bilder zerbrachen, die Gedanken ausarteten – dann saß sie vor den Trümmern und weinte! ...*[50]

An ihre Kinder schien Ottilie beim Pläneschmieden kaum zu denken. Für sie war eine Situation eingetreten, die sie sich von Anfang an gewünscht hatte: Abwesenheit des Ehemannes, Nähe des Dichters, der von nun an jeden Mittag mit ihr und den Kindern zusammen die Mahlzeiten einnahm. Auf August konnte sie gut verzichten.

Bald allerdings merkte Goethe enttäuscht, daß eine gemeinsame Haushaltsführung mit seiner Schwiegertochter unmöglich war. Ärgerlich nahm er ihre Unfähigkeit wahr, einen Haushalt zu organisieren, geschweige denn zu leiten. Darüber hinaus quälte ihn eine überaus peinliche Entdeckung: Sohn August hatte erhebliche Schulden hinterlassen, die nun beglichen werden mußten. Ottilie sah sich dazu außerstande; also mußte Goethe von seinem Hausfreund Meyer dreihundert Taler leihen, was noch nie vorgekommen war. *Mein oekonomisches Wesen erlebt eine wunderliche Krise*, gestand er und besprach mit Ottilie energisch die jetzt notwendigen Sparmaßnahmen. Zufrieden konnte er schließlich Mitte Februar 1831 notieren: *Das Haushaltungswesen kam immer mehr ins Klare.* Das bedeutete aber auch, daß er erstmals einen eigenen Koch einstellte. Auf diese Weise sind wir durch Aufzeichnungen darüber informiert, was bei Goethe auf den Tisch kam.[51] Das Mittagessen am 25. Dezember 1831 bestand aus *märkischen Rübchen*, die Zelter als Delikatesse aus der Mark Brandenburg geschickt hatte. Dazu gab es *Coteletten und 2 Hasen*, wovon einer als Braten für den 27. Dezember in Vorrat genommen wurde. Zum Dessert reichte man *Apfelcombot*. Am 26. Dezember 1831 aß Familie Goethe *Blumenkohl mit Kalbsmilch-Rindsbraten*. Der letzte Kücheneintrag stammt vom 14. März 1832, dem Tag, an dem der Dichter schwer erkrankte. Der Koch empfahl *Graupensuppe, Hering, Herzkohl, Würstchen, Krametsvögel und Compot.*

Was die Finanzlage betraf, sahen die Schwestern Egloffstein düstere Zeiten heraufziehen und glaubten Ottilie bereits am Rande des Ruins. Sie erhalte von ihrem Schwiegervater nur vierhundert Taler Witwengeld, dazu kämen zweihundertvierzig Taler aus der Witwenkasse. Für jede andere Frau würde diese Summe reichen, während es für Ottilie gewiß *wie nichts* sei.[52] Goethe ließ Ottilie in der Tat wissen, daß für Küchenausgaben nur noch dreißig Taler verbraucht werden dürften. Es erschien ihm sogar notwendig, ihre Ausgaben künftig zu überwachen. Bis zu Schillers Schwägerin Caroline von Wolzogen drang die Nachricht von Goethes unglaublicher Sparsamkeit. *Er hat den Schlüssel des Holzstalles unter seinem Kopf-*

Goethe mit seinen spielenden Enkeln im Hausgarten

kissen und lässt das Brot abwiegen.[53] Goethes Tagebuch vermeldet häufiger als früher *Rechnungssachen.* Aus dieser Zeit stammt auch das *Milchbuch* des Dieners Krause und die Liste der dem Keller entnommenen Weinflaschen, beide eigenhändig vom Dichter kontrolliert und quittiert.

Angesichts seiner neuen Erfahrungen beschloß der Dichter auch, ein zweites Testament aufzusetzen. Das bereits vorhandene war durch Augusts plötzlichen Tod ungültig geworden. Der Kanzler Friedrich von Müller als gesetzlicher Vertreter der Obervormundschaftsbehörde wurde herbeizitiert. Goethe nannte ihm die Vormünder seiner Enkelkinder, die der Sohn klugerweise noch vor der Italienreise bestimmt hatte, *falls er mit dem Tode abgehen sollte.* Es waren Augusts Freunde, der Kammerherr Franz von Waldungen, den später Hofrat Vogel ablöste, und Regierungsrat Carl Büttner. Obgleich Ottilie die leibliche Mutter war, hatte sie keinerlei gesetzliche Handhabe, die Vormundschaft ihrer Kinder selber zu übernehmen.

Ottilie äußerte gegen die Vormünder massive Vorbehalte. Am 15. November 1830 notierte Müller: *Nachher großer Streit darüber mit Ottilie.* Witterte sie im Kanzler schon damals ihren Feind? Daß er ihr Gegner war, würde sich später in jahrelangen Auseinandersetzungen herausstellen.

Der achtzigjährige Goethe war nun der einzige Mann im täglichen Leben der Kinder. Er war es, der Anweisungen gab und den Tageslauf bestimmte. Walther, Wolfgang und Alma, zwölf, zehn und vier Jahre alt, scheinen nur selten von August gesprochen zu haben; merkwürdigerweise war auch nie ein Doppelporträt entstanden, auf dem sie die Eltern gemeinsam hätten sehen können. Er habe die Rolle des Hausvaters wieder übernommen, meldete Goethe dem Grafen Sternberg und äußerte sich bei Boisserée mit einiger Zufriedenheit: Er lebe mit der Familie in einem Behagen, das, wenn er es beschreiben solle, *zwischen die Idylle und das Märchen falle.* Auch Marianne von Willemer erfuhr, wie glücklich der alte Freund mit den Kindern sei: *... meine drei Enkel, zwei Knaben und ein Mädchen, sind wirklich wie heiteres Wetter, wo sie hintreten, ist es hell. Im Augenblick Freude, er sei wie er wolle! und so wollen wir die guten Geister loben, die uns dergleichen Lichtlein angezündet haben.*

Besonders über die fast vierjährige Alma, die im Hängekleidchen mit ihren langen Locken niedlich genug aussah, empfand Goethe, der noch nie ein kleines Mädchen großgezogen hatte, sichtlichen Stolz. An Ulrike schrieb er: *Das Mädchen ist allerliebst und, als ein echt gebornes Frauenzimmerchen, schon jetzt inkalkulabel. Mit dem Großvater im besten und liebevollen Vernehmen ... Anmutig, indem sie, bei entschiedenem Willen, sich ablenken und beschwichtigen lässt. Übrigens keinen Augenblick ruhig, lärmig, aber leidlich, und mit einigem Scherz gar bald in Ordnung und Zucht gebracht. Wolf, halb eifersüchtig, bemerkte schon, daß sie in einigen Jahren seine Rolle übernehme ...*[54]

Ottilie blieb für ihren Schwiegervater die aufmerksame Gesellschafterin und besorgte Tochter, die sie auch vorher war.

Sie hielt ungebetene Gäste von ihm fern, führte die Zeitschrift »Chaos« weiter, interessierte sich für seine Arbeiten, las ihm vor, sorgte für sein Wohl in leiblicher wie geistiger Hinsicht. Erfreut schrieb Goethe an Zelter, er könne wohl sagen, *dass sie und die Kinder sich allerliebst benehmen, wovon viel zu melden wäre, aber nichts zu melden ist, weil das Zarte sich nicht in Worten ausspricht.* Ottilies Liebe zu ihm, dem »Vater«, war womöglich noch größer als in den Jahren mit August. Das beweist ein Billett vom Sommer 1831. *Ich sende Ihnen hier das »Chaos«, bester Vater; doch wenn es auch in meinem Innern auf vielen Punkten chaotisch sein mag, so ist doch in einem Gefühl und einem Gedanken vollkommen Licht: in dem, Sie zu lieben und Ihnen anzugehören. Ihre ergebenste Tochter Ottilie.*[55]

An die Enkel denkend, schrieb Goethe an die Frankfurter Freundin Marianne von Willemer, es sei seine Absicht, *nach Meiden, Scheiden, Leiden* nun wieder an Freuden zu denken. Besonders zur Weihnachtszeit wollte er die Kinder das *Ausbleiben* des Vaters vergessen lassen. Er bestellte Bücher über fremde Länder, beschaffte Tiere aus Zinn, Kegel und Kreisel und einen *Zauberturm,* auf welchem man eine Bleikugel herunterrollen lassen konnte.[56] Die Versuche mit illusionistischen Zaubertricks wurden fortgesetzt. Wegen eines Zauberkastens wandte sich Goethe wieder an Marianne. *Auf dem Frankfurter Weihnachtsmarkt werden gewiß solche Kästchen zu haben seyn, worin mancherlei Geräthschaften zu Taschenspieler-Künsten mit Anweisung zum Gebrauch beysammen sind. Nun wünschte ein solches, und zwar wie es einem Anfänger, einem Knaben von 12 Jahren genügen könnte, wohlgepackt, baldigst durch die fahrende Post, mit beygelegter, alsogleich zu bezahlender Rechnung zu erhalten.*

Zwei Monate zuvor war der Vater der Kinder gestorben, Goethe glaubte deshalb, seinen Wunsch noch deutlicher erklären zu müssen. *Hier ist es nun zu tun, das Weihnachtsfest den Enkeln, nach ihrem Sinne, möglichst auszuschmücken, welche, so froh, als läge nichts hinter ihnen, dieser so ersehnten Epoche lernend, musizierend, spielend entgegenleben.* Er, der Großvater, lenkte die Enkel mit der Ankündigung an schöne Geschenke ab, so daß sie sich auf das Fest so unbefangen freuen konnten, *als läge nichts hinter ihnen.*

Jener Zauberkasten, den Marianne damals für die Enkel besorgte, blieb bis heute erhalten, ein blauer Holzkasten, gefüllt mit allen Gegenständen, die man zum Zaubern braucht. Da gibt es gedrechselte Rollen, Dosen mit Schraubdeckeln, verschieden große Kugeln, Karten mit Sternen, quadratische Zahlenkartons im marmorierten Kästchen, ein magisches Quodlibet, ein Zauberquadrat, Zwillingspüppchen als Polichinells und Dosen mit doppeltem Boden. Der Inhalt ist handwerklich perfekt und kostbar gestaltet, der Zauberkasten gilt als der berühmteste seiner Art, darin befinden sich auch noch die handschriftlichen Anleitungen zur Ausübung der Zauberkunststücke.

Drei Wochen später berichtete Soret, der Erzieher des mit Walther gleichaltrigen Prinzen Carl Alexander: *Die Knaben unterhielten sich mit Taschenspielerkunststückchen. Goethe hält das für eine diesem Alter sehr förderliche Übung; sie rege die Erfindungsgabe an, übe das Auge, verleihe Gewandtheit, Geschicklichkeit und Geistesgegenwart ...* (23. Januar 1831). Mit ähnlichen Worten hatte Goethe seine Passion schon Eckermann zu erklären versucht.

Goethe schätzte auch den professionellen *Hofkünstler* Ludwig Döbler, der schon beim König von Preußen auftrat und im Juni 1831 im Goethehaus gastierte. Goethes Tagebuch berichtet: *Professor Döbler aus Wien, Walthern einige Kunststücke zu lehren.* Einen Monat später stellte Goethe befriedigt fest: *Abends mit der Familie. Walther machte seine Becherkünste recht artig.* Die Becher befinden sich in dem von Marianne besorgten »Taschenspielerapparat«, für dessen Übersendung Goethe ihr den fälligen Betrag von 8 Gulden 30 Kreuzern pünktlich bezahlt hatte. Er fand es dann am 17. Juli 1831 wichtig genug, in sein Tagebuch einzutragen: *Walther gab eine Vorstellung seiner erlernten Taschenspielerkünste.* Die Notiz beweist nichts anderes als den Stolz eines Großvaters, bei seinem Enkel erreicht zu haben, daß er den Zuschauern seine Künste geschickt und ohne Verlegenheit präsentierte.

Die Kinder lebten, als wäre nichts geschehen. Solange der Großvater für sie sorgte, schienen sie nichts zu vermissen.

Goethes Tod

Seinen zweiundachtzigsten Geburtstag am 28. August 1831 wollte Goethe mit niemandem sonst verbringen als nur mit seinen Enkeln. Er hatte eigens eine Wagenfahrt in den Thüringer Wald organisiert, um den mit Sicherheit zu erwartenden Huldigungen aus dem Weg zu gehen. Die Reise sollte ihn in jene Gegenden führen, die voller Erinnerungen waren an seine erste Weimarer Zeit, als er Charlotte von Stein liebte, die nun seit vier Jahren tot war, als er den jungen Herzog begleitete und an die Wand einer Jagdhütte sein melancholisches Gedicht schrieb. Eine Abschiedsreise sollte es beileibe nicht werden, wohl aber eine Überblicksreise über *Stätten früherer Leiden und Freuden*, wobei er das Vergangene *an die Gegenwart knüpfen* wollte. An der Seite seiner neugierigen und vergnügten Enkel, wußte er, würde es eine erfreuliche Fahrt werden.

Goethes Tagebuch vom 28. August 1831: *Ilmenau. Früh nach fünf aufgestiegen. Mit Wölfchen gefrühstückt. Der gute Walther setzte sein Morgenschläfchen fort.* Walther meldete noch am Geburtstagsabend seiner Großmutter nach Weimar: *Liebe Amama! Eben bringt man dem Apapa, welcher schon zu Bette liegt, das zweite Ständchen. Wir amüsieren uns herrlich in dieser schönen Gegend …* Die Ehrungen, die Goethe zuteil wurden, färbten auch auf die Enkel ab. Überall wurden sie bevorzugt behandelt, vom Rentamtmann Mahr bis zum Oberforstmeister von Fritsch. Man nahm sie mit zum Vogelschießen, führte sie durch eine Porzellan- und eine Puppenfabrik und verwöhnte sie mit gutem Essen.

Es war Goethes letzte Ausfahrt mit seinen Enkeln. Nach dem Abschied von Ulrike von Levetzow hatte er Weimar nur noch einmal verlassen, als er sich beim Tod des Herzogs Carl August

Goethe in seinem Todesjahr, 1832.
Kupferstich von Carl August Schwertgeburth

auf die Dornburger Schlösser zurückzog. Am Abend vor seinem Geburtstag bestieg er mit Berginspektor Mahr, dessen Bericht vorliegt, den Kickelhahn. *Am 26. August 1831 gegen Abend traf Goethe mit seinen beiden Enkeln und Bedienung im Gasthofe zum Löwen hier (in Ilmenau) ein ... G. unterhielt sich mit ihnen (den Enkeln) über das, was sie gesehen, und hatte eine innige Freude an ihren Antworten und bisweilen wirklich recht scharfsinnigen Bemerkungen. Es war 2 Uhr, und ich musste zur Tafel bei ihm bleiben, wo die Gespräche fortgesetzt und von den beiden Enkeln die abenteuerlichen Wege durch die Fichtenwälder, da sie bisweilen die steilsten Abhänge hinauf- und hinuntergegangen waren, sehr malerisch geschildert wurden. Der erhabene Apappa (so nannten ihn seine Enkel) hatte seine herzliche Freude darüber, wie seine freundlichen Gesichtszüge verrieten.*[57] Der Dichter war zum Jagdhaus Gabelbach gegangen und hatte jene Holzhütte besucht, an deren Bretterwand er ein Menschenalter zuvor die Verse schrieb: *Über allen Gipfeln ist Ruh.* Daß er in Tränen ausbrach, als er die Verse wiederentdeckte, haben die Kinder nie erfahren.

Seine Freude über die Enkel, die wesentlich zu seiner Verjüngung beitrugen, schilderte Goethe Marianne von Willemer. *Die Feier meines Geburtsfestes war diesmal zu meiner Beschämung brillant. Ich, der ich es voraussah, entzog mich in ein heiteres Bergstädtchen am Thüringer Walde, wo ich vor vierzig – fünfzig Jahren manches Erfreuliche und Leidige, soviel Glückliches als Widerwärtiges erlebt hatte ... Diese Einblicke, das Vergangene ans Gegenwärtige knüpfend, wurden erhöht und belebt ... dadurch, dass ich meine Enkel mitgenommen hatte. Diese lieben Wesen und Neulinge drangen, ohne poetisches Vehikel, in die ersten, unmittelbarsten Zustände der Natur ...*

Dann begann der Herbst des Jahres 1831. Jeden Abend kam Ottilie zu ihrem Schwiegervater herunter, besprach mit ihm den zweiten Teil des »Faust«, las ihm vor. Das Einvernehmen zwischen Mutter und Großvater, die harmonische Atmosphäre wird sich auf die heranwachsenden Kinder, die Goethe seine *lieben Wesen und Neulinge* nannte, wohltuend ausgewirkt haben. Zudem war Goethe vermutlich der einzige Mensch, der mit ihnen über den gestorbenen Vater sprach. Soret berichtet, daß Goethe sich noch ganz am Ende seines Lebens mit ihm darüber unterhielt. *Goethe sprach dann von seinem Sohn, von dessen Reisen, seinen leichtsinnigen Streichen und seinem Tod, vielfach so vertraulich, so rückhaltlos, mit so philosophischer Gefasstheit, daß ich ebenso überrascht wie ergriffen war. Er geht sonst traurigen Gedanken am liebsten aus dem Wege und erwähnt selten diesen Verlust.*[58]

Später war es Wolf, der den Vater mehr vermißte als der Bruder und sein Zimmer mit Erinnerungsstücken an August ausschmückte. Daß er, Wölfchen, bis zuletzt seine besondere Stelle im Herzen des Großvaters einnahm, zeigt Goethes Tagebuch zu Beginn des Jahres 1832:

9. Januar. Kam die Theaterchronik zu Wölfchens großer Zufriedenheit.

10. Januar. Abends Ottilie. Vorher Wölfchen.

17. Januar. Nach Tische mit Wölfchen Kupfer angesehen und ihn urteilen lassen.

19. Januar. Ottilie, Wölfchen und Alma waren am Hof zu einem Kinderballe. Traten noch einen Augenblick bei mir ein, vergnügt über das Erlebte.

20. Januar. Mittags mit der Familie, Doris Zelter. Nachher allein. Nachts Wölfchen vorlesend.

1. Februar. Spät Ottilie. Später Wölfchen.

20. Februar. Später Wölfchen, der mich zum Domino nötigte, aber dabei sehr artig war.

Von Alma war weniger die Rede. Goethe fand sie »allerliebst«, und so erscheint sie auch auf dem Kinderbild von Luise Seidler, mit dunkelblondem Haar und großen blauen Augen. Sie war noch keine fünf Jahre alt, als Goethe sich immerhin notierte: *Alma einige Stunden bei mir, betrug sich sehr artig auf dem Wege einer sittlich-sozialen Kultur.* Die Hauptrolle aber spielten immer die Knaben.

25. Februar 1832. Die Kinder kam aus dem Fra Diavolo, etwas ermüdet.

10. März 1832. Abends Ottilie. Walther aus dem Don Juan zurückkehrend und die Melodien nachsingend. Wölfchen war nicht wohl und deshalb abwesend.

Am 14. März 1832 unternahm Goethe nach dem Essen – es gab Graupensuppe und gebratene Krammetsvögel – eine Ausfahrt in die Umgebung. Zwei Tage später bekam er Fieber. Der Arzt Dr. Vogel glaubte, er habe sich einen Katarrh, eine leichte Erkältung, zugezogen. Goethes Notiz vom 16. März 1832: *Den ganzen Tag wegen Unwohlseins im Bette zugebracht.*

Das war seine letzte Tagebucheintragung.

Von seinem nahen Ende hatte Goethe, so der Arzt, keinerlei Vorgefühl. Viel weniger noch konnten sich die Kinder den endgültigen Abschied vorstellen. Bisher hatte sich der Großvater noch immer von seiner Schwäche erholt. Er war oft krank gewesen, und diesmal erschien sein Zustand weit weniger bedrohlich als sonst. Selbst im Herbst 1830, als er vom Tod seines Sohnes erfuhr und Blut spuckte, war er wieder aufgestanden. Nach Aussage seines Arztes hatte er sich seit 1830 *einer vorzüglichen Gesundheit erfreut.*[59] Die Enkel waren von seiner kräftigen Natur felsenfest überzeugt. Von jeder Kolik, jedem Herzkrampf hatte ihn Hofrat Vogel bisher geheilt – mit Blutegeln und Abreibungen, mit Marienbader Wasser, warmen Fußbädern und kaltem Champagner.

Die Erkältung schien sich zu legen – plötzlich aber kam es zu einer drastischen Verschlechterung. Goethe erlitt einen schweren Herzinfarkt, der damals aber nicht als solcher diagno-

*Goethes Schlaf- und Sterbezimmer
im Haus am Frauenplan*

stiziert wurde, man sprach von *Brustschmerzen.* Angst und Unruhe trieben den Kranken schweißüberströmt bald ins Bett, bald auf den Lehnstuhl – der Arzt hat den Zustand beschrieben. *Der Schmerz, welcher sich mehr und mehr auf der Brust festsetzte, presste dem Gefolterten bald Stöhnen, bald lautes Geschrei aus. Die Gesichtszüge waren verzerrt, das Antlitz aschgrau, die Augen tief in ihre lividen Höhlen gesunken, matt, trübe; der Blick drückte die grässlichste Todesangst aus.*[60] Der Kranke verharrte im Lehnstuhl, da das Sitzen ihm das Atmen erleichterte. *Gequält sagte er: Hat denn mein Sohn in Rom auch so leiden müssen.* Das war am 20. März 1832.

Am 21. März schien es noch einmal besserzugehen. Goethe ließ seinen Enkel Walther rufen und forderte ihn auf, ihm ein komödiantisches Stück, »Der versiegelte Bürgermeister«, vorzulesen. Walther las ihm vor wie immer. Nachmittags ging es ihm wieder schlecht, die Sinne versagten zuweilen. In der Nacht wachten Ottilie und die Kinder, der Arzt und der Sekretär Kräuter im Nebenzimmer.

Früh 6 Uhr trank er noch seinen Kaffee mit Wolf und bestellte sich Wildbret und Fische für Mittag, hieß Ottilie auf ihr Zimmer gehen und sprach von baldiger Wiederherstellung. Der Großvater saß aufrecht, hatte Wünsche und Pläne. Ottilie hielt seine Hand. Am Morgen des 22. März frühstückte er mit seinem Lieblingsenkel Wolf und begrüßte den Tag, an dem er sterben würde, mit den frohen Worten: *Also hat der Frühling begonnen, und wir können uns dann um so eher erholen.*

Doch entgegen allen Hoffnungen nahte das Ende: Herzversagen. Goethes Antworten wurden mühsamer und undeutlicher. »Mehr Licht«, sollen seine letzten Worte gewesen sein. Als er nicht mehr sprechen konnte, zeichnete er mit der Hand ein »W« in die Luft und bat die Schwiegertochter, sich ganz nah zu ihm zu setzen. *Ottilie übertraf sich selbst an liebevoller Pflege und auch bis jetzt noch an Standhaftigkeit*, berichtete Kanzler von Müller Caroline von Egloffstein.

Am Mittag des 22. März 1832, um halb zwölf, so das Bulletin des Hofrats Vogel, *drückte sich der Sterbende bequem in die linke Ecke des Lehnstuhls, und es währte lange, ehe den Umstehenden einleuchten wollte, daß Goethe ihnen entrissen sei. So machte ein ungemein sanfter Tod das Glücksmaß eines reich begabten Daseins voll.*[61]

Walther und Wolf hatten im Arbeitszimmer gewartet. Ohne die Anwesenheit des Großvaters erschien ihnen der Raum kalt und leer. Am offenen Türrahmen baumelte die Schnur mit den aufgefädelten Visitenkarten der Besucher, die dem Dichter ihre Aufwartung machen wollten; daneben hing der bekannte Postkutschenfahrplan. Auf dem Stehpult glitzerte die Glaskugel, mit der er ihnen oft das Spektrum der Regenbogenfarben erklärt hatte, und auch der Globus, auf dem er Wolf Amerika zeigte, stand an seinem angestammten Platz. Auf dem

Schreibtischbord lehnten die vielbenutzten Nachschlagewerke, und im hölzernen Tintenfaß, das einst ihrem Vater gehört hatte, steckte in schwarzschimmernder Tinte die Gänsefeder, gespitzt und vorbereitet zu neuen Werken – der Großvater mußte nur erst gesunden.

Plötzlich wurden sie eilig herbeigerufen: Die Enkel sollten ihren Großvater noch einmal sehen. Sein Tod muß für sie entsetzlich gewesen sein, schlimmer noch als der Hingang ihres Vaters August, den sie so gut überstanden hatten, eben weil es den Großvater gab.

Gestern Vormittags halb Zwölf Uhr starb mein geliebter Schwiegervater, der Grofsherzogl. Sächsische wirkliche Geheime-Rath und Staatsminister

JOHANN WOLFGANG VON GOETHE,

nach kurzem Krankseyn, am Stickflufs in Folge eines nervös gewordenen Katharrhalfiebers.

Geisteskräftig und liebevoll bis zum letzten Hauche, schied er von uns im drei und achtzigsten Lebensjahre.

Weimar, 23. März 1832.

OTTILIE, von GOETHE, geb. von POGWISCH, zugleich im Namen meiner drei Kinder,

WALTHER, WOLF und ALMA von GOETHE.

Die Anzeige, mit der Ottilie am 23. März 1832
den Tod Goethes bekanntgab.

ZWEITER TEIL

Nach Goethes Tod

Stiefschwester Anna Sibylle

Bei Goethes Beerdigung war die Menschenmenge so zahlreich, daß Soldaten dem Leichenzug Bahn schaffen mußten. *Der Sarg wurde mitten in der Kapelle auf einen Teppich, rot mit goldnen Sternen durchwirkt, gestellt, auf welchem Goethes Eltern getraut, er getauft und getraut und sein Sohn und seine Enkel ebenfalls getauft worden sind und auf welchem er auch hat ruhen wollen ...*[62]

Goethes Testament, mit Kanzler von Müller vorher intensiv erörtert und juristisch beglaubigt, war bereits am 8. Januar 1831 bei der Landesregierung hinterlegt worden. Es würde der Grundstein sein für das künftige Wohl und Wehe von Ottilie und ihren Kindern.

Die Testamentseröffnung ergab, daß Goethe seine Enkel zu Universalerben eingesetzt hatte. Sie würden seinen gesamten Besitz an mobilem und immobilem Eigentum erhalten. Bis zu ihrer Volljährigkeit sollten die Vormünder ihre Rechte wahrnehmen; danach würden sein Wohnhaus, das Gartenhaus an der Ilm, Immobilien und Gärten an die Enkel fallen. Auch das vorhandene Kapital von 58 000 Reichstalern sollte den drei Enkeln erst nach ihrer Volljährigkeit übergeben werden und bis dahin unangetastet bleiben.

Zum Unterhalt hatte Goethe für Ottilie 500 Taler jährlich festgesetzt, im Grunde eine wohlbemessene Summe, mit der sie aber nie auskam. Der Paragraph lautete: *Meine geliebte Schwiegertochter Ottilie, geborene von Pogwisch, soll außer freier Wohnung und Gartengenuß jährlich 500 Taler sächsisch an Wittum aus meinem Nachlaß erhalten.* Dazu wurden kostenloses Wohnen, die Benutzung von Mobiliar und Silber, Tisch- und Bettzeug und die freie Benutzung der Gärten zugesichert.

Für die Erziehung und Ausbildung der Enkel waren ebenfalls 500 Reichstaler bestimmt, auszuzahlen in vierteljährlichen

Raten. Es lag im Ermessen der Vormünder und des Kanzlers von Müller, ob dieser Betrag je nach Bedarf und Studienkosten erhöht werden müsse. Mit erreichter Volljährigkeit der Kinder sollten auch diese 500 Taler der Mutter zufallen – vorausgesetzt, daß sie nicht wieder heiratete. Diesen Passus nahm der Dichter ausdrücklich auf. Wenn Ottilie eine zweite Ehe einginge – was er nicht hoffe –, erhielte sie nichts.

Seine umfangreichen Kunst- und Naturaliensammlungen, die Briefe und Tagebücher, Kollektaneen aller Art sowie seine Privatbibliothek mit sechstausend Bänden stellte Goethe unter die besondere Aufsicht des Bibliothekssekretärs Kräuter. Testamentsvollstrecker war nach Paragraph 15 Friedrich von Müller. Diese Bestimmung würde sich als fatal erweisen. Der Kanzler nämlich nutzte das Amt über Gebühr aus und provozierte durch sein selbstherrliches Verhalten gegenüber den Enkeln einen lebenslangen Streit.

Für die Kinder trat mit Goethes Tod eine völlig neue Situation ein, ein schwerer Bruch, den sie kaum verkraften konnten. Bestürzt hatte Ottilie einmal, als sie nach einer Reise Goethe nicht vorfand, ausgerufen: *Es ist mir eine unbeschreiblich traurige Empfindung, das Haus ohne den Vater zu finden* ... Jetzt war sie da, die gefürchtete große Leere. Nur Alma, ohnehin zu klein, um das Geschehene zu begreifen, war krank und von ihrer Patin Emma Froriep noch vor dem Begräbnis in ihr Haus geholt worden.

Den Enkelsöhnen fehlte der Großvater. Wer würde seinen Platz einnehmen? Ottilie war dazu nicht imstande, im Gegenteil, sie wirkte bestürzend orientierungslos und klammerte sich wie aus der Bahn geworfen an die eigene Mutter als an ihren einzigen Halt. Ohne Freund, ohne Ehemann, ohne Geliebten fühlte sie sich wahrhaft verlassen. Sie hatte August loswerden wollen – jedoch nur, um ihn durch einen anderen Mann zu ersetzen. Plötzlich frei, war sie in ihrer Bindungslosigkeit unglücklich. Nie hatte sie damit gerechnet, wichtige Entschlüsse alleine fassen zu müssen.

Ottilie war durch den Tod Goethes überfordert und außerstande, die Erziehung der Kinder selbständig in die Hand zu nehmen. Daraus resultierten bald auch ihre Differenzen mit den von Goethe eingesetzten Vormündern der Kinder. Kanzler von Müller hatte längst erkannt, daß Ottilie zwar in Gesellschaft charmant und gewinnend, im Ernstfall aber chaotisch und recht naiv sein konnte und meist mit den eigenen Angelegenheiten mehr beschäftigt war als mit denen ihrer heranwachsenden Söhne.

Von nun an waren für die drei Kinder nur noch Frauen zuständig: Ottilie, ihre Schwester Ulrike, Großmutter Henriette von Pogwisch und Urgroßmutter Eleonore Gräfin Henckel von Donnersmarck, die dreiundneunzig Jahre alt wurde. Es war ein Vierfrauenhaushalt, dem der Mittelpunkt fehlte. Die Situation war so unbefriedigend, daß Ottilie auf jenen Ferdinand Heinke verfiel, den sie vor zwanzig Jahren für die Dauer von drei Monaten geliebt hatte. Heinke nämlich hatte sich wieder gemeldet und in Ottilie die alten Gefühle wachgerufen. *Selbst als ich wirklich den geliebten Namen unter dem Brief erblickte, wagte mein Herz noch nicht, sich zu freuen; es ist so verschieden, was eine Frau verlangt, (um) befriedigt zu sein, und was ein Mann in der Regel zu geben versteht!* (26. November 1831) Gerne hätte Ottilie ihm ihren Sohn Walther zur Erziehung übergeben. Doch das lehnte Heinke ab. Er lebe in einem glücklichen Familienkreis mit Frau Charlotte und seinen sieben Kindern. Die alte Beziehung wurde trotzdem wieder aufgenommen, und einige Jahre später besuchte Walther den Jugendfreund der Mutter.

In ihrer Unschlüssigkeit machte Ottilie ziemlich verrückte Pläne. Es stellte sich jetzt als Defizit heraus, daß sie keine wirkliche Aufgabe besaß. Sie hatte als Dame des Hauses und repräsentative Gesellschafterin des großen Dichters eine Beschäftigung wahrgenommen, für die sie gelobt worden war und die ihr lag, sie durfte sich geliebt fühlen und war am Ziel ihrer Wünsche gewesen. Die ganze Welt hatte auf sie geblickt.

Diese Zeit war mit einem Schlage vorbei. Vorbei der Glanz, der Ruhm, das Glück. Weimar erschien ihr wie ein großes Totenhaus. Ottilie wußte nur eines: Sie wollte die Stadt verlassen, wollte reisen, sich womöglich an einem anderen Ort niederlassen. Sie dachte an Dresden oder Wien, zwei kultivierte Städte, in denen man ein neues Leben beginnen konnte. Daß sie, die Sechsunddreißigjährige, nicht wieder heiraten würde, erschien ausgeschlossen. Sie hatte die feste Absicht, einen Mann zu finden und glücklich zu werden. Sie sehnte sich nach Liebe, brauchte sie wie die Luft zum Atmen.

In dieser Situation traf ein Kondolenzschreiben von Charles Sterling ein. Nach acht Jahren war dies sein erstes Lebenszeichen. Ein Brief von dem Mann, auf den sie jahrelang gewartet hatte, den sie trotz gelegentlicher Affären immer noch liebte und der ihr von einer bevorstehenden Reise an den Rhein schrieb – keine Nachricht konnte erfreulicher sein.

Nichts konnte Ottilie von Goethe nun mehr in Weimar halten. Zwei Monate nach Goethes Tod, im Mai 1832, reiste sie an den Rhein. Ihr Vorwand lautete: Sie wolle Adele Schopenhauer wiedersehen, die mit ihrer Mutter nach Unkel bei Bonn gezogen war, in die unmittelbare Nähe der wohlhabenden Sibylle Mertens-Schaafhausen, mit der Adele in mehr als nur freundschaftlicher Hinsicht eng verbunden war. Allerdings verheimlichte Ottilie weder ihrer Mutter noch ihren Söhnen, daß es sie magisch zu dem *dämonischen Jüngling* hinzog, der ihr mitteilte, auf dem Weg nach London in Mainz Station machen zu wollen.

Das Rendezvous gelang. Ottilie war selig. Das gelungene Liebesabenteuer mit dem Mann ihrer Träume machte sie geradezu tollkühn. *Liebe Mutter, Sterling kam gestern abend an,* jubelte sie. Frau von Pogwisch solle mit Walther und Wolf sofort nachkommen. *Du wirst uns also in corpore finden. Weit davon entfernt zu wünschen, daß die Kinder Sterling nicht sehen sollen, ist es mir vielmehr sehr lieb. Komme, beste Mutter, und genieße mein frohes Gesicht. Deine Ottilie.*[63]

Vier Wochen blieb Ottilie am Rhein. Während sie auf der Insel Nonnenwerth ihr Liebesglück mit dem achtundzwanzigjährigen Charles Sterling genoß, wohnten Walther und Wolf bei ihrer Freundin Adele. Nach Aussage von Johanna Schopenhauer war Ottilie wieder so *liebenswürdig, unerträglich, verrückt, geistreich wie immer.* Ottilies Verliebtheit ging so weit, daß sie nach der Absage von Heinke nun hoffte, Sterling nähme Walther in seine Obhut. Sie habe ihn gebeten, den Sohn zu sich zu nehmen, meldete sie der entgeisterten Adele. Nicht etwa Leidenschaft habe sie auf diesen Gedanken gebracht, sondern die Überzeugung, daß Walther einen männlichen Führer brauche. Vermutlich wollte sie dadurch das Band zu ihrem Geliebten fester knüpfen. Hatte nicht Goethe einst Fritz von Stein wie einen Sohn zu sich genommen, weil er die Mutter liebte? Aber Sterling hielt Ottilie mit vagen Versprechungen hin und reiste nach London weiter.

Ottilie kehrte mit den Söhnen nach Weimar zurück. Doch als sie ins Haus am Frauenplan traten, erstarrten sie vor Schreck. Goethes Zimmer waren versperrt worden. Sie erblickten ein Vorhängeschloß, das die geheiligten Räume vor ihnen, den Verwandten, sichern sollte.

So hatte man sich die Heimkehr nicht vorgestellt! Das Ausgeschlossensein aus der gewohnten und geliebten Welt war für Walther und Wolf ein unvorstellbarer Schock. Sie kamen in das Haus, in dem sie geboren worden waren, das ihre Heimat war, und man verwehrte ihnen den Zugang zu Räumen, in denen sie sich Tag für Tag aufgehalten hatten. Erst jetzt kam ihnen die Abwesenheit des Großvaters mit allen vorher nie erahnten Konsequenzen furchtbar zu Bewußtsein.

Empört schrieb Ottilie dem Kanzler von Müller, daß, solange sie im Hause lebe, auch nur sie für die Räume und deren Schlüssel zuständig sei. Erregt fügte sie hinzu: *Der Mann, der, wie es scheint, allein wußte, daß ich die Tochter war, ist tot, und ich sehne mich herzlich aus einer Stadt, wo alle es scheinen vergessen zu haben.* Der Protest nützte ihr nichts. Sie sei abgereist, ohne die Zimmer zu verschließen, konterte der Kanzler, jeder Unbefugte hätte sich ohne große Mühe an den Schätzen vergreifen können. Später würde sich herausstellen, daß gerade er, der Nachlaßverwalter, sich unerlaubt der Schätze bediente, die er hatte bewahren sollen.

Für Walther und Wolf, die wie versteinert vor den verschlossenen Türen standen, war dies ein Unrecht, das sie nie verwinden konnten. Ohnmächtig mußten sie hinnehmen, daß sie ausgeschlossen waren aus ihrem Paradies. Andere griffen in ihre Privatsphäre ein. Es war ihre ureigene Welt, die man ihnen zu betreten verbot. Angesichts des nun beginnenden erbitterten Machtkampfes zwischen dem Kanzler und ihrer Mutter mag den Brüdern damals zum ersten Mal der Gedanke gekommen sein, ihm die grobe Taktlosigkeit genau zu dem Zeitpunkt heimzuzahlen, an dem sie volljährig sein würden.

Im Sommer des folgenden Jahres 1833 fuhr Ottilie wieder an den Rhein. Diesmal nahm sie nur Walther mit, der in Frankfurt seinen Paten kennenlernen sollte, den Bankier von Willemer. Der reiche Mann hatte sich einst seine Frau Marianne als sechzehnjährige Tänzerin aus dem Frankfurter Theater geholt – er hatte sie ihrer Mutter buchstäblich abgekauft. Die dunkellockige, reizende und musikalisch wie poetisch begabte Marianne war mit Goethe befreundet gewesen – daß ihre Gedichte im »West-Östlichen Divan« standen, konnte Walther noch nicht wissen. In der kultivierten Atmosphäre von Willemers Gerber-mühle, die schon der Großvater geliebt hatte, fühlte der Junge sich ausgesprochen wohl. Marianne, immer noch als professio-nelle Gesangslehrerin tätig, musizierte mit Walther und spielte ihm Stücke aus der »Zauberflöte« vor. Doch auch außerhalb der Willemer-Welt gab es in Frankfurt Erlebnisse, die den Fünf-zehnjährigen nachhaltig bewegten. In einer Frankfurter »Kin-derschule« und einer »Versorgungsanstalt« führte man ihm erst-mals Armut und Not unmittelbar vor Augen – das waren Eindrücke, die sein soziales Empfinden prägten und später so-gar zu seiner ersten und einzigen Buchveröffentlichung führ-ten.

Seine Mutter Ottilie war anderweitig bewegt. Sie hatte die Bekanntschaft eines Engländers gemacht, Captain Story, in den sie sich in kurzer Zeit ebenso leidenschaftlich verliebte, wie es auch bei Charles Sterling und Charles des Voeux der Fall gewesen war: Sie erwog, seinetwegen für immer nach Frank-furt zu ziehen. Ottilies Briefe an Adele Schopenhauer erläu-tern ihre erotischen Eskapaden mit entwaffnender Aufrich-tigkeit. In fast kindlicher Eitelkeit war Ottilie stolz darauf, immer wieder männliche Verehrer in ihren Bann zu ziehen. Die Moral einer spießigen Umgebung galt nicht für sie, die ihr Liebesglück erzwingen wollte, unbekümmert um die Mei-nung anderer. Dabei war Ottilie im Hinblick auf die Zukunft ihrer drei Kinder von geradezu unbegreiflichem Leichtsinn. Der persönliche Anspruch ging ihr über alles. In der Liebe habe niemand ihr Vorschriften zu machen, erklärte sie rücksichts-los. *Du hast geglaubt*, schrieb sie an Adele, *ich sei im Begriff, Cap-tain Story zu heiraten, und ich war wohl nicht weit davon entfernt.* Sie habe dem neuen Verehrer aber ihre Gefühle für Charles Sterling nicht verschwiegen und befürchte jetzt, der Geliebte könne sie für eine kokette und flatterhafte Dame halten.

Was ihre Söhne darüber dachten, interessierte sie weniger.

Marianne von Willemer, Walthers Patin,
im Alter von 25 Jahren.
Pastell von Johann Jacob de Lohse, 1809

Die beiden Jungen müssen hin- und hergerissen gewesen sein.
Für den leicht erregbaren Wolf war diese rastlos nach Abenteuern suchende Mutter kaum der richtige Rückhalt. Ottilie hatte
versprochen, zu seinem Geburtstag bei ihm zu sein, kam dann
doch nicht, weil ein Fest in Frankfurt sie festhielt, und Wolf
saß an seinem dreizehnten Geburtstag mutterseelenallein in
Weimar.

Damals konnten die Kinder noch kaum beurteilen, in welchem Maß es ihrer Mutter an Verantwortungsgefühl mangelte.
Sie werden wohl gemerkt haben, daß Versprechen nicht einge-
halten, Pläne geändert, Vorhaben umgestoßen wurden, seit
der Großvater nicht mehr lebte. Doch sie wagten keine Kritik.
Nur einmal hat der enttäuschte Walther seiner Mutter zuge-
rufen, er könne es nicht mehr ertragen: *Eure stets wechselnden*
Pläne, Eure Unruhe und das ganze Durcheinander . . .[64]

Enttäuscht wie so oft, ohne ein Heiratsversprechen von Sterling, ohne Zusage von Story, klagte Ottilie im Februar 1834 der geduldigen Adele: *Ich glaube mehr und mehr, dass ich auf eine Veränderung meiner Lage sinnen muß, da ich diesen Zustand von H e r z e n s l e e r e und G e i s t e s l e e r e nicht aushalten kann.* Und im März 1834, wieder an Adele Schopenhauer, ihren Jammer über die Finanzlage: *Was aus mir und meinem Leben werden soll, begreife ich nicht, mit jedem Jahr, ich könnte sagen mit jedem Pulsschlag, gehe ich größerer Armut und Einsamkeit entgegen.* Sie könne bald nicht mehr bei Hofe erscheinen, weil sie nichts anzuziehen habe, obgleich ihr die Vormünder *einen bedeutenden Zuschuß* gewährt hätten. Sie müsse das Geld der Kinder angreifen. *So geht es von Stufe zu Stufe fort, und Alma wird wohl auf dem Land aufwachsen.* Aus jeder Zeile spricht ihre Unfähigkeit, die Finanzen in Ordnung zu halten und die Situation zu meistern.

Im Mai 1834 hielt es Ottilie in Weimar wieder nicht mehr aus, es zog sie magisch nach Frankfurt. Walther reiste mit. Offenbar ging es um ein Wiedersehen mit Captain Story, an dem Ottilie um so mehr hing, als der geliebte Sterling auf drei Bittbriefe nicht geantwortet hatte.

Marianne von Willemer, die ihn verabscheute, sah das nicht ungern: *Ich bitte Sie, mir graut vor diesem Sterling, und ihm wollten Sie Walther anvertrauen ...*

Die kinderlose und liebevolle Bankiersgattin hätte den musikalisch begabten, etwas schüchternen Patensohn gern zu sich genommen, doch das war unmöglich, Willemer war schwer erkrankt. Sie warnte Ottilie dringend vor falschen Schritten: *Walther geht zugrunde, wenn er nicht unter männliche Aufsicht kommt, ich scheue mich gar nicht, Ihnen dies zu sagen ... sein weiches Gemüt, die geringe Ausdauer, seine körperliche Schwäche sind gefährliche Beiträge zu seiner Biographie.*[65] Das waren deutliche Worte, und sie trafen den Kern. Doch Ottilie nahm keine Notiz davon.

Während des Frankfurter Aufenthalts führte Walther regelmäßig Tagebuch. Auf rührende Weise hielt er fest, ob es mit dem Italienischunterricht vorwärtsging, erwähnte das Klavierspiel mit der *guten Geheimrätin Marianne*, notierte, wie oft er von seiner Mutter mit immer neuen Aufträgen zu ihrem englischen Freund Captain Story geschickt wurde. Erst als das Geld nach drei Monaten verbraucht war und auch Marianne von Willemer sie nicht mehr unterstützte, reiste Ottilie mit ihrem Sohn nach Hause zurück. Das war im Juli 1834.

In Weimar angekommen, stellte Ottilie fest, daß sie schwanger war.

Wie Walther zumute war, als er, der Sechzehnjährige, von einem »Ereignis« erfuhr, das kein freudiges war, geht aus einem späteren Brief hervor. Ahnungslos und bereitwillig hatte er sich in Frankfurt als »postillon d'amour« zwischen seiner Mutter und ihrem neuen Freund benutzen lassen, nun mußte er sich hintergangen vorkommen. Das von anderen als »kokett« bezeichnete, in Wahrheit nicht sehr verantwortungsvolle Verhalten, mit dem die Mutter ihre Familie in Verruf brachte, konnte den empfindlichen Jungen nur kränken. Das Erlebnis der unerwünschten Schwangerschaft seiner Mutter wirkte sich bei Walther psychologisch verheerend aus. Eine lebenslange Scheu vor Frauen und Angst vor weiblicher Sexualität haben ihn nie mehr verlassen.

Als sich die Schwangerschaft der verwitweten Frau von Goethe nicht länger verbergen ließ, begab sich Ottilie nach Wien. Behilflich waren ihr in dieser prekären Lage zwei Freundinnen, die ihr auch in Zukunft mit Geld und gutem Rat zur Seite standen. Die eine war die Schriftstellerin Anna Jameson, eine aus Irland stammende Diplomatengattin, die nach ihrer Scheidung mit Erfolg kunsthistorische Bücher schrieb. Sie bewunderte Ottilie, war ihrem faszinierenden Wesen »verfallen« und lud

Ottilies Freundin Sibylle Mertens-Schaaffhausen.
Zeichnung von Ludwig Krevel, um 1830

sie sogar ein, zu ihr nach Kanada zu ziehen, um sie immer in der Nähe zu haben.

Die zweite, ebenso hilfsbereite Gefährtin war die reiche Sibylle Mertens, geborene Schaafhausen, die schon erwähnte Freundin von Adele Schopenhauer, eine damals international anerkannte Archäologin, die ihre antiken Funde in mehreren Forschungsarbeiten veröffentlicht hatte. Beide Frauen liebten Ottilies Mut und Offenheit ebenso wie ihre bedenkenlose Fähigkeit zu spontanen Handlungen und sinnlicher Liebesleidenschaft, die ihnen in dieser unverhüllten Direktheit nicht zu Gebote stand. Wie Julie von Egloffstein bemerkte, war Ottilie *originell, melancholisch und komisch zugleich, dabei nicht ohne Verstand und scharfe Ecken.* In der peinlichen Situation einer ungewollten Schwangerschaft kümmerten sich beide Frauen mit Hingabe um die werdende Mutter. Anna Jameson zog sogar mit ihr nach Wien, und Sibylle Mertens hielt sie mit stattlichen Summen über Wasser.

Am 20. Februar 1835 brachte Ottilie von Goethe ihr viertes Kind zur Welt. Sie hatte Glück, daß in der entscheidenden Stunde ein tüchtiger Arzt zur Stelle war, der sie auch in Zukunft nicht verlassen würde. Dr. Romeo Seligmann, siebenundzwanzig Jahre alt, unverheiratet und als anerkannter Arzt unablässig im Einsatz, befand sich im gleichen Hotel »Zum Römischen Kaiser«, in dem auch Ottilie residierte, als man ihn zur Entbindung zu ihr rief. Dr. Seligmann würde sich später in vielen schwierigen Fällen von Krankheit und Depression auch ihrer Söhne hilfsbereit annehmen.

Das Neugeborene war ein Mädchen. Ottilie nannte es nach ihren beiden hilfreichen Freundinnen Anna Sibylle. Den Familiennamen Goethe konnte sie dem Kind freilich nicht verleihen; sie begnügte sich mit ihrem Mädchennamen Pogwisch, den sie in den wienerisch klingenden Nachnamen Poywisch umwandelte.[66]

Goethes Schwiegertochter, verwitwet, unverheiratet und ohne einen Mann an ihrer Seite, mußte nach Weimar zurück, wo Mutter und Schwester, Walther, Wolf und Alma sie längst erwarteten. Allerdings war es kaum möglich, mit einem Wickelkind vor ihnen zu erscheinen. So ließ sie den Säugling bei Wiener Pflegeeltern zurück. Dr. Seligmann versprach, sich um die Kleine zu kümmern. In Weimar hielt sich inzwischen hartnäckig das Gerücht, sie habe ihr Neugeborenes in ein Findelhaus gesteckt[67] – demnach war die skandalöse Schwangerschaft nicht unbemerkt geblieben.

Musikus Walther

Nach zehn Monaten Abwesenheit kehrte Ottilie von Goethe im Juli 1835 nach Hause zurück. Sie war sichtlich mitgenommen und gab sich so zurückhaltend, daß Kanzler von Müller, der alles zu wissen schien, ihr ausnahmsweise ein gutes Zeugnis ausstellte. *Ihr Wiederauftreten war nicht ganz ohne Schwierigkeiten; doch benahm sie sich bescheiden und gewandt ...* Zu vermuten ist, daß ihre Söhne über die in Wien zurückgelassene Halbschwester informiert waren. Ahnungslos blieb dagegen die fröhliche siebenjährige Alma, die sich in der Obhut von Großmutter und Tante äußerst wohl gefühlt hatte.

Ottilies »bescheidenes« Auftreten hing damit zusammen, daß es ihr körperlich wie seelisch miserabel ging. Sie fand in Weimar, das ihr wie ein staubiges Nest vorkam, kaum noch Freunde vor, und das Geld war ausgegeben. Ein von ihr verfaßtes Gedicht, dessen sprechender Titel »Die Bettlerin von Weimar« ihre Gefühle bei der Heimkehr in ein leeres Haus, eine ungeliebte Umgebung wiedergibt, bezeugt ihre Misere. *Schlagt mir die Erinnerung tot!* lautet die entscheidende Zeile. Zu allen übrigen Problemen kamen noch die unerquicklichen Verhandlungen mit den Vormündern: Es sei höchste Zeit, mahnten sie, über die Zukunft ihrer jetzt siebzehn und fünfzehn Jahre alten Söhne nachzudenken, die durch ihre lange Abwesenheit sträflich vernachlässigt worden waren.

Welche Ausbildung sollte Walther erhalten? Als man Goethe zu Grabe trug, war er es, der in Vertretung des Vaters als ältester Enkel dem Sarg folgen mußte. *Walther hat mit mehr als kindlicher Kraft sich beherrscht und ist – als Haupt der Übriggebliebenen – als erster Leidtragender gefolgt ... Wolf konnte sich nicht überwinden und hat sich vor allem gefürchtet*, schrieb seine Patin Caroline von Egloffstein an ihre Schwester Julie.

Die knappe Beschreibung trägt einen beinahe prophetischen Charakter. Wolf fürchtete sich, Walther hat sich beherrscht. Er nahm sich zusammen, als man den Großvater aufgebahrt und ausgestellt hatte im schwarzverhängten, von Wachskerzen erhellten Vorsaal seines Hauses, zur Seite die Orden und Ehrenzeichen, der goldene Lorbeerkranz auf einem Kissen von Silberstoff, an den Türen Ehrenwachen und Militär. Er, Walther, schritt hinter dem Leichenwagen zwischen Felix Vulpius und Dr. Vogel. Er beherrschte sich, ging aufrecht, wußte hinter sich die drei Staatsminister Dr. Schweitzer, Freiherrn von Gersdorff, Freiherrn von Fritsch, gefolgt von Eckermann, Riemer und Soret, dem Oberbaudirektor Coudray und dem Kanzler von Müller, von akademischen Dekanen der Universität Jena und übrigen Honoratioren. So hielt man Einzug in der mit Zypressen geschmückten Kapelle der Fürstengruft. Fünftausend herandrängende Menschen wurden von Soldaten und der Polizei in Schach gehalten. Unter Eberweins Leitung sang der Theaterchor einen nach Goethes Worten vertonten Choral, hielt Superintendent Röhl die festliche Predigt, nahm die Zeremonie kein Ende. Wolf blieb dem Ereignis fern. Sein Bruder aber hielt tapfer stand.

Buchstäblich von diesem Tag an war Walther dazu verurteilt, für die Hinterlassenschaften Goethes einzutreten. Er nahm sich zusammen, wie am Begräbnistag, als er die Bürde des Erbes auf sich lud. Jetzt aber war es geboten, einen bürgerlichen Beruf zu erlernen. Seine Familie war überzeugt, er sei zum Musiker geboren. Kein Geringerer als Goethe hatte diese Prognose gestellt. Sein Patriarchenwort galt als unumstößliches Gesetz.

Walthers musikalische Begabung war Goethe lange schon aufgefallen. Im Sommer 1824 notierte er, daß der Sechsjährige im Wald den zweiten Vers des »Fischers« sang. Es beeindruckte ihn, wie der Achtjährige kleine Stücke auf dem Klavier auswendig spielte. Vom Dreizehnjährigen hieß es dann stolz, daß er *anmuthige Melodien auf dem Pianoforte* vortrug und offenbar frei phantasierte. Sogar der Komponist Zelter hatte anerkennend über Walther gesprochen. Im Juni 1830 hatte Felix Mendelssohn zum zweiten Mal das Haus am Frauenplan besucht. *Spielte nach Tisch treffliche Dinge*, notierte Goethe und zeigte sich höchst zufrieden, daß Ottilie ihre Söhne vom vormittäglichen Lateinunterricht befreite, damit sie ihn hören konnten. Mendelssohn berichtete seinen Eltern: *Die beiden Knaben, Walther und Wolf, sind lebendig, fleißig und zutunlich, und wenn sie von Großpapas Faust sprechen, so klingt das gar zu nett.*

Um seine Ansicht zu bekräftigen, hatte Goethe im Juni 1830 nochmals auf Walthers Musikbegeisterung hingewiesen. Der Junge, bemerkte er humorvoll zu Ulrike von Pogwisch, habe sich in eine schöne Sängerin verliebt. *Walther komponiert Arien, die er, von ihr gesungen, allenfalls hören möchte. Wer weiß, wohin das führen kann. In der Hauptsache aber haben die Bemühungen deiner Frau Mutter seinem Flügelspielen entschiedenen gründlichen Vorteil gebracht; das Übrige muß man wirken und werden lassen.*

Die »Frau Mutter«, das war »Amama« von Pogwisch, eine keineswegs unbedeutende Frau, gebildet, belesen, emanzipiert. Auch Goethe gehörte zu den Mitgliedern der französischen Lesegesellschaft, die sie in Weimar begründet hatte. Sie war es auch, die Walther den ersten Klavierunterricht gab. Erst seit seinem fünfzehnten Lebensjahr erhielt er Musikunterricht bei dem Weimarer Kapellmeister Karl Eberwein, der Goethes Gedichte vertont hatte.

Walther war zur Musik vorbestimmt – damit schien seine Zukunft besiegelt. Er liebte in der Tat die Oper, liebte Musik überhaupt. *Aus dem Don Juan zurückkehrend und die Melodien nachsingend*, hatte Goethe stolz bemerkt. Das war im März 1832, zwölf Tage vor seinem Tod.

Die familiäre Übereinstimmung war Ottilie hoch willkommen. Für sie galt es ohnehin als selbstverständlich, daß sich aus

Walther und Wolfgang, 20 und 18 Jahre alt,
am Flügel im Juno-Zimmer. Zeichnung von B. von Arnswaldt, 1838

dem begabten Jungen ein berühmter Komponist entwickeln würde. Um so empörter war sie über die unerwarteten Einwände, die die verständnislosen Vormünder erhoben. Diese erklärten nämlich, das Musikstudium sei sehr kostspielig, erst einmal müsse Walthers Begabung nachgewiesen werden, und verlangten zu allem Überfluß die schriftliche Expertise eines Gutachters, bevor sie ihre Zustimmung geben könnten.

Für Walther war das eine noch nie erlebte Situation. Er, der immer nur gelobt wurde, sollte nun vor einer Jury sein Talent beweisen. Würde er den Nachweis überhaupt erbringen können? Hatte er genug geübt und gelernt, um, wie der Großvater glaubte, ein brillanter Musiker zu werden? Walther hatte weit begabtere Kinder erlebt. Im Oktober 1831 war – unvergeßlich für ihn – ein zwölfjähriges Mädchen zu Gast: Clara Wieck aus Leipzig. Über den Weimarer Aufenthalt notierte Vater Wieck, der seine Tochter begleitete: *Den 1. Oktober Mittag 12 Uhr hatten wir Audienz bei dem 83jährigen Minister Exzellenz von Goethe ... Er empfing uns sehr freundlich; Clara mußte sich zu ihm auf das Sopha setzen. Bald darauf kam seine Schwiegertochter mit ihren beiden sehr geistreich aussehenden Kindern v. 10-12 Jahren. Clara wurde nun aufgefordert zu spielen, und da der Stuhl vor dem Klavier zu niedrig war, holte Goethe selbst aus dem Vorzimmer ein Kissen und legte es ihr zurecht. ...*[68] Goethe vermerkte seinerseits in seinem Tagebuch: *Ein sehr geschicktes Frauenzimmerchen, Pianoforte spielend, von ihrem Vater angeführt, hatte sich bei mir hören lassen. Es waren neue Pariser Kompositionen, große Fertigkeit des Vortrags verlangend, aber immer heiter, so daß man gerne folgte.*

Damals war Walther dreizehn. Wie nahm er das wunderbare Spiel von Clara auf? Zelter hatte zwar freundlich bemerkt*: Walther spielt schon recht artig mit einem Finger auf dem Fortepiano eigene Zusammensetzungen, die einen Zusammenhang haben.* Doch Walther wußte, daß er nichts leistete, verglichen mit diesem Mädchen. Clara war dann nochmals zu Gast, spielte ihre Stücke souverän vor, und wieder war die Familie begeistert. Zum Dank erhielt sie von Goethe ein fürstliches Geschenk: eine Kapsel mit seiner Porträtmedaille, auf der sie eingraviert die Widmung fand: *Der kunstreichen Clara Wieck.*

Nun sollte Walther sein Können vor Experten präsentieren. Ottilie kam auf die gute Idee, ihn bei Felix Mendelssohn anzumelden, mit dem sie im Hause getanzt und sogar einmal poetische Rätsel, sogenannte »Endreimspiele«, verfertigt hatte. Der erst sechsundzwanzigjährige Komponist, seit September 1835 Direktor des Leipziger Gewandhausorchesters, erkundigte sich zunächst nach Walthers Charakter und seinen Interessen, bevor er ihn zum Vorspiel einlud.

Mutter und Sohn reisten nach Leipzig. Die Prüfung fand statt. Das Gutachten, am 27. November 1835 niedergeschrieben, fiel weder eindeutig zustimmend noch ermutigend aus. Mendelssohn ließ nämlich keinen Zweifel daran, daß es nur Freundschaft und Dankespflicht gegenüber Goethe sei, weshalb er sich dem Enkel überhaupt widme. In Wirklichkeit haßte er, der gerade den genialen Chopin als Gast bei sich hatte, alle *halben Virtuosen*, wie er seiner Mutter erklärte[69] – und als *halbes Talent* empfand er gerade auch den Enkel Goethes. Streng äußerte er, daß bei diesem Jungen kein Tag mehr zu verlieren sei, wenn er das Musikstudium *mit Ernst und Gründlichkeit* fortsetzen wolle. *Mir scheinen nämlich seine angeborenen Fähigkeiten zur Musik, sein Talent dazu,* so Mendelssohn wörtlich, *bei weitem dem überwiegend, was er bisher gelernt hat; seine Ideen beim Phantasieren, sein Ausdruck beim Spielen sind oft ganz überraschend, aber seine Finger, seine Geschmacksbildung, seine Fähigkeit im Schreiben noch sehr weit zurück . . .*[70]

Mendelssohns Beurteilung ließ seine Skepsis früh erkennen. Walther dürfe nicht wie bisher Musik nur zu seinem eigenen Vergnügen treiben. Bei seiner technischen Unvollkommenheit seien tägliches Üben in Klavierspiel und Generalbaß sowie zusätzliche Lektionen, möglichst bei einem Lehrer in Weimar, unerläßlich.

Nun galt es, die Vormünder zu überzeugen. Der Jurist Carl Büttner und der herzogliche Kammerherr Franz von Waldungen kamen überein, daß es nach Mendelssohns Zeugnis keinen Grund für Walther gebe, neben dem Musikunterricht nicht auch das Weimarer Gymnasium zu besuchen, wo er das Abitur machen sollte. Ihnen erschien eine gründliche Allgemeinbildung wichtig. Auf ihren Wunsch und gegen den ausdrücklichen Willen Ottilies war zuvor schon Wolf in das Landschulheim Schulpforta in Kösen bei Naumburg geschickt worden, wo es der Junge allerdings nur drei Monate aushielt. Wie es hieß, hatten die strengen Regeln der Anstalt ihn entmutigt. Wolf wurde krank, riß aus und war am Jahresende 1835 wieder zu Hause.

Auch für Walther verlangten die Vormünder den geregelten Schulbesuch. Es schien ihnen dringend geboten, daß der Siebzehnjährige, der jahrelang teuren Privatunterricht erhalten hatte, endlich eine öffentliche Schule besuchte. Schüchtern und verzärtelt, wie er war, sollte Walther erst einmal *die für einen jungen Mann ... nöthige selbständige Haltung und mehrseitige Charakter=Entwicklung* erlangen, und zwar im Wettbewerb mit gleichaltrigen Klassenkameraden auf einer normalen Schule, auf der er weit besser gefördert werden könne *als durch isolirten Privatunterricht.*

Diese Beurteilung war nicht aus der Luft gegriffen. Die Vormünder erkannten, was auch Marianne von Willemer schon angemahnt hatte. Walther, der als Kind witzig und gesprächsfreudig sein konnte, erschien mit einemmal menschenscheu und unzugänglich. Während der jüngere Wolf, schon damals größer als der Bruder, durch sein schönes Gesicht und die braunen Augen dem Großvater glich, war Walther eher klein, unansehnlich und gehemmt. Früher hatte der Neunjährige seine Briefe an die Großmutter vergnügt mit *Dein Faselhans* unterschrieben, und ein »Faselhans« war er auch gewesen. Über den elf-jährigen Walther notierte Goethe, er erscheine *singend und tan-zend, in seiner ganzen Possenhaftigkeit.* Am 5. Februar 1830 hieß es: *Mittag Walther, welcher viele musikalische und andere Faxen machte und sehr unterhaltend war.* Einige Tage später: *Mittag spei-ste Walther mit mir. Wolf kam nach Tische, und der Narrenpossen war kein Ende.* Und: *Posse zwischen den beiden wegen eines zu verabreichenden Geburtstagsgeschenkes.*

Daß Walther, solange Goethe lebte, beliebt und aktiv war, geht auch aus den kleinen Billetts hervor, die sich, bisher unveröf-fentlicht, erhalten haben. Cäcilie, jüngste Tochter des Staatsmi-nisters Ernst August von Gersdorff, schrieb dem siebzehnjäh-rigen Walther aus dem Straßburger Internat, wo sie perfektes Französisch lernen sollte, recht verliebte und wehmütige Brie-fe. Sie habe sich bei ihm wie zu Hause gefühlt und freue sich unmäßig über jeden seiner Briefe, antwortete sie dem *Herrn Baron Walther in dem lieben Weimar* im September 1835. *Daß die gute Mutter krank ist tut mir sehr leid, und den armen Wolf be-klage ich sehr, grüße ihn herzlich von mir ... Lebe wohl, lebe tausend-mal wohl, lieber lieber Walther, alles mögliche Schöne an Wolf, Alma, Amama, Erna und alle ... Deine treue Cäcilie.*[71]
In Walthers Wesen war nach Goethes Tod ein so deutlicher Wandel eingetreten, daß es den Vormündern beängstigend er-schien. Auch dem Arzt Dr. Vogel fiel seine Befangenheit auf, und er erklärte mit Nachdruck, ein volles Musikstudium mit täglich fünf, sechs Übungsstunden nebst Notenlesen und Par-titurspielen sei mit dem Besuch des Gymnasiums nicht verein-bar. Er wünsche eine schriftliche Beurteilung von Walthers all-gemeinen Kenntnissen.
Bei dieser Gelegenheit verblüffte der Junge durch ein stabi-les Wissen, das zugleich auch ein gutes Licht auf den Hausleh-rer Wilhelm Rothe warf, der die Brüder in den humanistischen Fächern unterrichtet hatte. In Latein und Deutsch, Geschichte

und Geographie schnitt Walther gut ab, ebenso in Mathematik, worin Professor Kunze ihn unterrichtete. Englisch hatte er durch seine Mutter gelernt, Französisch durch Jenny von Pappenheim. Auch Italienischkenntnisse waren vorhanden. Die Vormünder bestanden daraufhin nicht mehr auf dem Besuch des Gymnasiums, verlangten aber weiterhin Unterricht in den allgemeinbildenden Fächern. Nur von den alten Sprachen sollte Walther befreit, das Geld dafür in den Musikunterricht gesteckt werden. Dieser Ansicht war auch Kanzler von Müller, der nach einem Antrag Ottilies einer Erhöhung der Ausbildungskosten für Walther von 500 auf 800 Taler zustimmte.

In geradezu prophetischer Voraussicht bedauerte Vogel, der »geniale Arzt«, wie Goethe ihn nannte, daß der Musikerberuf für Walther überhaupt vorgeschlagen worden sei. Es würden nämlich durch derartige künstlerische Ambitionen in der Öffentlichkeit Erwartungen geweckt, deren Erfüllung zweifelhaft sei *in dem Maße, wie man um des Namens willen wünschen solle, der mein Mündel ziert und drückt.* Dr. Vogel war der einzige, der es unumwunden auszusprechen wagte: Der große Name war schön und bedeutend, aber auch drückend und belastend.

Mendelssohn hatte sich nach einigem Zögern bereit gefunden, Walther als zukünftigen Meisterschüler ab Herbst 1836 einige Stunden monatlich zu unterrichten. Zuvor konnten Walther und Wolf, blaß, dünn und kränklich alle beide, eine sommerliche Ferienreise antreten. Wolf insbesondere war in diesem Jahr sehr krank gewesen. Seit Ostern 1836 besuchte er das Weimarer Gymnasium. Kurz vor dem Eintritt hatte der Sechzehnjährige einen schweren Anfall erlitten, von dem er sich kaum erholte. Ihn quälten neuralgische Anfälle, er litt unter Asthma und Kopfschmerzen, genau wie seine Mutter. Damals kündigten die Krankheiten sich an, unter denen Wolf von Goethe sein Leben lang zu leiden hatte. Körperliche Qualen vergällten ihm das Studium und den Beruf. Bei Wolfs Eintritt in die Obersekunda wiederholten sich die Anfälle; sie kamen später mit solcher Wucht, daß er schließlich daran starb.

Zum Sommer des Jahres 1836 wurden die Brüder von Bertha von Schmeling, einer mütterlichen Verwandten, eingeladen, ihre Ferien auf dem pommerschen Rittergut Nassenheide bei Stettin zu verbringen. Die fünfunddreißigjährige »Tante Bertha« war mit Walther und Wolf durch ihre Urgroßmutter Reichsgräfin Henckel von Donnersmark verwandt, die als geborene Gräfin von Lepel von diesem Landgut stammte. Auch Großmutter Henriette von Pogwisch war mit ihren Brüdern Victor und Leo hier aufgewachsen.

Nassenheide wurde der Ort, den Walther einzig und für immer liebte. Nirgendwo in der Welt hat er sich jemals so wohl gefühlt wie hier. Der abgelegene Landsitz mit seinen Wirtschafts- und Nebengebäuden, den baumbestandenen Alleen, den Wäldern, Wegen und einem stillen Teich war auf wundersame Weise dazu angetan, seinem Gemüt zu entsprechen und ihm ein Gefühl von Heimat zu vermitteln. Hier war er frei, hier drückten keine Anforderungen und kein großer Name. Und nicht nur das: Bertha von Schmeling gelang es, den begabten Walther mit dem in Stettin lebenden Komponisten Carl Loewe bekannt zu machen – für den Jungen eine Begegnung von unvorhersehbarer Bedeutung.

Mit mütterlicher Fürsorge nahm sich »Tante Bertha« der Brüder an. Weit intensiver als die eigene Mutter spürte sie, wie schlecht es den beiden ging. *Walthers Gestalt erscheint mir oft so schwächlich, daß es mich besorgt macht, obgleich ich Dir wohl sagen kann, daß er sich hier recht sehr erholt, er sieht wieder viel wohler aus.*[72]

Es war eine Bekannte der Schmelings, die das Elend der Brüder durchschaute und klarsichtig die Ursache benannte. *Das Bedeutendste bleibt der Umstand*, schrieb sie einer Freundin,

daß Goethes beide Enkel, Walther und Wolf, hier zum Besuch . . .
sich befinden, die sinnigsten und bescheidensten, und, nebenher, ziem-
lich häßlichsten Jünglinge, die man sehen kann. Alle Herzen ge-
winnen sie durch die kindliche Demut, die sie ziert; sie fühlen die
erdrückende Last ihres übergewichtigen Namens, und alles vereinigt
sich, um ihre Jugend mit Sehnsucht zu erfüllen. Allein ohne männ-
liche Verwandte, ohne männlichen Schutz, Anhalt, Leitung — mit
einer geistreichen, aber tollen, aus allen gegebenen Maßen und Bah-
nen divergierenden Mutter und deren Excentricitäten, Verstimmung
und Schuldenlast — fühlen sie sich unglücklich, ohne eigentlich zu
wissen, was sie quält.[73] »Schuldenlast« der Mutter, die aus »gegebenen Bahnen« heraustrat: Also war die Nachricht von der Geburt der Stiefschwester offenbar bis zu den fernen Verwandten
gedrungen.

»Tante Bertha« lud die Brüder nach Rügen ein, um ihnen die
schöne Insel zu zeigen. Walther aber brach den Aufenthalt vorzeitig ab, um nach Hause zu fahren. Sein Umzug nach Leipzig
stand bevor. *Ich will*, schrieb er der Mutter, *da ich trotz meiner*
18 Jahre weiß, dass auf dieser Welt kein dauerndes Glück zu erwar-
ten, die paar Tage unter Euch gern mit der trüben Abschiedsstunde
erkaufen . . .
   Vielleicht lähmte ihn auch die Trauer darüber, daß die kleine
Halbschwester Anna gerade in diesen Tagen gestorben war.
Über den Zustand des Kindes, das Ottilie Pflegeeltern über-
gab, hatte der zuverlässige Arzt Dr. Romeo Seligmann, der
ihr schon bei der Geburt zur Seite stand, Ottilie regelmäßig
Nachrichten zukommen lassen. In Wien wütete wieder die Cho-
lera, und die Berichte von dort klangen zuletzt katastrophal.
Das Kind war eineinhalb Jahre alt, konnte laufen und sprechen,
als Dr. Seligmann einen erschreckenden Bericht nach Weimar
schickte. *Gnädige Frau, Anna ist heute um ein Weniges besser . . .*
noch nicht zur Genesung, sondern bloß zur längeren Dauer ihrer Exi-
stenz. Sie ist ungemein verelendet und abgemagert . . .[74] Er hoffe

inständig, daß sie mehr essen und zunehmen würde. Das war am 18. Juni 1836. Am 4. Juli 1836 starb sie.

Vielleicht hätte der Tod des Kindes vermieden werden können. Ottilies Freundin Sibylle Mertens sprach von »Versäumnissen«. Sie, die in Genua ein Waisenhaus finanziell unterstützte, hatte mehrfach angeboten, Anna als verwaiste Annietta zu sich zu holen. *Schreiben Sie mir genau, meine geliebte Freundin, wo Anna sich befindet – warum konnte sie nicht in meine Nähe gebracht werden?* Ottilie hatte ihr die Absicht verkündet, mit dem Kind zu der in Kanada lebenden Anna Jameson zu ziehen. Die Söhne sollten entweder nachkommen oder in Weimar bleiben. Nichts war wirklich durchdacht. Erschrocken mahnte Sibylle Mertens, vor der Übersiedlung doch an die achtjährige Alma zu denken. Auf jeden Fall würde sie Anna in ihrem Heim unterbringen können. Dazu war es nun zu spät.

Die Todesanzeige für ihre Tochter, die Ottilie in die Zeitung setzen ließ, ist aufschlußreich. Mit welchem Namen konnte sie die Veröffentlichung unterzeichnen? Wie sollte sie sich nennen? *Witwe von Goethe* kam auf keinen Fall in Frage. Sie hatte die Tochter ja wohlweislich schon mit ihrem abgewandelten Mädchennamen als *Anna Poywisch* bei den Pflegeeltern zurückgelassen. Welchen Stand sollte sie, die ledige Mutter, angeben? Einigermaßen grotesk, nannte sie sich jetzt *Hausinhabers-Witwe*. Vor ihrem inneren Auge muß überraschend der Ehemann aufgetaucht sein: Wenn August noch lebte, wäre er jetzt der »Hausinhaber« am Frauenplan. In der »Wiener Zeitung« vom 8. Juli 1836 stand zu lesen: *Verstorben zu Wien: Den 4. Julius. Der Frau Ottilia Stori, Hausinhabers-Witwe, ihr Kind Anna Poywisch, alt 1 Jahr, am Breitenfeld Nr. 54, an der Auszehrung.* Daraus läßt sich schließen, wer der Vater des Kindes tatsächlich war: nicht des Voeux, nicht Charles Sterling, sondern jener Engländer, den sich Ottilie bei ihrem letzten Frankfurter Aufenthalt zum Geliebten nahm: Captain Story.

Der Tod der Halbschwester, die Unbeständigkeit der Mutter, ihre Klagen und leidbringenden Affären, das alles muß bei Walther eine psychische Krise ausgelöst haben. Wie sehr dem Achtzehnjährigen der Tod des Mädchens naheging, wird deutlich, wenn man seine Erzählung liest, die er zehn Jahre später schrieb. Die Geschichte heißt: »In der Wiege und im Grab, oder: die arme Fanny«. Darin läßt er ein vaterloses kleines Mädchen sterben, das den Namen Anna trägt.

Im Oktober 1836 begann Walther von Goethe mit dem Unterricht bei Felix Mendelssohn. Die Stunden dort wurden ein Desaster. Mendelssohn hielt nichts von seiner Begabung, so daß Walther nahezu verzweifelte. »Gedemütigt« nannte er seinen Zustand. Außerordentlich unfreundlich habe der Lehrer ihn wissen lassen, er spiele nicht besser als ein Zwölfjähriger. *Er war sehr heftig, und mir standen die dicken Tränen in den Augen.* Wie sich zeigte, hatte Walther vor seinem Lehrer Angst, und Angst auch vor dem Komponieren. Mendelssohn hatte ihm eine musikalische Aufgabe gestellt, *die ich gewiß aus Angst nicht machen kann.* Während des Unterrichts wurde ihm bedeutet, daß sein Talent für eine Komponistenkarriere nicht groß genug sei. Mendelssohn hatte ihm sogar unfreundlich angedeutet, er möge sich einen anderen Lehrer suchen. Walthers unglücklicher Brief an die Mutter trug den Hinweis: »Allein zu lesen«. Er endete immerhin mit dem Vorsatz: *Und ich bin entschlossen, ganz von vorne anzufangen in der Komposition. Wie schrecklich, dass nur so viel Geld und Zeit auf die Musik verwandt ist und ich doch nichts gelernt habe. Allein, Musiker werde ich auf alle Fälle ...*[75]

Der trotzige Vorsatz half nichts, denn Mendelssohn zeigte sich von Stunde zu Stunde verärgerter. Er stellte seinem Schüler musikalische Aufgaben, die nach seiner Meinung nur stümperhaft gelöst wurden. Wenn Walther nicht Goethes Enkel wäre, äußerte er wütend, würde er ihn keine Stunde länger unterrichten. Walther wollte so schnell wie möglich Leipzig

*Walthers Lehrer, der Komponist
Felix Mendelssohn-Bartholdy*

verlassen. Doch von Nassenheide aus riet Bertha von Schmeling, er möge aushalten, sonst würde man nicht Mendelssohn, sondern ihm die Schuld geben, *und das würde Deinem angebornen Künstler-Ruhm doch abermals gewiß wehe tun* ... Sie zumindest hielt ihn für einen geborenen Musiker.

Auch Ottilie wünschte keinen Wechsel. Als Walther ihr erklärte, nur dann in Leipzig zu bleiben, wenn sie zu ihm zöge, willigte sie ein. Sie, die selber halt- und hilflos war, sollte dem schwachen Sohn als Zuflucht und Stütze dienen. In seinem ganzen Leben hat Walther es nicht fertiggebracht, sich dem Einfluß der Mutter zu entziehen, worunter er selbst am meisten litt. Er wollte sie meiden und hing doch mit kindlicher Liebe an ihr. Eine Art Haßliebe trieb ihn nach jeder Flucht zurück in ihre Nähe. Drei Monate wollte er es ihr zuliebe bei Mendelssohn noch aushalten. *Drei Monate werden, wenn sie mich auch hart mitnehmen, mich doch nicht zu Grunde richten, und stürbe ich wirklich, was aber leider nicht der Fall sein wird, so wäre ich ja glücklicher, als Du in dieser lieblosen Welt mich machen kannst.*

Im Laufe des Jahres wurde das Lehrer-Schüler-Verhältnis zwar besser, aber nicht erfolgreicher. Mendelssohn schien zu resignieren. Walther nahm zur gleichen Zeit noch Unterricht bei Klengel und dem Thomaskantor Weinlig, was allerdings eine nochmalige Erhöhung des Unterrichtsgeldes erforderlich machte. Die Vormünder erwarteten entsprechend den steigenden Kosten ein überzeugendes Resultat.

Die ständige Überforderung hatte zur Folge, daß Walther an Erschöpfungszuständen litt. Seine Konstitution war immer schwach gewesen, nun bekam der Neunzehnjährige Herzkrämpfe. *Ich bin zu sehr eingeschüchtert*, meldete er nach Hause, *so daß auch mein Talent alle Unbefangenheit und Freiheit in seiner Entwicklung verliert...* Wie *Tränenweiden auf steinigem Boden*, so könne auch sein *Liebe und Freundschaft bedürfendes Herz nirgends Wurzeln fassen.*

In diesem ohnehin gereizten und entmutigten Zustand erfuhr er, daß seine Freundin Jenny von Pappenheim, die Stiefschwester der Cäcilie von Gersdorff, geheiratet hatte. *Ich muß immer und immer an Jenny denken – das ist auch ein Schmerz, den ich nie verwinden werde*, schrieb er und klagte, daß er sich hintergangen fühle. Im Grunde hätte er wissen können, daß die schöne und kluge Stieftochter des Ministers von Gersdorff schon vor Jahren der großen Liebe ihres Lebens begegnet war. Doch der Bräutigam, ein aristokratischer Engländer, war an Lungentuberkulose gestorben. Jetzt, vier Jahre nach seinem Tod, heiratete Jenny den Gutsbesitzer Werner von Gustedt, mit dem sie nach Westpreußen zog und Mutter von fünf Kindern wurde.

In dieser Phase der Niedergeschlagenheit, der Enttäuschungen und Zweifel kam es in Walthers Leben zu einem Ereignis von existentieller Bedeutung. Er machte seine ersten sexuellen Erfahrungen. Seine Sehnsucht galt freilich nicht den schönen jungen Frauen, den Pianistinnen und Sängerinnen, die er gelegentlich im Tagebuch erwähnte. Sie betraf vielmehr das männliche Geschlecht.

In Leipzig hatte Walther die Bekanntschaft des acht Jahre älteren Robert Schumann gemacht, den er zutiefst verehrte. Das überlegene Können des genialen Komponisten entflammte ihn. Fast täglich traf man sich am Mittagstisch des »Hotel de Bavière«, und aus Anerkennung und Bewunderung wurde Innigkeit und Intimität. Robert Schumann entdeckte und erweckte die verborgenen Anlagen des neunzehnjährigen Adepten.

Walther von Goethe war homosexuell veranlagt. Er hat freilich im Lauf seines Lebens alle Zeugnisse und Spuren seiner homophilen Neigungen sorgfältig zu tilgen versucht. Homosexualität war nicht nur mit gesellschaftlichem Tabu belegt, sie konnte auch mit Gefängnis bestraft werden. Nur durch die Briefe Dritter erfährt man, warum er, der unter Frauen aufwuchs und von Frauen umgeben war, sich nie von Frauen angezogen fühlte. Als seltsam erscheint es überdies, daß sich ausgerechnet in Briefen, die Robert Schumann an die von ihm umworbene junge Pianistin Clara Wieck schrieb, die eindeutigsten Hinweise auf seine intime Beziehung zu Walther von Goethe finden. Schumann äußerte sich überdies über einige Wesenszüge seines Freundes auf eine Weise, die die Frage beantworten kann, warum Goethes Enkel niemals geheiratet hat.

Zwischen Clara Wieck und Robert Schumann, die sich kannten, seit Clara elf Jahre alt war und Schumann im Haus ihres Vaters als Mieter wohnte, kam es im Jahre 1836 zu einer tief-

Robert Schumann im Alter von 30 Jahren

greifenden Auseinandersetzung. Ursache war der erotische
Umgang des Komponisten mit dem »kleinen Goethe«, wie er
ihn nannte. Im Leben Robert Schumanns hatte es bis dahin
nicht nur käufliche Frauen gegeben, bei denen er sich seine
unheilbare, im Wahnsinn endende Geschlechtskrankheit ein-
fing, sondern auch wechselnde männliche Freunde, die er als
seine »Sonnenjünglinge« zu bezeichnen pflegte. Im Jahre 1836 –
Schumann war sechsundzwanzig – umgab den angehenden
Komponisten ein Kreis von jungen Künstlern, die sich die
»Davidsbündler« nannten. Da waren ein junger Grieche, ein
Engländer, ferner ein sehr reicher und talentvoller Mensch
namens Frank aus Breslau und eben auch *der junge Goethe, Enkel
des Alten, der bis jetzt aber noch ohne hervorstechenden Charakter*
sei.[76] Schumann tat nichts, um das eindeutig homoerotische
Verhältnis vor der Umworbenen zu verschleiern. Walther sei
ein Mensch, der sich eigentlich nur von Männern, Jünglingen

verstanden fühle, schrieb er ihr und bezeichnete den jungen Geliebten ohne Umschweife als im Umgang heikel und schwierig.[77] In seinem Tagebuch nannte Schumann den zu ihm aufblickenden Musikus zugleich *lüstern* und *moralisch verdorben*[78] – Eigenschaften, die ihn offenbar faszinierten und derart fesselten, daß er gewillt war, dem entzückten Walther ein neues musikalisches Werk zu widmen, welches schon im Titel auf ihr *mannmännliches* Verhältnis anspielen sollte.

Die Beziehung zwischen den beiden Musikerfreunden, von denen jeder auf einen schwierigen Werdegang verweisen konnte – Schumann hatte sich durch übermäßiges Üben seine Pianistenkarriere zerstört –, wurde zur Enttäuschung von Clara auch im nächsten Jahr fortgesetzt, obgleich Schumann ihr hoch und heilig eine Wandlung versprochen hatte. *Also, Robert, ich beschwöre Dich, das Eine, thue es nicht mehr . . .*

Im Juni des Jahres 1837 reisten beide, Walther von Goethe und der von ihm bewunderte Robert Schumann, gemeinsam nach Weimar. Schumann wollte Goethes Haus besichtigen. Es herrschte ständig schlechtes Wetter, so daß sie viel in der Stube sitzen mußten, wobei es Schumann erst richtig auffiel, wie verliebt Walther in ihn war, eifersüchtiger und schmachtender, so fand er, als etwa seine Geliebte Ernestine oder die Charitas, zu der es ihn immer wieder trieb. *Walthers Mutter, die exzentrische, liebes- und leiderfahrene Dichterin Ottilie, beklagte übrigens, daß er sich niemals nach Mädchen umsehe, obwohl für jeden, der die Augen aufmachte, ersichtlich war, daß sie selbst eifersüchtig alles getan hatte, um das zu verhindern.*[79] Die Stimmung im ehemaligen Dichterhaus muß bedrückend gewesen sein, weshalb Schumann eilig in seine Heimatstadt Zwickau abreiste. In sein Tagebuch schrieb er anschließend: *Veränderung von da in meinem Wesen und wahrhafte Sehnsucht nach einer Frau.*

Clara hatte ihm erklärt, sie liebe ihn, aber er müsse sich ändern, sonst werde sie sich von ihm trennen. Schumann antwortete entwaffnend aufrichtig: *es geschieht etwas, dem ich nicht gewachsen bin* (11. 10. 1837), und notierte fürchterliche Rückfälle. *Bin ich unverbeßerlich am Ende?* fragte er sich in seinem Tagebuch vom 28. 11. 1837.[80]

Im September 1837, drei Monate nach dem Ausflug mit Walther, hielt Robert Schumann um Clara Wieck an. Sie warf ihm »das Eine« vor, das zu schrecklich sei, es auszusprechen, womit sie zweifellos seine Homophilie meinte.[81] Einen Monat später erklärte Clara ihrem Bräutigam noch einmal, ihn nie zu heiraten, wenn er »das Eine« nicht lasse. Er aber war, ohne es ihr zu sagen, mit dem *kleinen Göthe* stark betrunken nach Connewitz gewandert, wo es wieder zu dem »Einen« gekommen war. Schumann hatte Clara schlicht geantwortet: *und ich tue es dennoch.*[82]

Die dem Ausflug folgenden Herbstferien verbrachte Walther in Weimar, und diesmal fühlte er sich so zufrieden, daß ihm sogar sein Bruder Wolf, der an späten Masern fast ein Jahr lang krank zu Bett lag und nun Goethes Gartenhaus bewohnte, als liebenswürdigster Mensch von der Welt erschien. Wolf las gerade Goethes »Dichtung und Wahrheit« und äußerte erstaunt, es sei ein Buch, *welches mich auf das Mächtigste anregt, in alle Fugen meines Herzens und Geistes eindringt und mich auf eine ganz neue Art denken und anschauen lehrt.*

Die Brüder bekamen damals Besuch von Wolfs Freund, dem Theologiestudenten und späteren Konsistorialrat Otto Mejer, der ihre *seltsamen Charaktere* eingehend beschrieb. Beide traten ins Zimmer: *Walter schon in der Gestalt, die er dann behalten hat, zu klein für den großen, nicht ausdrucksvollen Goethekopf, und älter aussehend, als er war, Wolf höher aufgeschossen, mit langem dunkeln Haar um das schmale Gesicht, dessen Oberteil mit seinen mächtigen Augen ganz vom Großvater war.*[83] Wolf erschien ihm unfrei und unsicher, was sich in distanziertem Stolz und steifer Haltung ausgedrückt habe. *Der Sohn mied die Gesellschaften der Mutter, die adligen Kreise, und suchte die Einsamkeit.*[84]

Walther scheint seine homosexuellen Neigungen weiterhin ausgelebt zu haben. Freunde waren der Mediziner Heinrich Horn und der Schriftsteller Carl Stahr.[85] Er hatte Gefährten wie den Musiker William Sterndale Bennett, der in seinem Tagebuch von langen Spaziergängen mit Robert Schumann und Walther berichtet. Ein begabter Mitschüler bei Mendelssohn, Louis Köhler, und Franz von Schober, einstiger Intimgefährte von Franz Schubert, wurden seine Freunde. Walthers Tagebuch ist zu entnehmen, daß es meist junge Männer waren, die ihn anzogen. Sein großherzoglicher Freund Carl Alexander von Sachsen-Weimar, dem diese Neigung nicht unbekannt war, hat ihn als »Blaubart« bezeichnet und von seinem »Blaubartzimmer« gesprochen – als sei ausgerechnet Walther von Goethe derjenige, der in seiner Kammer – oder in seiner Herzenskammer – weibliche Leichen verborgen habe. Davon wird noch die Rede sein.

Nach dem Desaster mit Mendelssohn fand in Walthers Leben ein Umschwung statt, der ihn aufatmen ließ. Die Bekanntschaft mit dem Komponisten Carl Loewe, die Bertha von Schmeling im Sommer 1836 arrangiert hatte, erwies sich als Glücksfall. Der Komponist interessierte sich für die Arbeiten des jungen Musikerfreundes und sandte ihm am 19. April 1838 eine herzliche Einladung.

Mit seinen ersten Kompositionen im Gepäck, einem »Allegro« und der »Meermaid« nach einem altschottischen Gedicht, reiste der zwanzigjährige Walther nach Stettin. Carl Loewe empfing ihn mit offenen Armen. Unter seiner Anleitung begann Walther tatsächlich mit der Komposition einer Oper: »Anselmo Lancia«, nach einem Text von Theodor Körner. Durch Loewe ermutigt, blieb er länger als vorgesehen, glücklich über den Freund und das Fortschreiten seiner Oper. Er komponiere, teilte er der Mutter in einer nie gekannten Phase von seltenem Übermut mit, so nebenbei zur Erholung nach der ersten gleich eine weitere, ebenfalls einaktige Oper mit dem Titel »Alessandro Stradella«. Er wolle sich ferner der großen Oper zuwenden. Man möge ihm so schnell wie möglich geeignete Texte senden, schrieb er nach Hause, möglichst eine *componible tragische Liebesgeschichte, da solche sujets mich am meisten ansprechen.* Liebe ja, aber tragisch mußte sie sein. Bald glaubte er auch, das Richtige gefunden zu haben: *›Enzio‹ wird die Oper heißen! ... Ich kann jetzt gar nichts mehr denken als Musik, ich mag spazieren gehen, lesen, ja selbst schlafen, so verfolgen mich Melodien, Modulationen und alle möglichen musikalischen Gedanken, so dass ich oft todmüde bin, ohne eine Note komponiert zu haben.*[86]

»König Enzio oder Der Gefangene von Bologna. Große romantische Oper in 3 Aufzügen. Musik von Walther von Goethe«, so der Titel von Walthers dritter Oper. Das tragische Schicksal des unehelichen Sohnes von Stauferkönig Friedrich II., der über zwanzig Jahre lang in Bologna gefangengehalten wurde, hatte schon den Dichter Ernst Raupach zu einem historischen Trauerspiel inspiriert. Der Stoff war auch bereits vertont worden, und zwar von keinem anderen als Richard Wagner, dessen Werk 1832 in Leipzig uraufgeführt worden war. Für Walther verfaßte Adele Schopenhauer das Libretto.[87]

Kaum glaubte die Familie, Walthers Schaffenseifer bedeute den Durchbruch zu einer steilen Karriere, zweifelte er schon wieder an seinen Fähigkeiten. Wahrscheinlich ahnte Walther trotz des freundschaftlichen Zuspruchs von Loewe, daß seine musikalischen Ideen weder originell noch neu waren, daß sein Können hinter dem der zeitgenössischen Komponisten zurücklag. Die Genialität, die die Familie vermutete, war offensichtlich nicht vorhanden. Bitter schrieb er der Mutter: *Was nützt das alles. Um nach einigen Jahren, oft Monaten, über das klägliche*

Machwerk zu lächeln, und so geht es fort und fort, bis die Gedanken vergeudet, die Jahre verronnen und das Leben dahin ist. Man hat einige Ries Papier mit schwarzen Tippelchen beklext ...

Carl Loewe aber tat alles, um ihn zu ermutigen, und nannte ihn den geborenen Liedvertoner. So komponierte Walther neben seiner Oper noch »Lieder ohne Worte«, von denen eines durch die »Klosternovellen« des Leipziger Schriftstellers Gustav Kühne angeregt wurde, mit dem Ottilie in Leipzig eine Liebesbeziehung begonnen hatte. Das Zeugnis, das Loewe Ottilie schickte, zeigt einen Optimismus, der wohl seinem Gefühl, jedoch nicht ganz der Realität entsprach. *Der Aufenthalt Walthers hieselbst hat mich für den vergangnen Frühling gleichsam selbst gefördert, da die natürliche Intelligenz für den erlernbaren Teil der Musik bei ihm eine wahrhaft bewundernswürdige Höhe erreicht hat,* beteuerte der Komponist am 18. Juli 1838. *Seine echte Künstlernatur eignet sich auch die schwierigsten und ihm noch ganz fremd und fern liegenden Gegenstände mit einer reißenden Schnelligkeit an ... Ja, meine gnädige Frau, er ist zum Künstler geboren, und zwar für die edelsten Blüten und Früchte dieser Kunst, zum G e s a n g s komponisten ... Er wird gewiß einer glänzenden artistischen Laufbahn entgegengehen, besonders ist ihm diese auf dem Felde der Oper zu prophezeien.*

Fraglich ist, ob das Lob des gutmütigen Komponisten nicht eher einem Aufenthalt bei Goethe zu verdanken war, den Ottilie ihm 1820 vermittelt hatte. Mehr als fünfzig Kompositionen nach Gedichten und Balladen Goethes hat Loewe geschaffen, darunter »Die wandelnde Glocke«, »Der getreue Eckart«, »Wandrers Nachtlied«, »Erlkönig« und »Zauberlehrling« sowie Lieder und Szenen zum »Faust«.

Mit seiner zweiten, ebenso günstigen Beurteilung, die vermutlich für Walthers Vormünder gedacht war, stellte Carl Loewe seinem Schüler ein menschlich anrührendes Zeugnis aus. *Herr Walther von Goethe ist durch ausgezeichnete und ungewöhnliche Fähigkeiten für die Tonkunst so reich begabt und in einer so entscheidenden Entwicklungsperiode für Komposition begriffen, dass es sehr zu bedauern und nachteilig sein würde, wenn derselbe eine Unterbrechung heterogener Art erleiden müsste. Stettin, den 28ten September 1838.*[88]

Als Walther nach Weimar zurückkam, fand er die Familie nach langer Zeit wieder einmal vollständig beisammen. Der achtzehnjährige Wolf bereitete sich auf das Abitur vor. Alma, die ihrem Vater August immer ähnlicher wurde, erhielt gemeinsam mit anderen Mädchen Privatunterricht. Walther war in guter Stimmung, da sein Freund Robert Schumann ihm tatsächlich sein neues Werk widmete. Humorvoll-ironisch hatte der Komponist bei ihm angefragt: *Es hängt nun ganz von Ihnen ab, auf welche Weise Sie unsterblich werden wollen. Ob mit W. v. G. zugeeignet, oder: Sr. Hochwohlgeboren Herrn W. v. G.* Es handelte sich bezeichnenderweise um die »Davidsbündler-Tänze op. 6«, Anspielung auf die gemeinsam verbrachte Zeit.

Zufällig hat sich aus diesem Jahr 1838 eine Schilderung über das Weihnachtsfest im Hause Goethe erhalten, für dessen glänzende Ausgestaltung Ottilie, die ohnehin nie zu sparen bereit war, offenbar keine Kosten scheute. Der Bildhauer Franz Woltreck, der aus Rom anreiste, um Ottilies Porträt anzufertigen, schrieb einem Freund: *Ich habe den hl. Weihnachtsabend hier bei Frau v. Goethe sehr angenehm verlebt, wo ich 3 enorm große Zuckerbäume mit anputzen und die übrigen zum Bescheren bestimmten Sachen mit arrangieren half. Eine so reiche Menge von Geschenken habe ich nie an einem Weihnachtsabend in einem Hause beisammen gesehen. Und wie interessant war es hier! Urgroßmutter, Großmutter, Mutter und die schon erwachsenen Urenkel vereint zu finden! Die Bescherung war in dem klassischen Hause des alten Goethe, und welche liebe Stimmung herrschte! Wie freundlich war man gegen alle Fremden! ...*
Unter den Gästen befand sich erstaunlicherweise auch der

Kanzler von Müller, obgleich ihm Ottilie längst schon mit einigem Mißtrauen begegnete. Weitere Gäste waren Johann Peter Eckermann, die Malerin Luise Seidler, verschiedene Engländer und Weimarer Freunde. Der Bildhauer sah mit Staunen alle Räume Goethes mit Wachskerzen illuminiert: *mich fesselte im langen Saal die schöne Beleuchtung ... des kolossalen Junokopfes aus der Villa Ludovisi, des großen Kopfes der Minerva aus Velletri und des großen Jupiterkopfes aus dem Vatican ... Wir blieben im Anschauen dieser hohen edlen antiken Formen, bis der Engel auf dem Zuckerbaum in Flammen aufging ... Wir waren sehr heiter, die jungen Herren v. Goethe machten die Bedienung mit einer Liebenswürdigkeit, die man wohl nicht genug rühmen kann.*[89]

Der Zusammenbruch

Carl Loewe hatte seinem Schüler empfohlen, die einaktige Oper »Anselmo Lancia« so bald wie möglich in Weimar aufführen zu lassen. Bevor es soweit war, wollte Walther auf jeden Fall noch Wien kennenlernen, die Hauptstadt Österreichs, die für ihr reiches Musikleben berühmt war. Seine Mutter hatte ihn wissen lassen, daß sie für immer dorthin ziehen wollte, nicht nur, weil Töchterchen Anna Sibylle in Wien begraben lag. Auch wußte er, daß Robert Schumann seit einem halben Jahr in Wien wohnte, um zu prüfen, ob er sich in dieser Stadt eine Existenz aufbauen könne; ihn wollte er endlich wiedersehen. Auf der Anreise hörte er ein herrliches Beethoven-Konzert und notierte in sein Tagebuch: *Ja, es ist etwas Großes, Erhabenes um die Kunst! Ich muß vorwärts, wenn ich auch sehe, daß der Weg durch manche Öde, durch manche Wüste geht. Das Erreichen ist nichts, nur das S t r e b e n gilt vor Gott!*

Doch trotz der musikalisch aufrüttelnden Erlebnisse traf Walther *krank und trüb* am Tag nach seinem einundzwanzigsten Geburtstag, dem 10. April 1839, in Wien ein. Zu seiner Mißstimmung trug entschieden die Tatsache bei, daß er erfahren mußte, Robert Schumann habe die Stadt vor kurzem verlassen. Außerdem machte ihm seine finanzielle Situation Sorgen. Er hätte schon die letzten Stunden bei Mendelssohn ohne Zugeständnisse der Vormünder nicht bezahlen können. Das Musikstudium verschlang Geld, und er hatte wenig Aussicht auf eigene Einkünfte. Vor der Abreise hatte Walther den Weimarer Amtsarchivar Carl Friedrich Obstfelder zu seinem Vermögensverwalter bestellt, bei dem er sich nun nach seiner pekuniären Lage erkundigte. Eine Abrechnung hat sich erhalten, wonach ihm mit beginnender Volljährigkeit ein Vermögensanteil von 28 585 Talern zustand. Dabei durfte jedoch das Kapital niemals angegriffen, stets nur die Zinsen verbraucht werden. Schon vor

drei Jahren hatten die Vormünder bei der Landesregierung angemahnt, daß die Zinsen zur Ausbildung der Enkel nicht aus-
reichten; es müsse der Verkauf der Goetheschen Sammlungen
ins Auge gefaßt werden.

Mit einundzwanzig Jahren endlich volljährig, war Walther von
Goethe als ältester Enkel Erbe des großväterlichen Nachlasses,
und als solcher trat er nun plötzlich auch auf. Als erste Maßnahme bestimmte er, daß das Haus und die Sammlungen Goethes in Zukunft für jedermann verschlossen zu bleiben hätten. Niemand dürfe mehr ohne seine persönliche Einwilligung
die Räume des Großvaters betreten.

Sein Bruder Wolf unterstützte ihn nachdrücklich bei dieser
Anweisung. Man wollte sich die Besucherkolonnen vom Leibe
halten. *Wir haben keinen italienischen Palast*, sagte Wolf, *sondern
ein Thüringer Holzhaus, das es einfach nicht aushalten würde.* Das
Verbot galt selbstverständlich auch für den Kanzler von Müller, der von seinem Recht als Testamentsvollstrecker über Gebühr Gebrauch gemacht und selbstherrlich Goethes nachgelas-
sene Schriften eingesehen, sogar einiges davon ausgeliehen hatte.
Schlimmer noch: Wie man unter der Hand erfuhr, hatte Müller, der sich mit besonderen Befugnissen ausgestattet glaubte,
Goethes Manuskript der »Lila« sogar verschenkt. Dem mußte
Einhalt geboten werden. Beide Enkel hatten kein Vertrauen
mehr zu Müller, er wurde zum Erbfeind der Goethebrüder.
Jetzt forderten sie von ihm den Schlüssel zurück, den Goethes
Sekretär Kräuter bis dahin bei sich verwahrt hatte.

Wie es scheint, besaß »der Schlüssel« für Goethes Enkel nicht
nur seine praktische Funktion, sondern hatte geradezu symbo-
lische Bedeutung. Nach dem traumatischen Erlebnis mit dem
Vorhängeschloß vor Goethes Zimmern war es dieser Schlüssel,
der ihnen jetzt die Türen öffnen sollte. Die Symbolkraft des
Schlüssels wird an unerwarteter Stelle noch deutlicher. In der

Erzählung »Vom Dach herunter« schildert Walther, wie dem zitternden Diener des Schlosses der Schlüssel zu einem verbotenen Zimmer aus der Hand fällt – direkte Anspielung und Nachhall dessen, was er erleben mußte. Der Schlüssel übertrug ihnen die alleinige Verfügungsgewalt über den Schatz, den der Großvater in seinem langen Leben erworben hatte – und über sein ganzes Haus. Hier hingen nach wie vor die alten Gemälde von Rubens und Cranach, hier erhob sich die kolossale römische Juno, standen die Büsten von Schiller und Herder, von Herzog Carl August und der Königin Luise, hier lagen die Mappen mit den kostbaren Graphiken von Holbein und Dürer, lehnten in Nischen die römischen und griechischen Skulpturen. Den Eintretenden empfingen die beiden Jünglinge, von denen der eine den Arm um den Hals des Bruders legte, während der andere, ernst und pflichtbewußt, die brennenden Fackeln hielt: hoch erhoben die eine, die andere aber zu Boden gesenkt. Sie standen dort, solange man denken konnte, zwei Knaben, die zueinandergehörten wie der Schlaf und der Tod.

Sieben Jahre lang hatten die Enkel warten müssen, bis man ihnen den bewußten »Schlüssel« aushändigte. Walther ließ seinen Bevollmächtigten Obstfelder einen neuen Antrag stellen: *daß der Öffentlichkeit der Zutritt in den Kunst- und Naturaliensammlungen, in der Bibliothek und überhaupt in den Zimmern meines seligen Großvaters von Goethe nicht mehr gestattet und ihm ein Schlüssel zu den Wohnzimmern meines seligen Herrn Großvaters eingehändigt werde, damit ich nach meinem Willen über diesen Schlüssel verfügen kann.*[90]

Das war deutlich. Walther hatte es nie verwunden, mit welcher Unerbittlichkeit der Kanzler mit ihnen, den Nachkommen, verfahren war. Seit sieben Jahren hatten sie die Zimmer nicht betreten dürfen, während Sekretär Kräuter, im Besitz des Schlüssels, sich die Freiheit herausnahm, wildfremde Menschen durch ihr Haus zu führen. Ottilie hatte sich beschwert, daß der

Kanzler eigenmächtig Papiere aus Goethes Bibliothek heraus-
gab, und ihm in ohnmächtiger Empörung geschrieben: *Was
aber dies alles auf das Höchste steigern mußte, ist, daß ich und meine
Kinder mich von dem Eintritt in das Zimmer meines Schwiegervaters
ausgeschlossen sehe, und daß d e r Schlüssel, der mir allein jedem Gefühl nach zukömmt, in den Händen von Kräuter ist. Ich war unangenehm betroffen durch das große Vorlegeschloß vor der Türe, denn
wahrlich es hätte nicht dieses schmerzlichen Zeichens bedurft, daß
dort alles für mich geendet sei* . . .

Walther wird in solchen Augenblicken auch an seinen Vater
gedacht haben, der solche Dinge zuverlässig geregelt hätte. Alles wäre anders gekommen, wenn August noch lebte. Kanzler
von Müller verschanzte sich hinter Goethes Testament, Ottilie
pochte auf ihre familiären Rechte. Begreiflich, daß sie sich in
Weimar nicht mehr wohl fühlte. *Nie werde ich zu überzeugen
sein*, hatte sie Müller vorgeworfen, *daß es in dem Sinne meines
Schwiegervaters sei, daß Schwärme von Fremden sein Zimmer betreten, und wir, die Nächsten, daraus verbannt sind.*[91]
   Walther erreichte schließlich alles, was er verlangte: den Besitz des Schlüssels und die Schließung des Hauses. Im Namen
der Regierung verfügte der Kanzler am 26. Juni 1840 – gegen
seinen eigenen Willen –, daß mit Ausnahme der »höchsten
Herrschaften«, nämlich der Großherzoglichen Familie von
Sachsen-Weimar, der Zutritt zum Haus am Frauenplan zukünf-
tig niemandem mehr gestattet sei.

Fortan blieb für fast ein halbes Jahrhundert das Goethehaus
mitsamt Einrichtung, Sammlungen und Archiven, Bibliothek,
Arbeits- und Sterbezimmer der Öffentlichkeit verschlossen.
Nur einzelnen wenigen Freunden war es im Laufe von fünf
Jahrzehnten vergönnt, das Heiligtum zu betreten. Nicht einmal einem Kenner und Goethefreund wie Karl August Varnhagen von Ense wurde eine solche Vergünstigung zuteil. Er

reiste im August 1853 eigens aus Berlin an – vergebens. Dagegen stand ihm Schillers Wohnhaus offen: *das Haus gehört der Stadt, der Eintritt ist umsonst, in den Zimmern sind viele schätzbare Reliquien.* Varnhagen wartete in glühender Sommerhitze bis zum Freitag, hatte aber auch dann kein Glück. *In das Goethe'sche Haus war nicht zu gelangen ... Weimar war überaus still, wie ausgestorben, der Markt ganz leer. Es ist ein trauriges Wesen mit diesem Ort, er kommt nicht wieder zu Kräften, bei allem guten Willen des jetzigen Großherzogs nicht; dazu gehört mehr, dazu gehört ein Herzog Karl August, mit ächten Fürsteneigenschaften, der lebt und leben lässt ...*[92]

Alle Welt nahm den Enkeln die Maßnahme übel. Sie verhinderten, so hieß es, nicht nur den Einblick in Goethes Arbeitszimmer, sondern hielten auch Bibliothek und Archiv fest unter Verschluß und schadeten damit der Wissenschaft. Es konnten kaum Arbeiten über Goethes Werke entstehen. Als Varnhagen sich beim Großherzog Carl Alexander nach der längst fälligen Veröffentlichung des Briefwechsels zwischen Goethe und dem Herzog Carl August erkundigte, erfuhr er, daß die Enkel die Korrespondenz zurückhielten und die Ausgabe verzögerten. Doch Goethe selbst hatte, als er sein Testament machte, dem Kanzler von Müller gegenüber verfügt: *Die übrigen Sammlungen soll man wenigstens zwanzig bis fünfundzwanzig Jahre lang nicht zerstreuen, noch veräußern, damit meine Enkel sich an ihnen heraufbilden und erst in spätern, reifern Jahren weitere Beschlüsse darüber fassen.*[93]

Durch Walthers Verfügungen blieb die Aura des Hauses über Jahrzehnte unversehrt erhalten. Seit Walthers Regelung wurde nichts mehr verändert und nichts verkauft. Die Räume blieben von 1832 bis 1882 nahezu unberührt.

Während Walther in Wien war, hatte seine Mutter ihre Beziehungen spielen lassen, um der ersten Oper ihres Sohnes zur Aufführung zu verhelfen. Sie hatte Briefe geschrieben, Bekanntschaften erneuert, in Weimar den Kapellmeister Eberwein und den Dramaturgen Genast persönlich aufgesucht – und sie hatte schließlich Erfolg. Die Oper »Anselmo Lancia« wurde in Weimar angenommen.

Der junge Komponist begab sich auf die Heimreise. Dabei versäumte er nicht, an allen Stationen die alten Bekannten aus der Welt Goethes zu besuchen: in Frankfurt die Familien Melber und Textor, auf der Gerbermühle Marianne von Willemer, die ihn herzlich wie früher empfing, in Bonn Ernst von Schiller, Sohn des Dichters, den er aber offenbar auch für einen Enkel hielt, denn Walther notierte in sein Tagebuch: *Ein wunderbares Gefühl ergriff mich, als ich dem Enkel Schillers die Hand reichte! – ... als sei ich ihm nahe verwandt, als sei er mein Bruder.* Er fuhr zu Adele und Johanna Schopenhauer, sah in Hildesheim Julie und Caroline von Egloffstein, in Berlin Fritz und Allwina Frommann wieder – alle, die er aufsuchte, stammten aus dem Umkreis Goethes. Es war die Welt des Großvaters, in der er sich am liebsten bewegte.

Auch auf Stift Neuburg, das Verwandten von Goethes Schwester Cornelia Schlosser gehörte, fand er sich ein. Dort hatte Walther die Begegnung mit einem jungen Mann, die ihn, wie er schrieb, *tief bewegte.* Unter dem 9. Oktober 1839 schrieb er ins Tagebuch: *Zu Tisch kam der junge Pole. Ich sah und hörte bei Tisch nur ihn; denn nie sprach mich ein mir gänzlich Fremder so schnell an wie Ladislaw. Eine jede seiner Bewegungen trug den eigentümlichen Zauber seiner Nationalität, und (er) äußerte sich immer gleich liebenswürdig und anmutsvoll, er möchte nun mit polnischer Lebhaftigkeit in der Mazurka durch das Zimmer fliegen oder mit niedergeschlagenen Augen und schmerzlich bewegter Stimme die Lieder seines Landes singen; die traurigen Berichte über sein Vaterland waren wahrhaft herzzerreißend, und der weiche Ton seines Organs und das kurze, fast grausige Lachen, mit dem er zuweilen die Erzählung der schrecklichsten Ereignisse wie unwillkürlich begleitete, lie-*

*ßen fühlen, wie bitter der Gram sein junges neunzehnjähriges Herz
zerrissen.*

Am nächsten Tag fuhr Walther nicht minder bewegt fort: *Ich
war sehr trübe; denn schon empfand ich die bitterste Reue über den
Entschluß meiner Abreise und ein wahrhaftes Gefühl von Ekel gegen
Weimar ... Ich mußte Klavier spielen, ich war so wunderbar erregt,
halb traurig, ihn so bald verlassen zu müssen, ohne ihm näher bekannt zu sein, halb freudig bei dem Gedanken, ihn im Winter in
Wien zu treffen, daß ich wohl dadurch begeisterter wie gewöhnlich
war; ich spielte meine ›Lieder ohne Worte‹ sowie einige Bellinische
Themas. Wir schieden. Ladislaw jagte zu Pferde durch den Hof, er
ohne mich zu lieben, ich aber bleibend als sein Freund.*[94]

Walthers empfindsames Gemüt wurde durch den Anblick
des schönen Polen so erregt, daß er beinahe die Fassung verlor –
neben der falschen Berufswahl und den wiederholten Schwä-
cheanfällen muß seine Homoerotik der hauptsächliche Grund
für die seelische Katastrophe gewesen sein, in die er sich immer mehr getrieben sah. Hilfsbedürftigkeit und Krankheit ließen ihn in die Arme der Mutter flüchten, der er jedoch seine
homophilen Neigungen, seine Erregbarkeit und Anfälligkeit
keinesfalls gestehen durfte – eine Zerreißprobe, die ihn an den
Rand des Abgrunds bringen würde.

Die Uraufführung von Walthers Oper »Anselmo Lancia« fand
in Anwesenheit des einundzwanzigjährigen Komponisten am
15. Oktober 1839 in Weimar statt. Anwesend war die gesamte
Familie: Großmutter Henriette von Pogwisch, Mutter Ottilie
mit der zwölfjährigen Alma, Adele Schopenhauer, die eigens
für zwei Tage aus Bonn herüberkam, und Bruder Wolf, der einen
Monat zuvor das Abitur bestanden hatte und, wie die Mutter
mitteilte, schon bei der Opernprobe *selig und triumphierend aussah.*[95]

Dem einaktigen Werk ging eine Aufführung der »Geschwister« von Goethe voraus. Der Beifall war freundlich, Walther konnte zufrieden sein. Seine Mutter feierte das Ereignis mit einem großen Souper für vierzig Gäste, darunter auch dem Kanzler von Müller. Schließlich galt es, Walthers Begabung erfolgreich zu präsentieren. Seinem Gönner Carl Loewe, der zur Aufführung gedrängt hatte, berichtete Walther glücklich: *Die Musik hat allgemein gefallen, und mein Debut ist ein vollkommen gelungenes zu nennen ... Ich bin voll Mut und werde mich nun an eine große Oper in drei Akten machen, denn ich fühle nun einmal hauptsächlich Beruf, für die Bühne zu schreiben.*

Er war aber nicht »voll Mut«, denn kaum erschien die erste ablehnende Kritik, erfaßte ihn tiefe Niedergeschlagenheit. Selbst von seinem Freund Robert Schumann fühlte er sich verraten. Schumann hatte schon am 17. Oktober 1839 einen Korrespondentenbericht verfaßt. *Vom jungen Walther v. Göthe, Göthes Enkel, der unter Mendelssohn und C. Loewe Studien gemacht, ging vorgestern zum ersten Mal hier eine Oper in Scene, und erhielt aufmunternden Beifall, wenn sie auch natürlich nicht mehr als ein mit Lust und Liebe gewagter Versuch genannt werden kann. Namentlich fehlte es an richtiger Auffassung der Situationen, während sich andererseits oft eine freundliche melodische Ader zeigte.* Das klang gut gemeint, doch in der Formulierung einer »freundlich melodischen Ader« spürte Walther offenbar eine abschätzige Kritik heraus. Er habe auf dramatische Höhepunkte verzichtet, sollte das heißen, verharre in melodischer Konvention, während Richard Wagner mit pathetischen Opern wie »Rienzi« bereits erste Erfolge erzielte.

Was Walther offenbar am meisten kränkte, war die Tatsache, daß kein einziger Rezensent darauf verzichtete, ausdrücklich auf ihn als »Goethes Enkel« hinzuweisen, auch Robert Schumann nicht. Die »Allgemeine Musikzeitung« ließ sogar anklingen, der Beifall habe nur seinem Namen gegolten: *Dem jungen Componisten fehlte in den Räumen der Beifall nicht, wo sein Großvater oft so Schönes geschaffen, so Schönes angeordnet hatte.* Walther war schon einmal empfindlich verletzt worden, als der Musik-verleger Hofmeister ihn geradeheraus wissen ließ, er werde seine Liedkompositionen doch nicht bloß auf seinen weltbe-rühmten Namen hin drucken.

Jetzt bereute er zutiefst, sich überhaupt der Öffentlichkeit prä-sentiert zu haben. Er brauche keinen Ruhm. An Adele Scho-penhauer schrieb er, eine schwere Demütigung erlitten zu ha-ben und den Kopf vor Scham nicht mehr heben zu können. *Warum gab ich die Partitur her?* Es sei eine *Entheiligung* gewesen, die Aufführung ein einziges Fiasko, die Glückwünsche nur Persiflage, die protegierenden Worte von Genast zutiefst pein-lich. In der Zeitschrift »Didaskalia« vom 7. November habe gestanden: *An der Instrumentierung sieht man noch sehr den An-fänger*, das kränke ihn am meisten. Obgleich im »Hamburger Correspondenten« später eine lobende Kritik stand, fühlte sich Walther *künstlerisch zertreten*. Adele Schopenhauer antwortete ihm nach der Aufführung: *Wollte Gott, ich könnte hinzufügen: es ist Friede in Dir! Aber noch immer hast Du nicht die stille Liebe zu Deiner Kunst, die Dich im Schaffen Glück finden lässt.* Die Oper »Anselmo Lancia« wurde eine Woche später in Weimar noch ein einziges Mal wiederholt. Das Werk ist seither niemals mehr gespielt worden.

Walther wußte nicht, wohin er sich in Zukunft wenden sollte. Weimar war nicht der Ort, wo er leben, die Musik nicht der Beruf, den er ausüben wollte. Für ihn gab es nirgends Zufrie-denheit, nirgends Ruhe; in dieser Beziehung waren sich Mut-ter und Sohn ähnlich. Denn umhergetrieben wie ihr Sohn war auch Ottilie. Sie hatte auf die Ehe mit dem zwei Jahre jün-geren Schriftsteller und Journalisten Gustav Kühne gehofft – da hatte er ihr plötzlich seine Hochzeit mit einer blutjungen Frau mitgeteilt. Die spendable Geldgeberin Sibylle Mertens schrieb der enttäuschten Freundin: *Kann ich denn gar nichts tun für Deine Ruhe und Deinen Frieden, Du gequältes Herz, und ist denn mein guter Wille ebenso hilflos wie Dein Schmerz?*[96]

Walther waren immerhin vier Wochen Glück beschieden. Er erlebte in Bonn ein ungetrübtes Zusammensein mit seinem Bruder. Wolf hatte trotz wiederholter asthmatischer Anfälle das Abitur mit Auszeichnung bestanden und in Bonn mit dem Jura- und Philologiestudium begonnen. Damit wählte er genau die Fächer, die auch sein Großvater bevorzugt hatte: Jura aus Pflicht, Literatur aus Neigung. Jetzt schon zeichneten sich seine Interessen ab. Neben der streng juristischen Seite besaß er eine Vorliebe für Sprache und Literatur, und er begann zu schreiben. Da Goethe resolut erklärt hatte, aus Wolf würde »ein Dichter«, sah er sich insgeheim nach geeigneten Stoffen um, an denen er sein Talent erproben konnte.

Das Zusammensein der Brüder, die von sich sagten, sie lebten *wie ein stilles junges Ehepaar*, verlief ungewöhnlich harmonisch. Im Grunde waren sie sehr verschieden, sowohl nach Charakter und Interessen als auch in ihrem Äußeren. Eine Besucherin in Goethes Hausgarten hat sie geschildert. *Die Herren Barone kamen durch den Garten zu uns gegangen, um Jeder von uns ein seidenes Tuch zu schenken. Deutlich sehe ich die Beiden noch heute vor mir: Baron Wolf groß, schlank, ernst und zurückhaltend, Baron Walter klein, beweglich, lebhaft und liebenswürdig.*[97]

Die Musik war das beide verbindende Element. Wolf korrigierte Walthers Kompositionen, sie musizierten miteinander, fuhren gemeinsam zur Jugendfreundin Ida Melos und besuchten Sibylle Mertens, die daraufhin einen optimistischen Brief an Ottilie schrieb. *Walther, dessen heitere, frische Beweglichkeit einen wahren Frühling von Lust, Leben und Sonnenschein verbreitet, aus welchem heraus sein herrliches Talent achtende Anerkennung erobert, hat uns öfter ... die Freude gemacht, ein paar Stunden mit uns zuzubringen: Ich sah ihn mit wahrem Schmerze scheiden. Wolf, abgesonderter, in sich verschlossener, hat indeß in seiner Schweig-*

samkeit mein Herz sehr gewonnen, und ich sinne, um den rechten Weg zu finden, ihm näher zu treten, ohne ihn zu belästigen oder zu stören.[98]

Nach vier Wochen brüderlicher Gemeinsamkeit zog es Walther nicht etwa zurück nach Weimar, sondern nach Wien, wie immer im Schlepptau seiner Mutter, die schon den Umzug plante. Ihr Freund Romeo Seligmann lebte dort, Anna Sibylles Grab war dort, und sie, Goethes Schwiegertochter, würde jederzeit Zugang haben zu den elegantesten Salons Wiens.

Für Walther war das Anziehende an dieser Stadt die Musik, und er fand dort endlich auch den lange gesuchten Lehrer. Es war der schon vierundsechzigjährige Ignaz Ritter von Seyfried, der noch bei Mozart gelernt hatte, Komponist von über hundert Bühnenwerken, Messen und Symphonien. Seyfried war ein kultivierter Musiker, der großes handwerkliches Können, aber wenig Originalität besaß. Von Seyfrieds Wohlwollen ermutigt, begann Walther wieder zu komponieren. Seine »Vier Gesänge mit Begleitung des Pianoforte«, als Opus 5 gedruckt, widmete er Marianne von Willemer.

Nach und nach kam auch die restliche Familie nach Wien. Die dreizehnjährige Alma und ihre Erzieherin Constanze Scheibe trafen ein, Walther feierte mit ihnen im April 1840 seinen 22. Geburtstag und notierte mit kindlicher Freude penibel die Geschenke: von der Mutter *Schillers Biographie und eine selbstgehäkelte Mütze, Notenbüchel* und einen *delicieusen* Klavierstuhl, von Alma Portefeuille und Näschereien, *von der Scheibe Lineal, Schnurrbartkämmchen und einen allerliebsten Briefbeschwerer.* Im Frühsommer reiste sogar die Großmutter an, begleitet von Luise Seidler, die Almas Porträt anfertigte. In den Semesterferien stieß dann noch Wolf zu ihnen, und überraschend erschien Vetter Felix Vulpius, der sein medizinisches Examen abgelegt hatte, mit Heinrich Horn, der Walthers enger Freund

und Gefährte wurde. Sie streiften durch die Etablissements der Stadt und tauschten Erinnerungen aus an ihre schöne Kindheit, an die Spiele und Theateraufführungen und an die Abenteuer im Goetheschen Hausgarten, wohin sie nicht über die Treppe, sondern meist den Weg durchs Fenster und über das Weinspalier genommen hatten.

Walther besuchte die Wiener Oper und war nebenbei fleißig. Am 12. Juni 1840 konnte er der Textdichterin Adele Schopenhauer mitteilen, seine Oper »König Enzio« sei vollendet. Am 28. August notierte er, wie in jedem Jahr, *Apapas Geburtstag*, und zwar noch freudiger als sonst, denn Robert Schumann hatte sein »Allegro für Pianoforte« in der »Neuen Zeitschrift für Musik« 1840 positiv beurteilt. *Ein großer Name ist eine gefährliche Erbschaft, wie schon oft geäußert worden*, begann Schumann sein Lob. *Wir begrüßen in obengenanntem Componisten einen Enkel Goethe's, der ihn als Kind noch scherzweise seinen ›Musiker‹ nannte, mit seinem prophetischen Geiste vielleicht vorhersehend, dass sich Walther einmal ganz der Musik widmen würde, für die er schon in frühesten Jahren Anlage zeigte. Ob nun Goethe'sches Blut in ihm fließt, lässt sich nach einer so kleinen Arbeit freilich nicht ermessen. Der Componist, nicht viel über 20 Jahre zählend, hat aber bereits sich auch in größeren Werken, sogar in der Oper versucht, und wie er fleißig ist, weiß der Schreiber dieser Zeilen auch, so dass wir denn, Erfreuliches erwartend, bald mehr von seinen Leistungen berichten zu können hoffen.*

Walthers körperliche Konstitution und seine schwachen Nerven aber erlaubten ihm keinerlei seelische Belastung, ja er schien neuerdings wie von Furien gejagt. . . . *ich habe eine Angst in mir, als verfolge mich jemand mit einer Hetzpeitsche*, klagte er der Mutter.

In dieser Phase der Angst und des Gefühls, isoliert zu sein, beschäftigte ihn ein grausiges Thema, das ihn über Jahre nicht mehr loslassen sollte. Er wollte ein Drama schreiben, dessen Hauptgestalt ihm aus einer alten Prager Sage entgegengetreten war: »Der Golem«. Sein Golem ist der von anderen Geschaffene, ein mutterloses Kunstwesen ohne Gefühlsleben, ein Unglücksmensch, der, auch in der Liebe isoliert, als einsamer Außenseiter vegetieren muß. Walther dichtete:

> *Er, den nicht Liebe schuf,*
> *Hört nicht der Liebe Ruf...*

Über Jahre hat Walther an seinem »Golem« gearbeitet. Des Dramas wegen besuchte er in Wien das Judenghetto und die Armenviertel, beschäftigte sich mit jüdischer Religion, besorgte sich den »Talmud«, das »Buch Jezira«, eine »Geschichte des hebräischen Volkes« sowie die »Geschichte der Juden im Mittelalter«. Damit nicht genug, legte er eine lange Liste aller bekannten Veröffentlichungen zum »Jüdischen Cultus« an. Er studierte »Die Welt der Hexen« von 1580, »Kabbalistische Briefe« von 1741, las ein Werk »Über Zauberglauben und andere Schwärmereien« von 1787 und anschließend Kiesers »System des Tierischen Magnetismus« von 1822. Er verschaffte sich Bücher über Alchimie und – vermutlich noch ohne Kenntnisse vom zweiten Teil des »Faust« – über die Entstehung des Homunculus. Er machte sich Auszüge aus einer »Sammlung der merkwürdigen Visionen, Geister- und Gespenstergeschichten« von 1792, dann verfertigte er mit schöner Handschrift die siebzig Seiten des ersten Kapitels, das am Hof des Kaisers Rudolf II. in Prag spielte, wozu er sich noch Woltmanns »Neue Volkssagen der Böhmen« von 1821 besorgte. Schließlich legte er die Rollen des Dramas fest, das sich in seinen nachgelassenen Papieren gefunden hat: *DER GOLEM. Ort: Prag. Nacht und Tag. Duodrama mit Chören in drei Abteilungen. Personen: Der Rabbi. Der Golem. Stumme Personen. Eine Orientalin. Knaben. Träger.*

Zu einem späteren Zeitpunkt wurde »Der Golem« fortgesetzt. Vieles, was zu diesem Drama erarbeitet wurde, scheint wie aus Walthers Kindertagen wiederauferstanden zu sein: die vom Großvater geförderten Taschenspielerkünste, der aus Frankfurt beschaffte Zauberkasten, die Erinnerungen an seine eigenen Fertigkeiten und der Beifall während der Darbietungen seiner »verderblichen Künste« im Goethehaus. Walther beschaffte sich ein Buch mit dem Titel: »Das Wesen und Treiben der Gauner, Diebe und Betrüger Deutschlands mit einem Wörterbuch der Diebes-Gespräche« von Rochlitz, 1846 erschienen, das vielleicht auch seinen Großvater begeistert hätte. Von der Kinderzeit mit ihren harmlosen Spielen und Zaubereien spricht in Walthers Drama der Rabbi Loew, nachdem er den Golem geschaffen hat:

> *Wer hätt es gedacht*
> *Daß dem harmlosen Spiel*
> *Das als Kind ich vollbracht,*
> *Werde ernstestes Ziel.*

Auf die sexuelle Problematik des Autors weisen Zeilen hin, die der Unsichtbare dem Rabbi zuruft: *Rabbi! Du hast Dich entzogen / Der Liebe, der heißen, schmerzvollen Liebe; / Den Frauen und ihrer Liebe.* Entsetzt stellt der Rabbi die Frage: *Bin ich verdammt? – Jawohl!* klingt unerbittlich die Antwort. Da wird im Stück auf eine Kindheit mit Büchern hingewiesen, da treten Gestalten auf, die den Luxus und die Verschwendungssucht Ottilies zu spiegeln scheinen. Der Golem, so heißt es im Text, wünscht sich eine Mutter, die reich ist, behängt mit Juwelen, die in einem prächtigen Palais wohnt – so hat es Walther einmal wörtlich seiner Mutter geschrieben: wie gerne er ihr einen Palast schenken würde, in dem sie wohnen sollte.

In Walthers wirklichem Leben bahnte sich eine Katastrophe an. Es muß im Winter 1840/41 eine rätselhafte, nie geklärte Erschütterung in seinem Leben gegeben haben, die ihn vollends zu Boden warf. Sein erbärmlicher Zustand war nicht gut zu verbergen, doch er konnte sich keinem Menschen anvertrauen. Seine Verstörung war schließlich so groß, daß er sich das Leben nehmen wollte.

Man kann über die Ursache dieses Zusammenbruchs nur spekulieren. Die Verzweiflung, die ihm auf der Stirn geschrieben stand, konnte sowohl mit seiner homoerotischen Veranlagung zu tun haben als auch mit der Tatsache, daß der angebetete Robert Schumann im September 1840 Clara Wieck geheiratet hatte. Dazu kam die unglückliche Berufswahl. Ihn mußte die Erkenntnis niederschlagen, daß er als Komponist niemals etwas Großes, Geniales schaffen und erreichen würde.

Walther veränderte sich, wurde heftig und böse gegen seine Mutter. Mit ihr in einer Wohnung zusammenzuleben sei ihm fortan unmöglich, erklärte er ihr, und auch wenn er die Absicht einer radikalen Trennung in seiner neurotisch zu nennenden Abhängigkeit nicht durchführte, machte er die Drohung wahr. In übergroßer Sensibilität hat Walther immer unter der Lebenstragik der Mutter gelitten, die sich in jeder Hinsicht – auch in ihren Erwartungen an die Söhne – tief enttäuscht sah. *Du kennst mich doch*, antwortete er, als sie ihn aufforderte, zu ihr nach Weimar zu kommen, *also laß mich in Ruhe und auf meine Art meinen Weg gehen ... Euer ewiges S c h w e b e n über der Erde, statt auf ihr zu g e h e n, Eure stets wechselnden Pläne, Eure Unruhe und das ganze Durcheinander wirkt immer störend auf mich ein.*[99]

Noch feindseliger verhielt Walther sich plötzlich auch gegen den mit der Mutter eng befreundeten Arzt Dr. Romeo Seligmann, der ihm, dem zehn Jahre Jüngeren, mit Wohlwollen entgegengekommen war. In jenen entscheidenden Tagen des Zusammenbruchs fand eine Auseinandersetzung schwerwie-

Der Wiener Arzt Dr. Romeo Seligmann

gendster Art statt. Der entgeisterten Mutter schrieb Walther am 22. Juni 1841: *Seligmann und ich sind voneinander geschieden wie zwei Menschen, deren Lebenswege für immer auseinandergehen ... zerbrich Dir nicht den Kopf über eine Sache, die Du doch nie erraten kannst, über die Seligmann nicht sprechen darf und über die ich nicht sprechen werde ...*[100]

Zu vermuten ist, daß es bei der Unterredung mit dem Arzt nicht nur um Walthers körperliche Leiden ging. Angesichts seiner Depressionen wird auch das Gebiet der Homosexualität zwischen den beiden Männern zur Sprache gekommen sein. Der rätselhafte Inhalt in Walthers Brief an die Mutter weist in seinen dunklen Andeutungen auf dieses Problem hin.

Seligmann ordnete eine sofortige Ortsveränderung an. Ottilie beschloß, mit Alma nach Weimar zu fahren, Walther wollte weiter nach Berlin und Nassenheide. Er war in einem bedauernswerten Zustand. *In meinem tiefsten Innern bin ich eigentlich doch todunglücklich. Ich mag die Welt, die Menschen, die Natur, kurz, was ich will, betrachten, so ziehe ich daraus nur eine schmerz-*

liche Wehmut. Die Menschen scheinen mir wenig liebenswert, hatte er seiner Mutter bekannt. Er besuchte zunächst seinen Vetter Heinrich Nicolovius, den Enkel von Cornelia Goethe, in Berlin und reiste weiter nach Stettin zu Carl Loewe und auf das Gut der Bertha von Schmeling. Hier endlich fand er Frieden.

Es ist kaum nachzuvollziehen, was Dorf und Gut Nassenheide dem schwierigen jungen Mann bedeuteten: es war der einzige Ort, wo er sich so heimatlich wohl fühlte, daß er daran dachte, für immer dort zu bleiben. Hier war seine Großmutter aufgewachsen, hier hatte die Urgroßmutter als junges Mädchen gelebt. Niemand verlangte besondere Leistungen von ihm, nicht einmal Carl Loewe, der ihn zwar ermutigte, aber nicht drängte, während in Wien die Konkurrenz der besseren Musiker ihn niederdrückte. Walther fürchtete sich vor den Menschen der großen Städte, den Salondamen mit ihrem Vornehmtun und ihrer Oberflächlichkeit. Endlich war er keine »Zimmerherrenexistenz« mehr und kein verlorener Sohn. Er liebte die gleichmäßig wiederkehrenden ländlichen Vorgänge und zog die Weite der Felder und die Stille der Wälder jedem gesellschaftlichen Treiben vor.

Nassenheide war der einzige Ort, wo keiner nach seinem Namen fragte. Der Aufenthalt war Balsam für seine gereizten Nerven. *Noch ein paar Monate in Wien, und ich wäre gewiß zugrunde gegangen,* schrieb Walther im August 1841 aus Nassenheide. Das war bitterernst gemeint. Er hatte in Wien keinen Ausweg mehr gesehen. Immerhin war es dem Arzt Dr. Seligmann gelungen, ihn am Leben zu erhalten. Walthers Dank, durch einen Zufall nicht vernichtet, fiel allerdings spröde aus und zeigte seinen Widerwillen gegen den engsten Freund der Mutter. *Ich werde nicht vergessen,* schrieb Walther, *daß, wenn auch zwischen uns kein Band mehr besteht, Sie doch das Ihrige taten, um mich mir selbst und meiner Familie zu erhalten. – Ich denke wir haben beide getan was wir tun mußten ...*[101]

Das Gutshaus in Nassenheide bei Stettin

Doch selbst in der ländlichen Stille von Nassenheide überfiel ihn die alte Schwermut. *Wenn wir abends im Garten auf- und ab-gehen, die Blumen so sanft duften ... da möchte mir das Herz zer-springen –, wenn ich gegen Mittag über die Wiesen hingehe ... und dann plötzlich ein kühler Hauch vom Walde herüberweht – ich emp-finde nur Wehmut. Wenn ich mit Bertha auf dem kleinen offenen Wagen fahre und es Abend wird und die Schatten so lang werden ... und hier und da ein paar stille Gestalten unter dem großen Baum vor dem Hause sitzen und dem Gerassel des Wagens lauschen, wenn er kommt, vorbeifliegt, in der Dunkelheit verschwindet, ja, meine liebe Mutter, da möchte mir immer das Herz brechen. Es ist nicht Schmerz, nicht Unglück, nein, es ist eine unnennbare Leere, ein Ge-fühl der Sehnsucht nach einem anderen Lande ...*

Er endete seine Seelenschilderung mit dem Geständnis: *Fröhlichkeit kann ich empfinden, Glück nie!*[102]

Die Erben des Goethehauses

Walther von Goethe hatte, was sein musikalisches Schaffen betraf, in keiner Hinsicht Erfolg. Der Verlag Breitkopf und Härtel sandte ihm seine eingeschickten Kompositionen zurück, auch der Musikverleger Schott wollte seine Arbeiten nicht veröffentlichen. Einige Lieder von Walther erschienen verstreut in Zeitschriften, andere in verschiedenen Verlagen: »Sechs Lieder für eine Singstimme« Opus 6-8 bei Simrock in Bonn; »Sechs Lieder für eine Singstimme« Opus 14 bei Haslinger in Wien. Die Gedichte, die Walther sich zur Vertonung aussuchte, stammten von Eichendorff, Kerner und Heine, Lenau, Geibel und anderen, singbare Texte wie: *Es ist so süß zu scherzen / mit Liedern und mit Herzen* ... Einige Gedichte seines Großvaters hat der Enkel ebenfalls vertont: das »Kophtische Lied« (*Geh, gehorche meinen Winken*) und »Wandrers Nachtlied« (*Der du von dem Himmel bist*), drei Lieder aus dem Singspiel »Claudine von Villa Bella«, die liedhaften Verse »Mit Mädchen sich vertragen«, »Liebe schwärmt auf allen Wegen«, »Langsam weichen mir die Sterne«, »Ein Blumenglöckchen vom Boden hervor« und »Verfließet, vielgeliebte Lieder«. Keines dieser Lieder ist bekannt geworden.[103] Der größte Teil seiner Lieder blieb ungedruckt, nur für sein Liederheft Opus 20 und die »Altdeutschen Lieder«, die dem Bruder Wolf gewidmet sind, erfuhr Walther einiges Lob. Verbittert hat Walther einmal ausgerufen: *Ich möchte lieber Kümmeltürk als Goethe heißen, denn da soll man singen wie Mozart und sprechen wie der Großpapa!*[104]

Der Mißerfolg setzte sich fort. Keine einzige deutsche Bühne nahm Walthers Oper »König Enzio« an, obgleich viele Freunde – Vetter Georg Melber in Frankfurt, Sibylle Mertens in Köln, Adele Schopenhauer in Bonn, Caroline von Egloffstein in Hannover, seine Mutter in Berlin – sich unablässig für eine Aufführung einsetzten. In nicht weniger als zwanzig Städten wurde der Versuch unternommen, die Oper »König Enzio« unterzubringen. Das Werk wurde überall abgelehnt. Musikalisch starke Konkurrenten traten auf den Plan. In Weimar siedelte Franz Liszt sich an, Komponist und gefeierter Klaviervirtuose seiner Zeit. Verdis Oper »Nabucco« wurde 1842 umjubelt, wahre Triumphe erlebte Richard Wagner bei der Uraufführung seiner Oper »Rienzi« in Dresden – und Wagner war nur fünf Jahre älter als er, der minder begabte junge Goethe.

Ottilie hatte am 10. Februar 1842 Franz Liszt in Weimar um eine Begutachtung der Oper gebeten – Liszt lehnte ab. Daraufhin wandte sie sich an den Generalintendanten der Berliner Oper, der zur Beurteilung des Werks eine interne Kommission einsetzte. Zu ihr gehörte Oberregisseur von Lichtenstein, der kurz zuvor das Originalmanuskript des »Fliegenden Holländers« von Wagner zur Begutachtung erhalten und die *erfindungsreiche Musik* gerühmt hatte.[105] Sein Urteil über Walthers Werk fiel weniger positiv aus. Ottilie erfuhr, daß die Arbeit zwar solide, die Behandlung des Stoffes aber mehr lyrisch als dramatisch sei, ferner ließen die Instrumentierung sowie die Behandlung der Singstimmen eine *ausgebildete Individualität* vermissen. Damit wollte er sagen: Der junge Goethe ist noch zu uneigenständig, zu abhängig von Vorgängern wie Bellini, überdies kraftlos in der Intonierung und reichlich sentimental ... Der Intendant der Hannoverschen Bühne, Heinrich Marschner, nannte das Werk *flach* und mahnte: *Entschädigt ein momentanes Gefallen für ewiges Vergessen? Und wird der Untüchtige nicht immer vergessen? Ganz gewiß! Ein Deutscher aber, zumal ein Göthe, muß immer nur Tüchtiges wollen ...*[106]

Zurück in Wien, erfuhr Walther zu seinem Entsetzen, daß sein Lehrer Ritter von Seyfried gestorben war. Die schmerzliche Erkenntnis, daß nicht er dessen geliebter Meisterschüler gewesen war, sondern ein anderer, bedeutete eine weitere Erschütterung. Nur noch *in Träumen* gedachte er seiner großen Ambitionen. Ein kümmerlicher Rest davon hat sich im Nachlaß gefunden, Programme, Noten und Andenken, die mit der pompösen Aufschrift: *Mein Künstler- Leben- Treiben- und Träumen* die vergebliche Liebe eines Tonschöpfers dokumentieren.[107]

In Träumen endete, was er im Leben nicht erreichen konnte. Eine tiefgreifende Krise kündigte sich an. Walther von Goethe nahm von einer Karriere als Komponist Abschied. Er sah sich als gescheitert an. Schon am 7. Januar 1842 schrieb er seiner Mutter, er habe sich als Künstler ganz aufgegeben und beklage sein *verpfuschtes Leben*. Das Steuer zu wenden, etwas Neues zu beginnen, dazu besaß der Vierundzwanzigjährige weder den Willen noch die Kraft.

Ein anderes großes Problem kam auf die Brüder zu. Kanzler von Müller teilte ihnen mit, daß der Deutsche Bund ihm als Testamentsvollstrecker ein Kaufangebot für Goethes Wohnhaus einschließlich der Sammlungen vorgelegt habe. Die gebotene Summe belief sich auf 40 000 Reichstaler. Die Idee habe die Unterstützung des kunstsinnigen preußischen Königs Friedrich Wilhelm IV. gefunden. Geplant werde die Errichtung eines Nationaldenkmals, das der Regierung von Weimar unterstellt und Besuchern bei freiem Eintritt zugänglich gemacht werden solle. Die Bundestagskommission, gebildet aus den Gesandten von Österreich, Preußen, Bayern, Sachsen und Weimar, stimmte dafür, alle Bundesländer bis auf Hessen und Württemberg signalisierten ihre Zustimmung; aus Kopenhagen, Hannover, Karlsruhe, Darmstadt, Dresden und München lagen positive Antworten vor.[108] Er, Müller, bitte um eine Stellungnahme.

Walther hätte das Angebot gerne angenommen. Er brauchte das Geld, und der Kanzler riet dringend zu. Die genannte Summe sei angemessen, nämlich 20 000 Reichstaler für das Haus, den Garten und die beiden Nebenhäuser, 20 000 Reichstaler für die Kunstschätze. Da allerdings, wie Müller richtig vermutete, die Enkel, ihre Mutter und ihre möglichen Nachkommen dann keinen Wohnort mehr hätten, sollten sie den Erwerb von Baugrund, etwa zur Ackerwand hin, zur Bedingung machen. Müller ging es vordringlich darum, das Haus des größten deutschen Dichters in eine Nationalstiftung einzubringen, damit es kein »Familiendenkmal« werde, wie Alma sich ausdrückte.

Der Zeitpunkt war gekommen, auf den man lange gewartet, auf den man vielleicht hingelebt hatte. Endlich sah man einer sorgenfreien Zukunft entgegen. Vor allem Walther, der wohl nie mit eigenen Einkünften rechnete, wollte auf das Gebot eingehen. Doch Wolf befand, die Summe sei viel zu niedrig. Briefe gingen hin und her, erstmals gab es zwischen den Brüdern eine heftige Auseinandersetzung. Wahrscheinlich wären die Details besser mündlich geklärt worden, da man sich nun auf verhängnisvolle Weise mißverstand. Wolfs Einwände machten den ängstlichen Walther so kopfscheu, daß er rasch einlenkte. *Hätte ich nur nach m e i n e m Wunsch gehandelt so hätte ich trotz der geringen Summe von 40 000 Reichsmark j a gesagt, denn ein Sperling in der Hand ist besser wie eine Taube auf dem Dache,* teilte er Wolf mit und fügte hinzu: *ich habe freilich nie die Aussicht, mir meinen vollständigen Unterhalt zu erwerben, wie es Dir wohl in 3-4 Jahren möglich sein wird.* Doch: *Etwas gegen D e i n Gefühl zu tun, lieber Wolf, würde mir immer sehr schmerzlich sein...* Er hätte sich auch gerne mit einem Schlag von der Verpflichtung befreit, die ihn bedrückte und ihm den Atem abschnürte: immer und ewig zum Hüter und Sachwalter des großväterlichen Besitzes verdammt zu sein.

Dennoch entschloß sich Walther – gegen seine Überzeugung – Wolf zuliebe zum Verzicht. Dem Bruder fiel ein Stein vom Herzen, wie Bertha von Schmeling bestätigte, bei der er sich in Berlin aufhielt. *Als der Brief kam, ergriff ihn das heftigste Zittern, und er war außer sich.* Der Hausverkauf würde Wolfs Leben, schrieb sie, *in den tief innersten Fasern zerreißen* ... Wolf, der in Weimar den hinteren Teil von Goethes Wohnhaus bewohnte, hatte in Gedanken bereits einen Umbau entworfen: mit einer Mauer wollte er das Hinterhaus vom Vorderhaus abtrennen. Walther aber fragte ihn daraufhin nicht ohne Humor, welcher Bundestag wohl *das halbe Haus* kaufen würde.

Der Kanzler, über die Absage der Brüder entgeistert, fragte am 1. Dezember 1842 nach der Höhe ihrer Forderungen. Walther reagierte zwölf Tage später von Wien aus: Nur wenn der Bundestag mindestens 60-70 000 Reichsmark bewillige, würden sie das Angebot annehmen. Der Kanzler befand Anfang Januar 1843, 50 000 Taler seien das Äußerste, das man fordern könne. Zur gleichen Zeit schrieb Walther an Wolf: *Daß es angenehm wäre, das Ganze zu behalten, glaube ich gern, aber wir sind dazu doch nicht reich genug; denn dann müssten die Sammlungen würdig aufgestellt werden, man müsste einen Kustos haben, sie würden fast das ganze Haus füllen, und wir hätten eine Reihe Kunstzimmer, aber kein Wohnhaus. Haben wir wirklich großen Vorteil vom Verkauf des Hauses, so denke ich, wir sollen es ja tun; sonst lieber die Sammlungen möglichst hoch verkaufen und das Haus behalten.* Wolf erwiderte dem Kanzler unverändert kühl am 11. Januar, unter 80 000 Talern werde man nicht verkaufen. Es sei schließlich nicht irgendein Haus, sondern das Haus Goethes. Am ersten Februar 1843 gab daraufhin Walther seine endgültige Meinung bekannt: auch zum Höchstpreis wolle man nicht verkaufen, denn *wenn Deine Seufzer daran kleben*, so an Wolf, nütze ihm die größte Summe nichts. Zufrieden war Walther jedoch nicht. *Ich will Geld, Geld, keine Kunstsachen, kein Haus, sondern Geld* ... Doch zugleich war ihm der Gedanke, das Haus zu einem öffentlichen Museum zu machen, in Innersten zu-

Der Jurist und Kanzler Friedrich von Müller

wider. Das Haus des Großvaters preisgeben? Sie waren die letzten, die das Glück in diesen Räumen kannten. In diesem Haus hatten sie, die Enkel, am Tisch der Götter gesessen.

Ottilie machte den Vorschlag, nur die Sammlungen zu veräußern, das Haus zu behalten. Das wollte auch Alma. Am 19. Februar 1843 übermittelte Walther dem Kanzler seine neuerliche Absage im Namen der Familie: ein Verkauf *sei unvereinbar mit ihren Gefühlen der Pietät gegenüber dem Großvater.*

Die Absage in ihrer Endgültigkeit erregte nun wiederum Wolfs Bedenken. Er wollte die Verhandlungen nicht restlos abbrechen. Der Kanzler war über den ablehnenden Bescheid ohnehin so erbittert, daß er seinem Ärger über die Goethe-Familie in einem amtlichen Schreiben Luft machte. Er erklärte am 24. Februar 1843 den Bundestagsvertretern: *der schwache und nachgiebige Walther von Goethe, der gerade von Anfang her derjenige war, welcher am meisten für den Verkauf des Hauses stimmte, sei von der leidenschaftlich auf ihn eindringenden Mutter überwäl-*

tigt worden, da sie es eigentlich sei, die sich einer Nationalstiftung widersetze und das Zustandekommen hintertreibe. Sie wolle die Sammlungen in Wirklichkeit sogar nach Frankfurt geben. Die Söhne aber, führte er aus, stemmten sich *in knabenhaftem Hochmut* und wegen der *übertriebenen sentimentalen Anhänglichkeit an die von dem verewigten Großvater bewohnten Räume* gegen einen Verkauf.

Die Brüder waren von der Unaufrichtigkeit des Kanzlers und seinen eigenmächtigen Eingriffen in Goethes Archiv überzeugt. Noch im Alter bezeichnete Wolf den inzwischen gestorbenen Müller als den Mann, der ihre Minderjährigkeit mißbraucht habe und leichtfertig mit Handschriften des Großvaters umgegangen sei. Die Benutzung der Archive, der Handschriften, Briefe und Tagebücher Goethes, die der Kanzler hinter ihrem Rücken eingesehen und ausgeliehen hatte, sollte in Zukunft unmöglich sein.

Das Drama spitzte sich zu. Ottilie, die in der Tat Verhandlungen mit Frankfurt begonnen hatte, schlug den Verkauf der Kunstsammlungen vor. Darauf gingen die Söhne nicht ein. Goethe hatte testamentarisch verfügt, daß seine Sammlungen nicht auseinandergerissen werden sollten. Der Wert seiner Kunstschätze, der weit höher lag als vermutet, konnte damals noch nicht beurteilt werden. *Meine Manuskripte, meine Briefschaften und Sammlungen jeder Art sind der genauesten Fürsorge wert*, hatte Goethe bei der Abfassung seines Testaments zu Müller gesagt. *Nicht leicht wird jemals so vieles und so vielfaches an Besitztum interessantester Art bei einem einzigen Individuum zusammenkommen ... In diesem Sinne möchte ich diese meine Sammlungen k o n s e r v i e r t sehen.*[109] In Paragraph 4 seines Testaments hatte der Dichter festgehalten: *Eine eigentliche Taxe dieser relativ unschätzbaren Gegenstände ist nicht wohl möglich.* Keinesfalls sollten die Dinge einzeln versteigert werden.

Der Bundestag zeigte sich nunmehr bereit, 60 000 Taler für Haus und Sammlungen zu zahlen. Das war eine stattliche Summe, und Almas Vormünder Dr. Büttner und Dr. Vogel empfanden es als ihre Pflicht, zugunsten ihres Mündels auf dieses Gebot einzugehen. Die Brüder wurden energisch aufgefordert, in den Verkauf einzuwilligen.

Nun saßen sie in der Falle. Es kam zu turbulenten Auseinandersetzungen. Ottilie wehrte sich empört gegen die Erpressung ihrer Söhne. Alma habe schon bitterlich geweint, schrieb sie aus Wien, *daß man das Haus verkaufen wolle, und niemand schütze sie.*[110]

Endlich kam es zu einer Einigung. Walther und Wolf beschlossen zum dritten Mal, das Haus nicht zu verkaufen. Dafür waren sie gezwungen, Alma den ihr zustehenden Anteil von 20 000 Talern auszuzahlen. So geschah es. Anstatt endlich zum ersehnten Reichtum zu gelangen, mußte Walther, der sein eisernes Kapital nicht angreifen wollte, eine Hypothek von 6200 Talern auf das Haus eintragen lassen und sich zusätzlich 7000 Taler leihen. Er stürzte sich in Schulden, obgleich er immer wiederholte, er brauche nur Geld: *Geld, um einfach und gemütlich in meinem lieben Wien leben zu können …*

Kanzler von Müller, mit seinem Projekt endgültig gescheitert und von der Familie restlos enttäuscht, verwünschte die *sentimentalen* Brüder, deren Gefühlsduselei die Gründung einer Nationalstiftung verhinderte. Alexander von Humboldt allerdings fällte ein günstigeres Urteil. Er hatte in Berlin Wolfgang von Goethe empfangen, um ihn im Namen der preußischen Regierung zum Verkauf des Hauses zu überreden, war jedoch gegen den ausgeprägten Familiensinn machtlos. Das nötigte ihm einige Bewunderung ab. *Der sinnige junge Herr, der mir sehr gefallen, ist tief in sich zurückgezogen,* bemerkte er und nannte Wolf, den er sehr sympathisch fand und für dessen Verwendung im diplomatischen Dienst er sich später einsetzte, dem Mini-

ster von Bülow gegenüber einen *sentimental-phantastischen Jüng-*
ling von 22 Jahren.

Immer noch erhoffte sich Walther finanzielle Erleichterung
durch den Verkauf der Sammlungen an den Bund. Die Brüder
boten sie im Oktober 1843 dem Bundestag zu dem genau er-
rechneten Preis von 41 357 Talern an. Sie erhielten keine Antwort, da der Kommission nur am Inhalt mit Haus gelegen
war. Am 12. Januar 1844 ordnete König Friedrich Wilhelm IV.
den Abbruch der Verhandlungen an.

Noch im April 1845 schaltete der Erbgroßherzog Carl Alexander sich ein. Mit einem persönlichen Appell an die gemeinsame Kindheit und das Wohl der traditionsreichen Stadt
Weimar bat er Walther und Wolf, dem Bundestag Haus und
Sammlungen zu verkaufen. Ein Wohnrecht sollte ihnen wohl
zugesichert werden. Er erreichte nichts. Damit war der letzte
Versuch, eine Nationalstiftung zu gründen, gescheitert.

Trotz der Schuldenlast blieben die Brüder bei ihrer Weige-
rung, das Haus herzugeben. Sollten sie nicht mehr ungestört
durch den Saal gehen, nicht mehr das schöne Jünglingspaar
mit den Fackeln betrachten, nicht mehr ungehindert das hei-
lige SALVE überschreiten dürfen? Der Gedanke, fremde Menschen in ihren Räumen herumschlendern zu sehen, war ihnen
zuwider, und es widerstrebte ihnen, den einzigen Zuflucht-
sort, den sie auf der Welt besaßen, für eine wenn auch noch so
große Summe zu veräußern.

Im Grunde war das Festhalten an diesem Haus auch Ausdruck ihrer Goetheverehrung. Der Großvater hatte seinen
Wohnsitz mit Bedacht ausgestaltet und in seinem Testament
unter Paragraph 7 eigens verfügt: *Mein Wohnhaus und meine*
Gärten mögen bis zur Volljährigkeit meiner Enkel von ihnen in Ge-
meinschaft besessen und unveräußert erhalten werden, es sei denn,
daß die Umstände eine Veräußerung besonders rätlich oder notwen-
dig machten. Alma war noch nicht volljährig, und »notwendig«

war eine Veräußerung nicht. Das Haus, ihre Heimat, sollte nicht zum Allgemeingut werden, auch nicht gegen hohe Eintrittsgelder.

Daß die Schätze erhalten blieben und nicht, wie bei Schiller, verkauft und zersplittert wurden, das hatte die Welt in Zukunft nur ihnen, Goethes Enkeln, zu verdanken.

Almas Tod

Bei allen familiären Schwierigkeiten gab es zum Glück die Schwester Alma. Sie brachte Heiterkeit und Licht in das unruhige Miteinander ihrer komplizierten Familie. Alma liebte die Brüder, und die Brüder liebten sie. Walther nannte sich bei ihr *Dein Bruder Zankhans Brummbär*, sie schrieb zurück: *Adieu mon chère frère / Sie sind und bleiben ein alter Bär.* Nach der Weimarer Aufführung seiner Oper »Anselmo Lancia« bezeichnete sie sich stolz als die *Schwester eines Komponisten*, der besser sei als Meyerbeer, und schmeichelte ihm, wie wunderbar seine Musik sei. Sie bewunderte und vergötterte ihn.

Während Walther und Wolf an Gestalt und Aussehen – und leider auch mit ihren diversen Erkrankungen – offensichtlich nach der Mutter geraten waren, glich Alma mehr ihrem Vater August. Sie hatte seine Hauptmerkmale geerbt, das vorstehende Kinn, die gewölbte Stirn. Eine Schönheit war sie nicht, aber wie ihr Vater praktisch veranlagt, eine gute Schülerin und sprachlich gewandte, flüssige Briefschreiberin.

Alma war ein Sonntagskind, unbeschwert und strahlend, gespannt auf Neuigkeiten und immer voller Wünsche. *Liebe Dicke*, so Student Wolf an die Elfjährige, *ich erlaube mir dir zum heiligen Christ ein Paar Gliederpüppchen zum Bekleiden, ein Heft Noten zu Deinen musikalischen Studien zu schenken, das Kinder-Theater wird Dir hoffentlich ebenso viel Spaß machen als mir früher, wo ich mich an einem ganz gleichen unzähligemal ergötzte. Deinen lieben Brief werde ich nächstens auf sehr schönem Papier beantworten. Dein Wolfgang.*

Was Alma den Brüdern voraushatte, war ihre stabile Gesundheit. Sie bekam zwar die üblichen Kinderkrankheiten, hatte aber kein schwaches Herz, keine Neuralgien und kein Asthma und war im Kern, wie Wolf befand, robust wie eine

Alma von Goethe als Achtjährige,
gemalt 1834/35 von Luise Seidler

Römerin. Man mußte sich keine Sorgen um ihr Wohlergehen
machen wie um den labilen Walther und den anfälligen Wolf.
Unterrichtet wurde sie vom Hauslehrer Rothe, der auch die
Brüder erzogen hatte. Außerdem nahm sie Mal- und Zeichen-
unterricht, tanzte und spielte Klavier.

Oft ging Alma zu ihrer Urgroßmutter, der alten Gräfin
Henckel von Donnersmarck, die im Haus der Charlotte von
Stein an der Ackerwand lebte. Bei Frau von Stein hatten immer eine Reihe von Orangenbäumen vor der Hausfront gestanden; diese Tradition wurde fortgesetzt. Therese Böhlau hat es
beschrieben. *Wie Alma da vor mir steht auf den Stufen des lieben
Hauses, vor dem die Orangenbäume in großen Kübeln gereiht prang-
ten ... Sie trug damals ein feines, hellbräunliches Kleid; ein sehr farbiger, römischer Longshawl umhüllte ihre Schultern, und ein weißer
Battisthut vollendete den sommerlichen Anzug, der eine zierliche Ge-*

stalt von Mittelgröße umschloß. Alma wird damals knapp zwölf Jahre alt gewesen sein. Ihre Haare, ein kräftiges goldschimmerndes Blond, umgab in reicher Fülle eine breite, sehr gewölbte Stirn ... Ein energischer, frischer, voller Mund über einem kräftig entwickelten Kinn ist mir in lebhafter Erinnerung ... Alma war die Gesundheit und Jugend selbst.[111]

Seit Ottilie ihr Domizil in Wien aufgeschlagen hatte, wo sie teure Wohnungen oder Hotelsuiten mietete, wohnte Alma bei Großmutter Henriette von Pogwisch, die sie sehr liebte, im geräumigen Haus an der Esplanade. Erhalten blieb ein Brief der vierzehnjährigen Alma an die Großmutter, die zu Bertha von Schmeling gereist war. *Liebe Ammama! Wie geht es Dir denn hoffentlich bist Du recht gut in Berlin angekommen, ob es Dir gefällt brauche ich Dich wohl nicht erst zu fragen, denn wenn man bei Tante Bertha ist gefällt es einem immer ... Wolf kam den selben Abend wo Du den Morgen abgereist warst und es that ihm sehr leid dich nicht mehr getroffen zu haben. Hier ist nichts weiter vorgefallen als daß die halbe Papiermühle in Oberweimar gestern früh um 6 Uhr abgebrannt ist. Bitte sage an Hugo, die Handschriften würde ich besorgen, schicken könnte ich vor der Hand nichts da ich sehr viel zu sticken und zu nähen hätte. Ich wollte du wärst wieder hier kein Mensch will mit mir spatzieren nach Tiefurt oder nach Oberweimar gehen. Von Walther haben wir einen Brief er ist nicht krank. Du brauchst dich also nicht zu ängstigen. Nun Adieu liebe Ammama. Komm bald wieder Deine Dich liebende Enkelin Alma.* Am Rand hinzugefügt: *Der Mutter geht es leidlich sie war gestern in deinem Garten.*[112]

Ihr glückliches Naturell und ihr liebenswürdiges Wesen machten Alma beliebt. Mit den Töchtern des Geheimrats Thon verbrachte sie die Sommertage im Kurort Berka. Freundin Therese erlebte, wie man mit den Mädchen vom Ort zusammenkam und am Abend auf hochbeladenen Heuwagen von der Wiese heimfuhr. *Wir liefen an den weit abgelegenen Ziegelbrunnen, um dessen besonders gutes Quellwasser in großer Kanne zu schöpfen ... Wir hatten unsere Köchin mit nach Berka genommen, und die einfachen Gerichte, die sie uns bereitete, schmeckten Alma vortrefflich, so daß sie sich die Rezepte für Zuhause aufschrieb, mit den Worten: ›Die sind für Wien! Da hat meine Mutter des Abends immer gelehrte Gesellschaft, das langweilt mich, da will ich ihnen lieber etwas Gutes kochen‹ ...*

Mit ihrem von Vater August geerbten Sinn für die Realität gründete Alma im Alter von vierzehn Jahren mit ihren Freundinnen einen Wohltätigkeitsverein. Es ging darum, die Kinder armer Familien zu beschenken, für die gestrickt, genäht und gesammelt wurde. Die Erzeugnisse wurden auf dem Weihnachtsbasar zugunsten bedürftiger Familien verkauft. *Alma führte Buch über die Armen, deren man sich annahm, und über Das, was man ihnen schenken wollte*, berichtete Therese Böhlau. *Ihr humorvoller Verkehr mit den armen Kindern, die zum Maßnehmen oder Anprobieren in die Sitzung bestellt wurden und die sie unter Scherz und Lachen aus- und anzog, erfüllte mich schon damals mit aufrichtiger Bewunderung. ... Auch als sie bereits in Wien war, handelten Almas Briefe hauptsächlich von der Sorge um »ihre« Kinder.* Bei jeder Sitzung waren fünf Silbergroschen in die gemeinsame Kasse einzuzahlen. *Kurioserweise wurde die Kasse im Haus der Frau von Stein in einem Wandschrank aufbewahrt, an dessen Innenseite Goethes inzwischen gestorbene Intimfreundin mit Bleistift alle die Bücher notiert hatte, die sich Goethe im Laufe der Jahre von ihr lieh.*[113]

Alma hatte in Weimar so viele Freundinnen und Aktivitäten, daß es ihr leid tat, wenn sie ihre Mutter nach Wien begleiten mußte. Zu ihrem Freundinnenkreis gehörten Cäcilie von Gersdorff, Helene Thon und deren Schwester Therese, später verheiratete Böhlau, Dorothee Huhn, Ottilie von Häsler, Thekla Thomson, Cäcilie Vogel, Ida Krause, Charlotte Swaine und

Alma von Goethe. Zeichnung von H. A. J. B. Chélard, 1845.
Im Hintergrund Goethes Gartenhaus

Olga von Grant, die für Walther schwärmte und so verliebt in ihn war, daß sie ihn, wie es hieß, heiraten wollte. Aus Wien schrieb Alma Briefe voller Heimweh an die Großmutter. *Ich freue mich ungeheuer auf Weimar. Daß ich nicht bei Olgas Konfirmation sein kann, tut mir sehr leid ... – Ach, wie viele Bälle wird es den Winter in Weimar geben!* Ihre Rückkehr nach Weimar malte sich die Vierzehnjährige begeistert aus: *Mine muß Sand-*

torte backen, Amama Tee dansant in Allels Garten geben ... übrigens
muß im Garten alles mit bunten Lämpchen, (welche Amama noch
im weißen Kasten in der Schlafstube stehen hat) erleuchtet sein, so
wird mein Einzug den der Erbgroßherzogin noch übertreffen.[114]

Walther erhielt von einer der Mutter-Tochter-Reisen im Sommer 1842 einen Bericht, der ihn nicht nur ärgerte, sondern in
volle Wut versetzte. Ottilie schilderte ihm ein »Reiseaben-
teuer«, das sie in ihrer leichtsinnigen Eitelkeit offenbar als für
den Sohn geeignet fand. Sie war mit Alma in einem Landgast-
hof abgestiegen. Der Zufall wollte, daß sich vor ihrer Zim-
mertür drei Männer – nach Ottilie drei Gentlemen – laut miteinander unterhielten. Sogleich habe sie, noch *ohne Schuh und*
Strümpfe, die Tür geöffnet und eine *kleine flirtation* mit den
Herren begonnen, um, wie sie kokett hinzufügte, *nicht aus der*
Übung zu kommen.

Diese aufreizende Formulierung, vor allem aber die Anwesenheit seiner noch nicht fünfzehnjährigen Schwester bei dieser Episode brachte Walther in Harnisch. »Um nicht aus der
Übung zu kommen«, eine derartige Äußerung erschien ihm
nachgerade zynisch. Hatte die Mutter nicht schon genug »Flir-
tationen« begonnen und beendet? Hatte nicht er, Walther, als
Liebesbote fungieren müssen zwischen ihr und »Freund« Story?
Hatte sie nicht durch ihren Leichtsinn Geburt und Tod eines
Kindes verursacht? Und nun dieser Brief einer Mutter, die es
überdies bedauerte, wie Ottilie ihrer Schilderung kokett hinzugefügt hatte, nicht auch noch am Abend in der Gaststube
mit den Engländern flirten zu können, da das einer »Lady« untersagt war. Walthers Antwort zeigt Ärger und Empörung:
... ich finde Deine Abenteuerlust nicht sehr günstig für Alma und
wollte Du bliebst immer als Lady oben in Deiner Stube; überhaupt
sehe ich für Alma die größten Gefahren, da Du viel zu sehr mit Dir
beschäftigt bist, um sie immer zu hüten.[115]

Walther haßte die erotischen Eskapaden seiner Mutter. Ihre Leichtfertigkeit in amouröser Hinsicht muß seine psychische Störung noch vertieft haben: die Angst vor weiblicher Sexualität. Auf ihn, der sich nur von Männern verstanden fühlte, nur vom männlichen Eros angezogen wurde, wirkte das Getändel der eigenen Mutter doppelt abschreckend. Daß sie, die sechsundvierzigjährige Witwe von Goethe, mit bloßen Beinen vor fremden Männern auftrat, neben sich im Türrahmen die hübsche, neugierige Tochter, erschien ihm überaus abstoßend. Eine Vorbildfunktion erfüllte diese Mutter nicht. Das mangelnde Verantwortungsbewußtsein und den leichtsinnigen Charakter seiner Schwiegertochter muß auch Goethe schon bei der Abfassung seines Testaments vor Augen gehabt haben, als er ihr ein festes »Wittum« zusicherte – es sei denn, man habe ihr die Erziehung der Kinder entzogen.

Alma genoß in Weimar die jugendlichen Vergnügungen, die die Stadt vielfältig bot. Die Liste der Geschenke, die sie im Oktober 1843 zu ihrem sechzehnten Geburtstag bekam, bezeugt ein glückliches Leben. Großmutter und Tante schenkten einen dunkelblauen Samthut mit Rosen und ein Florkleid nebst Unterkleid, Walther *einen sehr schönen Ring und Handschuhe.* Auch der Wunschzettel, der in zweifacher verbesserter Ausführung erhalten blieb, ist der eines lebenslustigen jungen Mädchens: *ein weißes Crepekleid mit weißen Rosen, einen türkischen Wollmousselin,* einen *Bouquet-Halter* aus Bronze, Atlasschuhe und bunte Lederschuhe aus Wien, *eine schottische Echarpe, Kragen, Manschetten, Handschuhe, Geld.*

Geld war nie genug da. *Für die 3 Taler danke ich Dir tausendmal, da meine Kasse an der galoppierenden Schwindsucht leidet.* Die Vormünder bedachten Alma am Weihnachtsfest mit Schmuck. *Denke nur, ich habe ein wundervolles Armband von Gold mit Granaten (es ist ganz elastisch) von Herrn von Waldungen bekommen, es passt ganz zu der Brosche, die ich früher einmal von Büttner be-*

Brief der 15jährigen Alma an ihre Großmutter
Henriette von Pogwisch

kommen habe. Die Freude war um so größer, als Alma bereits einen ersten Verehrer hatte. Es war ein Sohn der Tante Bertha, Hugo von Schmeling, Fähnrich im Garde-Jäger-Bataillon zu Potsdam, der wegen seiner Verschwendungssucht – was Alma sicher nicht wußte – von Walther schon zurechtgewiesen und von der Mutter abgelehnt worden war. Einen anderen Bewerber, den jungen Boyneburg, lernte Alma bei einem Fest im Haus der Großmutter kennen. *Herr von Beuneburg, ein Bruder von unserem hiesigen Beuneburg, ein sehr hübscher Mensch, welcher eine süperbe Figur hatte und prächtig tanzte,* gefalle ihr und wolle demnächst wiederkommen.

Alma war groß geworden. Walther hatte sie schon humorvoll gebeten, nicht mehr zu wachsen, *damit Du nicht größer wirst wie ich*. Jetzt war sie noch einen Kopf größer als ihre Mutter, sehr schlank und nach Aussage Walthers *ein heiteres, unbefangenes, anmutiges, sehr kluges Wesen.*[116]

Großmutter Henriette von Pogwisch hat Alma in einem Brief an ihre Tochter Ottilie in Wien als äußerst vergnügungssüchtig geschildert. Sie habe wahrhaftig nichts als Feiern und Tanzen im Kopf. Ihre Charakterisierung klingt widersprüchlich. *Übrigens liebt Alma wenig, und von Deiner Herzenswärme hat und wird sie nie etwas haben, wie sie überhaupt der Himmel unter ihren Geschwistern am wenigsten mit Kopf und Gemüt begabt. Sie wird aber eine rechtliche brave Frau sein können, nur fehlt ihrem Gemüt und ihrem Kopf für mich das Bestechende, was der Frauen bester Schmuck ist.* Andererseits sei Alma *sehr leidenschaftlich*, und es hätten schon einige junge Männer Weimars ein Auge auf sie geworfen.

Nachdem Alma in Wien konfirmiert worden war, durfte sie im Herbst 1843 mit Großmutter und Tante nach Weimar zurückreisen. Es gab Mitte Oktober 1843 ein Wiedersehen mit Jenny von Pappenheim, Natalie und Marie Herder, Franz von Schober und Franz Liszt. Auf einen Ball bei Häslers hatte sich Alma zur Zufriedenheit der Mutter passend und elegant vorbereitet: *so haben wir einen sehr schönen weißen Atlas gekauft, unten kommt ein Rosen Bouquet, vorne ein Bouquet, auf die Ärmel Rosen und in die Haare die schöne Rose von Dir.* So hat Luise Seidler Alma gemalt, im weißen Kleid, jenen Rosenkranz im Haar, den sie sich zum sechzehnten Geburtstag gewünscht hatte.

Es gab in Weimar aufregende Neuigkeiten. Erbgroßherzog Carl Alexander hatte sich mit Prinzessin Sophie der Niederlande verheiratet, und die Vormünder hatten Alma 150 Reichstaler zu ihrer *Präsentation* bei Hofe bewilligt. Bei der ersten offiziellen Vorstellung am 15. Oktober 1843 fragte Carl Alexander, der gleichaltrige Freund ihrer Brüder, ob er sie duzen dürfe. Sie verneinte. ›... aber *Alma werde ich Sie doch nennen*‹, rief er amüsiert. Seine Frau Sophie sei *reizend graziös liebenswürdig, alles alles, kurz ein Engel*, schrieb Alma der Mutter, nachdem sie zum ersten Mal eine Einladung ins Weimarer Schloß erhalten hatte, das ihr mit seinen erleuchteten Kugellampen, den Kronleuchtern, Blumen und Spiegeln wie ein *Feenpalast* vorkam. Ihre Liebe zu dem freundlichen Fürstenpaar wuchs, so daß sie der Mutter schließlich einen ernsthaft gemeinten Plan erläuterte: Sie wolle in den Dienst des Hauses Sachsen-Weimar treten, wolle »Hoffräulein« werden.

Die Antwort, die Alma von der Mutter auf dieses unschuldige Ansinnen hin erhielt, fiel ungemein böse und heftig aus. Ottilie, die ein Leben in Wien dem kleinstädtischen Weimar bei weitem vorzog, reagierte auf eine Weise, die man heute als »Psychoterror« bezeichnen würde. Sie übte ihre Macht über die Tochter ungehemmt aus und überschüttete sie mit Vorwürfen. Alma wolle sich mit ihrer Absicht, am Weimarer Hof tätig zu werden, nur von ihr trennen, denn ohnehin habe sie für die Mutter keine Liebe übrig.

Alma war erschüttert. *Liebe gute Mutter! Über Deinen Brief konnte ich wohl nur außer mir sein, ich habe so geweint, daß ich nicht Zeichenstunden nehmen konnte. Ich hatte nicht gedacht daß Du so an meiner Liebe zweifeln kannst ... es ist töricht von mir gewesen den Wunsch Hoffräulein zu werden zu haben ...* Sie hätte, fügte sie hinzu, niemals gedacht, daß die Mutter ihre Idee *so auslegen würde*. Ihr schöner Plan war im Keim zerstört. *Adieu gute Mutter, ich hoffe daß Du nach diesem Brief eine bessere Meinung und Beweis meiner Liebe siehst.*

Nur an Walther schrieb Alma noch kleinlaut, nachdem sie ihm das glückliche Leben bei Hofe in leuchtenden Farben ausgemalt hatte*: es umarmt Dich Deine sehr gern Hoffräulein werden möchtende Schwester Alma.*

Ihren Vorsatz, die Tochter selber so bald wie möglich in Weimar abzuholen, hatte Ottilie inzwischen schon wieder geändert. Der alte Oberforstmeister von Fritsch sollte Alma nach Wien bringen. Alma, die in diesem Oktober 1844 siebzehn Jahre alt wurde, verließ nur ungern die Freundinnen und das herzogliche Paar. Vielleicht hat das strikte Verbot, den Beruf eines »Hoffräuleins«, also einer Hofdame mit eigenem Einkommen, zu bekleiden, wie es Jenny von Pappenheim, wie Großmutter und Urgroßmutter es taten, sie im Innersten getroffen. Die Chance, zu einem eigenen Leben im geliebten Weimar zu gelangen, war durch die eiserne Ablehnung der Mutter unmöglich geworden.

Als Ottilie Alma in Linz in Empfang nahm, um die Reise nach Wien auf dem Dampfer fortzusetzen, klagte die Tochter über Ermüdungserscheinungen und Mattigkeit. Sie lebte sich dann aber doch ein und war erfreut, daß die Familie des mit der Mutter befreundeten Botanikers Endlicher ihr zu Ehren ein Gartenfest gab. Alma trug bei diesem Fest das rosa Moirékleid und den Kranz von Rosen, mit dem sie in Weimar geglänzt und in dem sie mit dem Erbgroßherzog den ersten Tanz getanzt hatte.

In der Nacht nach dem Gartenfest ging es ihr schlecht. Kopfschmerzen stellten sich ein. Am Tag darauf – es war der Geburtstag ihres Bruders Wolf – zeigten sich ernste Anzeichen einer Erkrankung. Die Maßnahmen der beiden befreundeten Ärzte, Dr. Seligman und Feuchtersleben, blieben ohne Wirkung. Das Fieber stieg.

Was wußte man über den Typhus? Die Infektionskrankheit, die vorwiegend junge Menschen befällt, entsteht hauptsächlich durch verunreinigtes Wasser und verdorbene Speisen. Sie beginnt mit Mattigkeit, Gliederschmerzen, Frösteln, es folgen steigendes Fieber, bohrende Kopfschmerzen und eine zarte, kleinfleckige Rötung der Haut. Das Fieber bleibt einige Tage

Alma von Goethe als 16jährige auf dem Totenbett

auf gleicher Höhe, dabei kommt es zu Darmkrämpfen und Koliken. Dann trübt sich das Bewußtsein. Das Delirium setzt ein.

Ob die Ärzte die Schwere der Krankheit erfaßten, die sie lediglich als »nervöses Fieber« diagnostizierten, ist ungewiß. Alma stöhnte und litt. Sie phantasierte, wollte eine Figur vom Ofen holen. Am Abend des 28. September erhob sie sich plötzlich vom Sofa, umschlang die Mutter, rief: *Mein Mutterchen – Mamachen!* und sank zurück.

Am anderen Morgen starb sie.

Das Drama »Erlinde«

Einen Tag nach Almas Tod feierte Wolf – noch ahnungslos –
seinen vierundzwanzigsten Geburtstag. Sein Jurastudium wollte er – was weder Vater noch Großvater geschafft hatten – mit
der Promotion zum Dr. jur. abschließen. Ihn interessierte vor
allem das deutsche Recht im Mittelalter, auch darin ein echter
Romantiker.

Aus dem hageren Studenten war ein gutaussehender, schlanker junger Mann geworden. Mit seinen dunklen, das Gesicht
umrahmenden Haaren und der bräunlichen Haut glich er seiner Mutter, hatte auch ihre schönen schwarzen Augen und
verfügte über ein gewandtes, äußerst liebenswürdiges Auftreten, das schon Alexander von Humboldt beeindruckt hatte.
Ein Porträt aus dem Jahr 1850 zeigt den angehenden Diploma-
ten im hellen Anzug mit Weste, seidener Halsbinde und glänzenden Lackschuhen, er trägt das glatte Haar in der Art von
Franz Liszt kinnlang, der Strohhut und ein dunkles Lippen-
bärtchen lassen ihn wie einen modischen Dandy erscheinen.
Dabei war Wolf in Wirklichkeit alles andere als ein Lebemann:
reserviert, empfindlich und so kontaktscheu, daß er als Ein-
siedler bezeichnet wurde und kaum Freunde hatte.

Sehen Sie meinem Wolf in die Augen, hatte Goethe einst zu einem
Besucher gesagt, *es spricht so etwas heraus, daß ich meinen sollte,
er werde ein Dichter*. Offenbar hatte sich der Enkel diese Vor-
aussage zu Herzen genommen. Er wollte schreiben und veröffentlichen, wollte ein Dichter werden. Mitten in den aufreiben-
den Verhandlungen um den Verkauf von Goethes Wohnhaus
und die Gründung einer Nationalstiftung besaß er die Nerven,
sich an eine literarische Arbeit zu machen, die 1842 unter dem
Titel »Studenten-Briefe« erschien. Es waren die autobiographi-
schen Mitteilungen eines Zweiundzwanzigjährigen in Form

von Briefen, die die Kommilitonen *Heinrich und Alfred* miteinander wechseln, anspruchslose und im Grunde gänzlich unpolitische Betrachtungen, gedacht für kommende Erstsemester.

Romantisch beginnt der erste »Studentenbrief«: *Die Reisetasche als Unterlage, einen prächtigen blauen Himmel über mir, die schönsten Hügelwellen vor mir, ein bischen Baumgesäusel, Vögelgezwitscher um mich, so schreibe ich an Dich, in der hellen Sonne liegend, neben Saatfeldern, in denen der Wind Farbenwellen zieht.*

In die Briefe hatte der romantische Autor Gedichte eingefügt, die seine Gefühle wiedergeben:

Lebensdrang

> *Es wird mir im Hause zu enge,*
> *Es leidet mich nicht mehr daheim;*
> *Fort muß ich, ich muß in's Gedränge,*
> *Ich will ein Bursche nun sein . . .*

> *So zu einander gehören,*
> *So Bruder und Freund zu sein,*
> *Das will ich freudig beschwören,*
> *Das ist das wahre Daheim.*

Doch letztlich sind es die Bekenntnisse eines Einsamen, der Freundschaft inmitten des studentischen Getümmels zwar beschwört, aber nicht finden kann. *Heinrich* – der Autor selbst – schreibt an *Alfred*: *Ja, einsam! Das ist das Wort, an das ich immer wieder stoße, an dem ich immer wieder scheitere. Wenn meine Seele sich doch nicht stets nach einer Ansprache sehnte. Die stille Trauer, die mich fasst, wenn ich vom schiefen Fenster meines Mansard-Stübchens aus in den regnerischen Abend starre . . .*[117]

Alfred spricht dem unglücklichen Heinrich Mut zu. *Führe*

nur bald etwas aus und sende es mir; Du tust doch so wenigstens et-
was in dem Leben und Streben, in das Du nicht den Mut hast, Dich
hineinzustürzen ... so findest Du doch noch einen Freund, nach
dem Dein Herz so stöhnt ...

Der Autor schildert die trockene Gelehrsamkeit der Universität und ermutigt kommende Erstsemester, indem er auf sich
selbst verweist: Auch er habe aus dürrem Holz noch Funken
zu schlagen vermocht. *Gott sei Dank! Ich fühle, daß ich immer au-
genblicklich für alles Schöne erregbar bin, woher es auch kommt. So*
kann ich durch die trockenste Beschäftigung in eine Art Begeisterung
versetzt werden ... Neben meiner Jurisprudenz sind es vorzüglich hi-
storische Studien, durch die ich mich angezogen fühle ... Dazwischen
schlingt sich die Beschäftigung mit der Mythologie und Tragödie der
Griechen.

Hier beschrieb Wolf bereits seine wissenschaftlichen Interessen, denen er später intensiv nachgehen würde. Während des
Studiums jedoch, so der Autor der »Studenten-Briefe«, habe
er eine bedeutende Persönlichkeit immer vermißt. Offenbar
fehlte ihm eine Autorität, wie sie sein Großvater gewesen
war. *Ach Gott, wenn mir doch das Glück zu Theil würde, in die*
Nähe eines ausgezeichneten Mannes zu kommen. Er suchte nach
einem *männlichen Geist,* der ihm behilflich wäre, *Irrwege* zu
vermeiden und die *tierischen Elemente* – also seine sexuellen
Triebe – niederzuhalten. Derartige Bekenntnisse sind von er-
staunlicher Offenheit, denn trotz der Anonymität blieb der
Verfasser der »Studenten-Briefe« natürlich nicht unbekannt.

Wolf war mit seinem Erstlingswerk, das ebenso wie Walthers
späteres Buch im Verlag der mit Goethe befreundeten Familie
Frommann erschien, bald schon nicht mehr einverstanden.
Beide begingen den Fehler, ihre noch unausgereiften und un-
bedeutenden Erzeugnisse viel zu früh der Öffentlichkeit zu
präsentieren. Walther erlitt mit seiner Oper Schiffbruch, Wolf

mit seinem Studentenbuch, das ihm später sogar peinlich war. Freilich, ihr Großvater war bei seinen ersten Veröffentlichungen im gleichen Alter gewesen wie sie, aber er hatte mit »Götz« und »Werther« die Welt in Staunen versetzt.

Wolf plante weitere Veröffentlichungen. Mit großem Interesse hatte er die naturphilosophischen Vorlesungen Schellings gehört, ausgiebige Exzerpte angefertigt und mit Schelling darüber in langen Briefen diskutiert.[118] Im Nachlaß finden sich seine Notizen über die Beziehung des Menschen zur Natur, besonders zu der Frage, *wie der Mensch zum Göttlichen stehe.* Wolf behauptete, daß die Natur durch das Christentum *herabgewürdigt* und *vernachlässigt* sei, und verfaßte darüber den philosophischen Essay: »Der Mensch und die elementarische Natur«. Sein Anliegen war es, das ursprünglich eng gedachte Verhältnis zwischen Mensch und Natur wiederherzustellen. Er war so besessen von dieser Vorstellung, daß ihm seine Schwester Alma mit ihrem natürlichen Wesen als schönste Vermittlerin seiner Idee erschien. Bei ihrem Tod schrieb er traurig: *Möge nicht der lichte gute Geist, der Naturfrieden mit ihr unserer Familie entwichen sein . . .*

Bei dem einen großen Essay sollte es nicht bleiben. Wolf beschäftigte sich auch weiterhin mit diesem Thema und ernannte seine Dissertation, die er 1845 mit »Summa cum laude« abschloß, zum »Zweiten Beitrag«. Unter dem Titel »De Fragmento Vegoiae, cujus sit monumenti in tractandis antiquitatibus juris Romani« hatte er die in lateinischer Sprache verfaßte Weissagung einer etruskischen Nymphe namens Vegoia untersucht, welche mit Naturkatastrophen drohte, falls das von Jupiter vermessene und eingeteilte Land willkürlich von Menschen verändert würde. Mommsen nannte diesen Text *eine naturphilosophisch-moralische Predigt*[119], Wolf fand darin jenen kosmologischen Gehalt, der ihn schon in seinem Essay »Der Mensch und die elementarische Natur« beschäftigt hatte.

Beide Beiträge, der philosophische und der wissenschaft-liche, sollten nun noch durch ein poetisches, möglichst lyri-sches Werk vervollständigt werden. Nicht nur als Wissenschaft-ler, sondern auch als Dichter wollte er hervortreten. Es trieb ihn, als *Dritten Beitrag* ein Naturmärchen zu verfassen, das zugleich naiv und symbolisch, poetisch und dramatisch sein sollte. Er begann mit ersten Vorarbeiten, las das »Thüringische Gelehrten-Lexikon des 14. Jahrhunderts«, dann bat er Adele Schopenhauer, die gerade an ihren »Feld- und Waldmärchen« arbeitete, um ihre Mitwirkung.

Die alte Freundin der Mutter willigte gerne ein. Doch die Zu-sammenarbeit erwies sich als dermaßen schwierig, daß sie schließlich, als das Unternehmen dem Ende zuging, mit einem Seufzer in ihr Tagebuch schrieb: *26. Oktober 1842. Die Erlinde ist fertig. Mir ist recht wehmütig ... Er* [Wolf] *ist auf dem Wege sich sehr unglücklich zu machen durch Übertreibung, Schwärmerei u Ta-lent. Gnade ihm Gott! und lasse ihn den Menschen finden der ihm was tun kann. Ich bin es nicht.*[120] In umständlicher gemeinsamer Arbeit war das Märchendrama »Erlinde« entstanden. Es er-schien 1845 und erlebte 1851 eine zweite Auflage. »Erlinde« – Goethes »Erlkönig« klingt an, ins Weibliche gewendet. Haupt-personen sind Eginolph, Graf v. Berka, Erlinde, die Nixe der Ilm, sowie der Mönch des Klosters Paulinzella. Wichtigste Ge-stalt aber ist der am Hof lebende Dichter Kurt der Langenwies-ner. Er spricht aus, was sich der Autor als sein eigenes Lebens-motto denkt:

> *Ein edler Sänger werden,*
> *Ist traun! Ein herrlich Los auf Erden.*
> *Er soll die goldne Brücke schlagen,*
> *Auf der sich Götter zu den Menschen tragen.*

Ottilies Freundin Adele Schopenhauer mit ihrer Mutter.
Ölgemälde von Caroline Bardua, um 1809

Erlinde, ein Melusinen- und Undinenwesen, die Nixe aus der Ilm, hat sich den Grafen von Berka zum Geliebten erkoren. Doch nach einiger Zeit verläßt er sie, in Treue zu seiner eigenen Frau und seiner Kirche, wobei der Widerspruch zwischen den alten, heidnischen Naturgöttern, die dem Menschen wohl taten, und dem neu eingedrungenen christlichen Glauben, der die Mensch-Natur-Einheit zerstörte, wichtigstes Thema darstellt. Erlinde entschwindet, während die Elemente toben, und mit ihr das Heer der Wasser-, Wald- und Hausgeister. Der Graf, der ihrer elementaren Kraft nicht traute, stürzt von einem Felsen und stirbt.

Das Besondere an Wolfs Märchen-Erzählung: Sie ist nicht in einem Fabelreich angesiedelt, sondern mitten in Thüringen. Das gibt dem Autor Gelegenheit, die Schönheit seiner Heimat in lyrischen Bildern zu schildern. Die Handlung spielt an Orten, die Wolf kannte und liebte. Da ist das von Naturgeistern bewohnte Gebirge am Finsterberg, der Wald von Tannroda und das alte Kloster Paulinzella, da ist das liebliche Tal der Ilm zwischen Ilmenau und Manebach, wohin er mit dem Großvater gefahren war, der Schneekopf, die Schlucht bei Hetschburg, der Schloßgarten zu Buchfart, der Wald am Sachsenstein und die Stammburg Berka, deren Ruinen es noch gab. Das Stück spielt vor dem Hintergrund der Kreuzzüge zur Zeit Friedrichs II. von Hohenstaufen. Es ist bemerkenswert, daß sich auch Walther diese historische Epoche aussuchte, als er das Schicksal von König Enzio, Sohn von Friedrich II. von Hohenstaufen, als Opernstoff wählte. Das Drama »Erlinde« läßt auch die Hoffnung des Autors aufleuchten:

> *Es wächst der Geist, er wird gesunden,*
> *Wenn sich der Mensch und die Natur gefunden.*

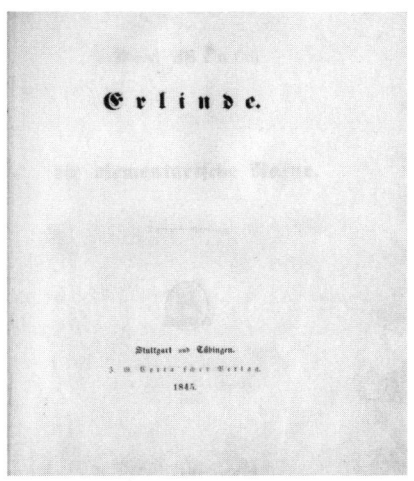

*Wolfgang von Goethes Märchendrama
»Erlinde«, 1842. Titelseite*

Kein Geringerer als Goethes Freund, der Naturforscher Alexander von Humboldt, hatte das Manuskript vor der Veröffentlichung gelesen und den jungen Autor sehr ermutigt. Doch der befreundete Otto Mejer war von dem Werk nicht angetan. Vermutlich störte den Theologen die im Drama ausgesprochene Ablehnung des Christentums als Zerstörerin des Glaubens an die Naturgötter. Daß das Werk unvollendet, sein Hauptgedanke undurchführbar sei, habe der Autor, über die mangelnde Resonanz enttäuscht, selber erkannt, sagte Mejer, der das Werk *sprachgewandt und phantasievoll*, doch im Ganzen epigonal fand. Allerdings waren ähnliche Themen schon Jahrzehnte zuvor von Achim von Arnim in der Alraunen-Erzählung »Isabella von Ägypten«, von E. T. A. Hoffmann in »Klein-Zaches«, von Friedrich de la Motte Fouqué 1812 in der »Undine« behandelt worden. Wolf beendete sein Werk mit Worten, die wie sein Credo klingen:

Was er von Lieb' und Treue,
Von Leid und bittrer Reue,
Vom stillen Geist, von Lust der Welt gesungen,
Ist nicht verweht, ist in das Herz gedrungen.

Alma war tot. *Was soll ich Dir von unserem Jammer sagen?* hatte Ottilie ihrer Mutter von Wien aus im November 1844 geschrieben. *Ich bin durch alle Qualen durchgegangen.* Sie konnte sich von dem Schicksalsschlag, der sie getroffen hatte, nicht erholen. *So einsam werde ich übrig bleiben, so leer wird alles um mich her werden! ...*

Bedrückend für Ottilie war das Bewußtsein, daß sie das Unglück vielleicht hätte verhindern können. Bevor Alma nach Wien abreiste, hatte sie ihr noch einen flehenden Brief geschickt, in Weimar bleiben zu dürfen. *Alle Leute sind außer sich, daß ich weg gehe, der Erbgroßherzog sagte neulich: Nein Alma, Sie müssen bleiben ... Sie gehören nun einmal zu Weimar, zu uns, wir dürfen Sie nicht fortlassen! ...* Jetzt klagte die Mutter mit Tränen in den Augen bei Carl Alexander: *unser aller Frühling ist hin.*

Ottilie ging es miserabel wie lange nicht. Man überschüttete sie mit Vorwürfen, die Tochter nach Wien geholt zu haben, wo schon die kleine Anna Sibylle gestorben und der Typhus bekanntlich verbreitet war. Daran starben nach Alma noch zwei weitere Mädchen ihres Alters, die ebenfalls am Gartenfest teilgenommen hatten. Die Zeitungen wie die Klatschpresse befaßten sich ausgiebig mit der Todesart von Goethes einziger Enkelin. Almas Erbe von 60-70 000 Talern würde nun an die Mutter als ihrer gesetzlichen Erbin fallen. Das führte zu dem Gerücht, Ottilie habe die Tochter der Erbschaft wegen vergiftet. Die Verleumdung wurde auch von der Dichterin Annette von Droste-Hülshoff kolportiert, die, ein Jahr jünger als Ottilie und über deren unmoralischen Lebensstil entrüstet, einer Freundin mitteilte: ... *in Weimar zweifelt niemand, daß sie zu diesem Zweck vergiftet worden ist. Das Publikum hält die Goethe dieser Tat fähig und würde sie (wie jene Dame sagt) mit Kot und Steinen werfen, wenn sie's wagen sollte zurückzukommen.*[121]

Ottilie wirkte gequält, als sie nach Weimar zurückkam. Einen Bericht, den man für objektiv halten kann, schrieb der Großherzog Carl Alexander am 12. März 1845 an Jenny von Pappenheim. *Vor einigen Tagen kam Frau von Goethe an, die sich wegen Familienangelegenheiten herbegeben hatte. Es schmerzte mich, sie zu sehen; ich kann sie nur einem entwurzelten Stamm vergleichen, der auf dem Wasser schwimmt, so ohne Ziel, ohne feste Absichten, ohne Plan, ohne Zukunft ist sie ... Ich sah auch Walther, der bald nach seiner Mutter kam; er sieht so schwächlich und gedrückt und lebensuntauglich aus, – verzeihen Sie den Ausdruck, – dass es einen schmerzt, wenn man ihn sieht.*[122]

Es sollte noch schlimmer kommen. Während Walther in Weimar inzwischen einen Rechtsanwalt eingeschaltet hatte, um sich mit seiner Hilfe gegen den Testamentsvollstrecker durchzusetzen, der – wie bisher – eigenmächtig über Goethes Archiv verfügen wollte, wurde Wolf schwer krank. Die Anstrengungen der Dissertation hatten seine Gesichtsschmerzen neu hervorgerufen und unerträglich werden lassen. Der Arzt riet ihm zu einer Kur im Süden, doch selbst die heißen Bäder von Capri versagten. Wolf verlangte nach seiner Mutter, die ihn bereitwillig nach Neapel und Rom begleitete.

Otto Mejer begegnete zufällig im Oktober 1845 dem Freund in Rom auf der Spanischen Treppe. Er sah einen schwachen und matten Menschen, der sich mühsam die Stufen heraufschleppte. Es war Wolf von Goethe. Seine Mutter war bei ihm. Wolf war auf Capri schwer erkrankt und dem Tode nahe gewesen. Nun wollten er und die Mutter, gemeinsam mit Sibylle Mertens und Adele Schopenhauer, den Winter in Rom verbringen. Es hätte ein angenehmes Zusammensein werden können, hätten sich Wolfs Gesichtsschmerzen nicht so verschlimmert, daß er kaum mehr zu sprechen wagte. Noch Wochen später war er geschwächt, sprach wörtlich von seinem *hilflos stöhnenden Leiden*, nannte seinen Zustand selbst eine *körperliche Verzweiflung* und trug sich mit dem Gedanken, katholischer Priester zu werden.

Ein einziges Mal wird in Mejers Bericht erwähnt, daß Wolf von Goethe auch an Heirat gedacht habe. Im Goethehaus befindet sich ein Briefbeschwerer, den Wolf Olga von Grant schenkte, die er in Italien traf und mit der er 1857 gemeinsam Weihnachten feierte. Doch hatte nicht auch Wolf homophile Anlagen? Das heikle Thema wird in einem Gedicht des Dreißigjährigen mit einer Offenheit, wie sie Walther niemals zu äußern wagte, ausgesprochen.

> *Voraus! Voraus! mit deinem Kainszeichen,*
> *Was ich dir auf die Stirne brannte;*
> *Sie werden aus dem Weg dir weichen,*
> *Weil ich dich einst Genossen nannte.*
> *Doch hast du mich, ich habe dich so lieb.*
> *Hab Mut! Sei treu und voll Geduld,*
> *Es wird einst klar was lang ein Rätsel blieb:*
> *Das Leben in dem Tod, der Schwäche Kraft,*
> *Die tiefe Weisheit, so die Torheit schafft,*
> *Die höchst Reinheit aus der tiefsten Schuld.*[123]

Beim Aufenthalt in Rom 1847 ging es Wolf so schlecht, daß er nicht einmal in der Lage war, eine Kutsche zu besteigen, um das Grab seines Vaters an der Cestius-Pyramide zu besuchen. Seine Mutter fuhr ohne ihn mit Adele Schopenhauer zum Grab ihres Ehemannes. Zum ersten Mal stand sie vor dem Stein mit der lateinischen, von Goethe gewählten Inschrift: Hier ruht *der dem Vater vorangegangene Sohn.* Ottilie brach in Tränen aus und weinte unaufhaltsam. Es muß ihr am Grab deutlicher als sonst zu Bewußtsein gekommen sein, wie falsch ihr Leben seit zwanzig Jahren verlaufen war. Der ältere Sohn ohne Stellung und Beruf, der jüngere krank und ebenfalls berufslos, die einzige Tochter im blühenden Alter gestorben, sie selber eine rastlos umhergetriebene, unglückliche Frau.

Adele Schopenhauer, die an Augusts Grab neben ihr stand, erinnerte sich noch genau daran, wie heftig Ottilie die Scheidung verlangt und wie inständig sie gehofft hatte, der ungeliebte Ehemann möge nicht mehr aus Italien zurückkehren. Welche Liebeserlebnisse mit anderen Männern hatte sich die schöne Freundin erträumt, und was war davon geblieben! Enttäuschung und Treulosigkeit und ein uneheliches Kind, das lange tot war. Mit August wäre vieles anders geworden. Julie von Egloffstein hatte Ottilie vor einiger Zeit die Gegenstände aus Rom mitgebracht, die August bei seinem Tod am Leibe trug: sein grünes Portefeuille, die gelblederne Brieftasche, zwei Reiseflaschen, sein Petschaft, den Stadtplan von Rom, ein Dictionnaire und ein neues Federmesser mit der Eingravierung »Charles Sterling«.[124] Auf diese Weise hatte Ottilie erfahren müssen, daß ihr Geliebter Charles Sterling, der nichts mehr von sich hören ließ, zum Freund ihres Mannes geworden war.

Sechs Jahre lang war Wolf nahezu unaufhörlich krank und außerstande, eine geordnete Tätigkeit zu übernehmen. Ottilie begleitete ihn an jeden seiner Kurorte. Mutter und Sohn, von Adele Schopenhauer oder Sibylle Mertens begleitet, verbrachten drei Winter in Rom, die Sommer in Wien, wo der Arzt Romeo Seligmann Hilfe bot. Im Oktober 1847 wurde der Siebenundzwanzigjährige so schwer krank, daß Ottilie schon *die Flügel des Todes* um ihn rauschen hörte. In einem Brief an Walther sprechen sich Mutlosigkeit und unselige Resignation offen aus. *Willst Du mir nicht helfen, Walther, willst Du nicht mit*

mir vereint versuchen, ob wir uns nicht eine Existenz zimmern kön-
nen, wo wir weniger leiden? Gönnt Ihr meiner Seele nicht bald Ruhe,
muß ich Euch so unglücklich fortwährend sehen, so wird mir bald der
Friede, den Ihr meinem Alter versagt ...[125]

Als sie sich in der größten Verzweiflung befand, kamen ihre
alte Mutter, Schwester Ulrike und Sohn Walther nach Meran,
um ihr zu helfen. Im Februar 1848 erlebte Wolf endlich einmal eine Phase relativer Gesundheit, die er zu einem Brief an
Freund Mejer nutzte. *Wenn ich Etwas arbeite, so sind es römische*
Rechtsaltertümer – dann das Heidentum in den ersten Jahrhunderten
des Mittelalters ... Er käme aber immer nur schrittweise voran,
fügte er resigniert hinzu. *Meine Kenntnisse sind doch lückenhaft,*
meine Gesundheit hindert mich, die Lücken gründlich auszufüllen,
und erlaubt mir nur ganz fragmentarisches Arbeiten ... Das Leben
ruft: tue es nicht! Mein Innerstes ruft: tue es! Weil ich das Buch
schreibe, werde ich nicht gesund, und ich werde nicht gesund, als bis
ich es geschrieben habe.[126] Mit »Buch« war eine große Studie gemeint über den byzantinischen Kardinal Bessarion, an der er
noch jahrelang arbeiten würde.

1849 fuhr Wolf, schon wieder krank, in die Prießnitz, um die
neuartigen Kaltwasserkuren zu erproben. Diese Kur verlangte
jedoch nach einer spartanischeren Natur, als er sie besaß. Sie
war schmerzhaft und quälend, die Anwendungen halfen nichts
und trugen ihm nur noch größere Leiden ein. Was seine Gesundheit, sein weiteres Leben betreffe, schrieb er, habe er *gar*
keine Hoffnung mehr.

Wolfgang von Goethe hatte bisher noch nicht einen Tag be-
ruflich gearbeitet.

Die Erzählungen »Fährmann, hol' über!«

Auch Walther, teils von Verlegern gebeten, teils von der Mutter gedrängt, begann zu schreiben. Er wollte Geld verdienen, denn die finanzielle Lage war für ihn äußerst ungünstig. Der Zinssatz war gesunken, und Walther, der keine Einnahmen besaß, machte Schulden. Am 8. Dezember 1845 klagte er seiner Mutter, daß er der schlechten Zinslage wegen sein Kapital habe angreifen müssen. *Ich vermöble so ein Staatspapierchen nach dem andern und bin zuletzt vis à vis de rien* ... Er nahm den russischen Geschäftsträger, Baron Apollonius von Maltitz, als Mieter ins Goethehaus, der dort fünf Jahre lang die Beletage – mit Ausnahme von Urbino- und Deckenzimmer – bewohnte. Dazu hatte man das ganze Haus instandgesetzt, wie Bibliothekssekretär Kräuter Eckermann zu berichten wußte, und zwar innen und außen, *so daß es nie so schön ausgesehen hat wie jetzt*, es sei wieder *wie zu Lebzeiten des alten Geheimrats*.

Bei Walthers Veröffentlichungen handelte es sich bisher ausschließlich um musikalische Themen. Er schrieb Opernkritiken und Rezensionen, wie er es schon beim Großvater geübt hatte. Jetzt wurde allerdings Ernst daraus. Er lieferte musikalische Berichte aus Wien und verfaßte einen über mehrere Hefte sich erstreckenden Dialog zwischen *Operndirektor und Kritiker*, der ebenso kundig wie humorvoll ausfiel. In der »Neuen Berliner Musik-Zeitung« vom April 1849 erschien seine Besprechung von Aubers Oper »Haydée« und in der »Gazette Musicale« von 1849 ein sehr persönlicher Nekrolog auf den Komponisten Alfred Jules Becher, dem Walther seine Bekanntschaft mit Liszt verdankte. Den Plan, Wolfs »Erlinde« als Oper zu vertonen, hatte Becher nicht mehr ausführen können; er wurde im Gefolge der 48er Revolution als Verleger einer radikal-politischen Zeitschrift standrechtlich erschossen.

Dem Komponisten Walther von Goethe wurde trotz all seiner musikalischen Bemühungen letztlich nur ein einziges Mal eine gute Besprechung zuteil. Der Berliner Musiker Otto Lange, der ihn persönlich schätzte, lobte seine Lieder »Nachsommer« und »Meine Grüße« und schrieb in der »Berlinischen Zeitung« vom 23. Januar 1847 zu Walthers »Slavischen Bildern«: *Walther von Goethe, der Enkel des Dichters, befindet sich gegenwärtig in unserer Mitte. . . . Jüngst hörten wir von ihm in einem Privatkreise neue Lieder vortragen, in denen er die Eindrücke, welche das Volksleben in Böhmen und Mähren während eines längeren Aufenthaltes auf ihn gemacht, musikalisch wiederzugeben versucht. Wir zählen diese Lieder zu dem Besten, was in neuerer Zeit auf dem Gebiete der Liedermusik uns zu Gehör gekommen ist. Walther von Goethe . . . ist ein Talent, das unter der großen Zahl von Liederkomponisten hohe Beachtung verdient.*

Doch die erhoffte Beachtung blieb aus.

Seinem Freund Fritz Frommann klagte Walther am 8. Juni 1847 einigermaßen mutlos: *Recht sehr bitte ich Dich doch aber . . . , den kleinen bekannten Musikus, zuverlässig ein ausgezeichnetes Talent, nicht ganz zu vergessen . . . Mich erhält wenigstens die Sekkatur einzig und allein am Leben, denn hätte ich nicht meine Opern, die keine Bühne finden, meine Lieder, die ohne Verleger bleiben, so wäre ich ein ganz elender Mensch, so aber geht es immer fein still und sacht vorwärts; wohin, ja das weiß der dort oben besser wie der alte Musicalis Musicantus Edler von Musicus.*[127]

Dem Brief lag ein Gedicht bei:

> *Wenn ich endlich nicht mehr leide,*
> *Bei der Weide sei mein Grab,*
> *Wie der morschen hohlen Weide*
> *Starb das Herz mir innen ab.*

Als Ottilie ihrer Freundin Sibylle Mertens Walthers Besuch ankündigte, teilte sie zugleich mit, er habe ein *Herzübel, so daß er oft früh zu Bett geht, oft spät aufsteht ... seine Jugend ist verloren.*[128]

Walther resignierte, nicht nur auf dem Gebiet der Musik, sondern im Hinblick auf sein ganzes künftiges Leben. Zu einem Zeitpunkt, da sie beide, Walther und Wolf, durchaus noch mit Nachwuchs rechnen konnten, schrieb Walther, vom Ende des Goethe-Geschlechts fest überzeugt, im November 1845 an Schuchardt: *Sie haben viel Mühe durch uns, aber wenn Sie so in den Sammlungsräumen oder dem Arbeitszimmer des Großvaters in unserm Sinne schalten, wenn Sie Staub, Moderhauch und böse Geister bannen, da denke ich doch, es gereut Sie nicht, daß Sie treu an uns, den Überbliebenen von Tantals Haus, halten. Glauben Sie mir: das Reich der Eumeniden geht zu Ende. Wolfs beständiges Leiden, dazu der Mutter und unser aller Schmerz um Alma, ... die große Last, die Haus und Sammlungen uns aufbürden, das alles sind freilich Störungen für Geist und Streben ... und uns bliebe nichts als Jammern und Klagen, hätte ich nicht den Mut und festen Willen, eben ruhig durch Feuer und Wasser zu gehen – und die Ta m i n o f l ö t e hat J e d e r, wenn er nur will.*

Als Mutter Ottilie ihrem Sohn 1851 eine feste Anstellung übermitteln wollte – es ging um die Musikredaktion der »Ostdeutschen Post« –, erhielt sie zur Antwort, man verdiene dabei nicht genug: *da ich entschieden ungern arbeite, will ich auf jeden Fall meine Zeit verwertet wissen ...*[129] In Wirklichkeit schrieb er – gewissermaßen heimlich – an einer literarischen Arbeit. Er hatte in den von Dr. Seligmann eingerichteten Suppenküchen die bedrückende Situation des Proletariats aus nächster Nähe kennengelernt und litt unter den verheerenden Zuständen. In der Bevölkerung gärte es. Man verlangte bessere Lebensbedingungen, forderte gleiches Wahlrecht. Auch er, Walther von Goethe, stand auf der Seite der Rechtlosen, entschlossen, die schreiende Ungerechtigkeit und Ungleichheit der Stände anzuprangern. Am 13. März 1848 riefen Wiener

Bürger, Proletarier und Studenten vor dem Parlament in einer gemeinsamen Demonstration nach einer Konstitution. Schüsse jagten die Menge in die Flucht. Es bildete sich eine Nationalgarde, die einerseits der Forderung nach einer Konstitution zum Recht verhelfen, andererseits für die Wiederherstellung von Ruhe und Ordnung sorgen sollte. Sie bestand aus Männern aller Schichten, Studenten, Künstlern, Akademikern, Handwerkern und Arbeitern, die gemeinsam gegen soziale Mißstände und Arbeitslosigkeit vorgehen wollten. Walther war ebenfalls fest entschlossen, sich zu bewaffnen und der Nationalgarde beizutreten. *Die Verhältnisse waren hier wirklich auf einen Punkt gekommen*, berichtete er am 21. März 1848 seiner Großmutter Henriette von Pogwisch nach Weimar, *daß übrigens etwas geschehen mußte ...*

Von März bis Juni 1848 erprobte Walther sich militärisch, was ihm, der wegen Kränklichkeit vom Militärdienst suspendiert worden war, jetzt erst recht nicht leichtfiel. Am 12. Mai 1848 gab Walther der Großmutter einen neuen Bericht aus Wien. *Liebe Amama ... Die Arbeiter bekommen nach und nach Beschäftigung, aber freilich sind noch viele Tausende brotlos, aber allmählich wird es sich doch machen. – In der Woche vom ersten bis 8ten Mai waren wir nicht nur tag t ä g l i c h , sondern fast tag n ä c h t l i c h auf den Beinen, und da ich außerdem noch bei meinem Feldwebel exerzierte, so bin ich oft tüchtig müde gewesen, das gestehe ich ... In meiner Uniform komme ich mir sehr gespaßig vor, Mama betrachtet mich dagegen mit mütterlichem Stolz; nächstens wird sie sich: Nationalgardistenmutter unterzeichnen ...*[130] Sein Bruder fand seine Aktivität jedoch völlig überflüssig und beschwor ihn von seinem Kurort Freiwaldau aus, den Unsinn so schnell wie möglich wieder zu beenden.

Was Walther bei der Familie unerwähnt ließ: Soeben war unter dem Titel »Fährmann, hol über« sein erstes und einziges

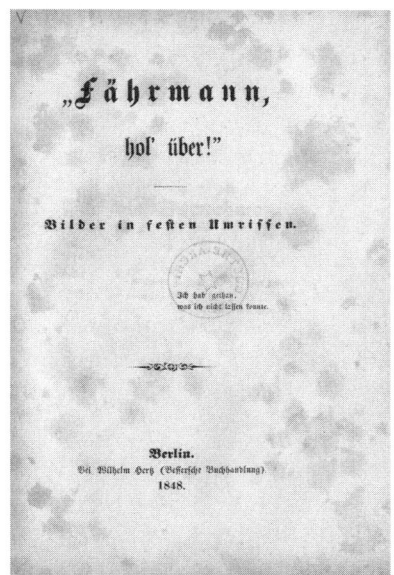

Walther von Goethe »Fährmann, hol' über!«,
1848. Titelseite

Buch erschienen, an dem er mit Herzblut geschrieben hatte. *Ich hab' getan, was ich nicht lassen konnte,* las man wie eine Entschuldigung auf dem Vorsatzblatt, dem eine ebenso merkwürdige Widmung folgte: *Für die Vornehmen.* Mit keinem Wort gab er sich als Verfasser zu erkennen.

Folge der strengen Geheimhaltung war, daß bis zum Jahre 1906 tatsächlich niemand wußte, daß Goethes ältester Enkel mit einunddreißig Jahren ein Buch veröffentlicht hatte, auf das er große Hoffnungen setzte, das aber unbemerkt beim Verleger verstaubte. Vermutlich ahnte nicht einmal Ottilie, daß ihr Sohn der Verfasser war, obgleich sie selber eine nicht unerhebliche Rolle in diesem Buch spielte. Nur die alten Freundinnen des Autors waren eingeweiht worden: Bertha von Schmeling, die im April 1848 für den Druck bei Verleger Wilhelm Hertz in

201

Berlin gesorgt hatte, und Allwina Frommann, die das Werk jubelnd begrüßte und zwanzig Jahre später das Vernichten der unverkäuflichen Exemplare besorgen mußte.

Es sind drei Erzählungen, in denen Walther sein Anliegen vorträgt. Ihr gemeinsames Thema ist die Mahnung, den Armen und Unterdrückten, den vom Schicksal Vernachlässigten, mehr Liebe und Menschlichkeit entgegenzubringen. Der Titel war nicht schlecht gewählt: »Fährmann, hol' über!« Ein »Fährmann« ist stark und mächtig, er hilft den Schwachen und bringt sie sicher ans andere Ufer – »Fährmann« kann ein Gott, aber auch ein Mensch sein.

Als Walther das Manuskript seinem Freund Fritz Frommann zur Beurteilung schickte, schlug er als Untertitel vor: »Bilder in festen Umrissen.« Sein Lehrer Mendelssohn hatte »Lieder ohne Worte« komponiert; ein ähnlich musikalischer Gedanke scheint anzuklingen. Frommann hatte dem Autor dringend geraten, jede Erzählung einzeln in einer Zeitschrift erscheinen zu lassen. Diesem Vorschlag wäre vermutlich mehr Erfolg beschieden gewesen, aber Walther, obwohl bereits von *Scrupeln* gepeinigt, weigerte sich: Der Text würde dadurch nur an Bedeutung verlieren.

Als Motto stellte er seinem Buch ein Zitat der zeitkritischen französischen Autorin George Sand voran – Zeit- und Sozialkritik war auch Walthers Anliegen. Die erste Erzählung mit dem Titel: »In der Wiege und im Grab, oder: Die arme Fanny« spielt in einem Schloß. Die glückliche Gräfin P. trägt ihr Kind zur Taufe, während ihre unglückliche Amme Fanny ihr Kind durch den Tod verloren hat. Im Gegensatz zur einfachen Amme ist die Gräfin nicht zum Muttersein geeignet. Sie stillt ihr Kind nicht, ist Kindern gegenüber gleichgültig, widmet sich statt dessen lieber ihrer Schönheit und der sie umgebenden glänzenden Gesellschaft. Für diese Dame ist die Amme, deren Kind unehelich zur Welt kam, nur eine *Person*, die man mit Mühe erträgt. Immerhin überweist sie dem Frauenverein eine gewisse Summe und läßt für die Armen Suppe kochen, *weil es sich so gehört.* Der Erzähler schildert eine reiche, kalte Frau, von der er sich mehr Anteilnahme, mehr Mitgefühl wünscht: *Nur ein paar freundliche, mutgebende, gute Worte des Weibes zum Weibe!* mahnt er. *Es ist ja so leicht, die Gräfin bliebe ja immer noch die glückliche, vornehme, reiche Gräfin, die Amme immer noch das elende, verlorene Geschöpf...*

Die Vorbilder sind leicht zu entschlüsseln. Da gibt es die *Gräfin Großmama*, eine Oberhofmeisterin wie Walthers Großmutter Gräfin Henckel. Da ist vor allem die *Gräfin P.*, eine geborene Tirleborg-Berbisch alias Ottilie von Pogwisch. Ottilie hatte ihre Kinder ebenfalls nicht selber gestillt, sondern einer Amme übergeben, auch sie beteiligte sich nur aus Pflichtgefühl an der Suppenküche, die Romeo Seligmann eingerichtet hatte. Das gestorbene Kind der Erzählung ist ein *Ännchen* wie Ottilies totes Kind, das Anna hieß.

Das Buch »Fährmann, hol' über!« erschien 1848, mitten in der Zeit größter revolutionärer Unruhen – doch von Revolution ist darin nicht die Rede. Verlangt wird eine *edle Gesinnung* und etwas Mitgefühl gegenüber den Unterdrückten, das ist alles. Der gutwillige Autor schien wenig Ahnung von der Realität zu haben.

»Vom Dach herunter« lautet der Titel der zweiten Erzählung. Dargestellt wird eine menschliche Katastrophe. Beim Errichten eines Triumphbogens für den jungen Grafen stürzt der Zimmergeselle Wallner vom Gerüst und ist tot. Der eben heimgekehrte Grafensohn sieht vom Fenster des Schlosses eine mit Sand notdürftig verdeckte Blutlache, erfährt vom Unfall und läßt der Witwe fünfzig Gulden schicken. Anklagend bemerkt der Erzähler*: Graf Egon gab das Doppelte an Gulden für seine Meerschaumpfeife aus, als was er der jungen Witwe Wallner schicken ließ.*

Die Vornehmen sind unmenschlich. Doch an den Privilegien dieser Vornehmen wird nicht gerüttelt, ein Aufbäumen der Geschundenen findet nicht statt. Im Gegenteil, die junge Witwe, für das Geldgeschenk dankbar, bietet sich dem Grafen unterwürfig zu weiteren Diensten an. Eine mitleidige alte Nachbarin hilft schließlich, so daß die Verarmte doch noch vertrauensvoll in die Zukunft blicken kann.

Besonders dieser versöhnliche Schluß weist den Verfasser als einen sozial unrealistischen Schwärmer aus.

In der dritten Geschichte mit dem Titel: »Es ist ja nur der eine Tag« findet ein Streitgespräch statt zwischen einem Grafen und dem Autor, der sich als Menschenfreund und Philanthrop bezeichnet und die Behauptung aufstellt, das arbeitende Volk besitze, was das vornehme entbehre: den Sonntag. Der Graf entgegnet empört, daß er sich am Sonntag zu Tode langweile, da die Geschäfte geschlossen seien. Der Menschenfreund führt ihm den fröhlichen Feiertag der Arbeiter und ihrer Kinder vor Augen, die sich sonntags auf der Türschwelle sonnen dürfen, anstatt wie sonst *im knarrenden Räderwerk* der Spinnmaschinen herumkriechen zu müssen. *Aber mein Gott, was gehen mich die schmutzigen Fabrikkinder an?* entgegnet der Graf.[131] Sein Kontrahent erzählt ihm ein Gegenbeispiel. Er schildert die arme Näherin Frau Thomas, die am Sonntag arbeiten muß, um für einen Fürsten rechtzeitig ein Faschingskostüm zu fertigen, während ihre unbeaufsichtigte Tochter Minchen, die sich auf den Sonntagsausflug freut, die Händchen verbrennt. Und nicht nur das: Der Fürst sagt den Ball ab, er braucht das Kostüm nicht, umsonst haben Mutter und Kind ihren einzigen freien Tag geopfert. Der Graf zuckt zu diesem Bericht nur die Achseln: Was geht ihn das Leben kleiner Leute an! Das Streitgespräch gipfelt schließlich darin, daß der *Volksfreund* den uneinsichtigen Grafen bittet, er möge sich doch *zum Ganzen, zur Masse* wenden – an diesem Punkt bricht die Erzählung jäh ab. *Still*, ruft der Graf, *jetzt werden Sie revolutionär! Sie müssen etwas anderes ersinnen, oder man sperrt uns ein!*

Der Autor lenkt ein, als fürchte er die Staatsgewalt, wenn er schreibend an den gegebenen Grenzen rüttelt. Schon mit dem bloßen Wort »revolutionär« fürchtet er, seine Kompetenz bereits überschritten zu haben. Im Nachwort bemerkt er, daß das Volk in der Pariser Revolution zwar schon viele Rechte erreicht habe, doch *das Recht der Liebe ... hat es sich nicht erkämpft.* Die Kluft zwischen Hoch und Niedrig sei geblieben. Deshalb rufe er mit bittender Stimme: *Fährmann, hol' über!*

Das Anliegen des Verfassers angesichts der ihn umgebenden Zustände ist legitim, sah er doch auf der einen Seite Luxus, Kultur und Überfluß, auf der anderen das Großstadtproletariat, Hunger und Ohnmacht. Doch seine treuherzige Art des Erzählens, die ungeschickt konstruierten Beispiele und vor allem die verhinderten Konsequenzen wirken naiv. Anzuerkennen ist allein die Tatsache, daß Walther von Goethe sich nicht unbeteiligt verhielt, sondern mit Verantwortungsgefühl auf die Mißstände hinwies. Sie zu ändern, war er literarisch-sprachlich wie menschlich-persönlich außerstande. Seine anspruchslosen Erzählungen bewegen sich letztlich auf dem Niveau lehrhafter Jugendbücher, deren große Ära damals begann und in denen zu Großmut, Mitleid und Wohltätigkeit gegenüber den Armen aufgefordert wurde. So las man es auch bei jenen Schriftstellerinnen, die Walther persönlich kannte, wie Amalie Winter und Thekla von Gumpert, die kurzzeitig mit seinem Freund Franz von Schober verheiratet war.

Das Nachwort birgt eine Überraschung. Der Autor läßt den Drucker raten, wer die Texte wohl verfaßt habe. Der alte Drucker fragt, ob es ein Vornehmer sei oder ein einfacher Mann wie er selbst, der dieses Buch geschrieben habe. *Nein, gewiß! Du bist weder Prinz noch Graf, bist einer der Unsrigen!* ruft er aus. *Als ich so recht krank war und meine Gedanken bunt durcheinander fuhren, ... da sollen mich zwei fremde Herren besucht haben; der eine sehr groß, der andere klein und schmächtig. Der große hat allerlei aus der Apotheke holen lassen, der andere hat die Sachen bezahlt ... Nun – du meinst es gut mit uns; nicht nur mit mir, sondern mit allen, die da leiden, mit den Armen, mit dem Volk. Ob du durch das, was du geschrieben, etwas erreichen wirst, wer kann's wissen, aber dein Wille, ja dein Wille ist gut ...!* Damit erteilte Walther sich selber die Absolution. Auch wenn er nichts erreichen konnte – er hatte den »Fährmann« herbeigerufen.

Doch dieser »Fährmann« kam zu spät. Längst waren wichtigere Bücher erschienen, sozialkritische Literatur war an der Tagesordnung. Als Walther sich nach zwei Jahren bei seinem Verleger nach dem Absatz erkundigte, mußte er erfahren, daß insgesamt nur 163 Exemplare verkauft worden waren. Zwanzig Jahre später verlangte der Verleger *den Pack von Goethe* los zu sein, wie Allwina Frommann notierte, bevor sie die restlichen 792 Bücher mit dem Handwagen abholte.

Zur gleichen Zeit, während das Buch »Fährmann, hol über!« gedruckt wurde, entwickelte sich ein energischer Streit zwischen Goethes Erben und dem Nachlaßverwalter Friedrich von Müller. Der geschickte Jurist war auch in literarischen Dingen nicht unbegabt und hatte, von Ehrgeiz getrieben, ohne Wissen der Brüder damit begonnen, Goethes Briefe aus den gehefteten Konvoluten herauszulösen und nach eigenem Gutdünken zu ordnen, um zwei Korrespondenzen herauszugeben: Goethes Briefwechsel mit Knebel und mit dem Grafen Reinhard. Er sträubte sich über Jahre, das Verfügungsrecht über Goethes Archiv an die Enkel abzutreten, und bezog sich dabei auf Goethe, der noch zu Lebzeiten die Sorge für die genannten Veröffentlichungen in seine Hände gelegt habe.

Die Auseinandersetzung mit dem Kanzler ließ Walthers Anwesenheit in Weimar als geraten erscheinen. Er beschloß, sich im Gartenhaus der Urgroßmutter Henckel einzurichten, das sie ihm vermacht hatte. Er wohne nicht gerne im Goethehaus am Frauenplan, hatte Walther der Mutter früher schon mitgeteilt, das Haus sei für ihn nur eine Last, ein fressendes Kapital, und an den *garstigen, halbwüsten untersten Garten* wolle er gar nicht denken. Es sei zwar ganz gemütlich, wenn er oben in Wolfs Stube den Ofen anzünde, um dem Ort *wieder einige Lebenswärme einzuhauchen,* er lasse auch die dringlichsten Reparaturen durchführen, doch fremde Arbeiter *pochend und lärmend so dicht an des Großvaters Bett zu wissen* sei ihm unheimlich. *Unser Haus macht einen öden, wüsten Eindruck, wenn ich so abends mit dem Laternchen hereintrete in den toten stillen Hof und hinaus in Wolfs Stübchen steige, wenn ich dann meine Lichter anzünde und hinausschaue in den Garten, wo alles so stumm ist und so traurig, da komme ich mir vor wie ein aus dem Grabe Erstandener, der nach Jahrhunderten durch die verfallene Burg seiner Väter schreitet.* Die ersten Tage habe er noch im Vorderhaus gewohnt, *aber all die Öde, die einen da umgab, der Mond, der auf die breite Treppe schien – das alles war zu unheimlich.*[132] Nur als er 1849 schwer an den Pocken erkrankte und wegen der Ansteckungsgefahr isoliert werden mußte, zog er zurück in seine alte Mansarde im Goethehaus.

Da auf gütlichem Wege nichts auszurichten war, nahmen sich die Brüder einen Anwalt, um auf juristischem Wege gegen den allmächtigen Testamentsvollstrecker vorzugehen. Der junge Rechtsanwalt Dr. Voigt gab im Namen der Enkel eine Erklärung ab, die juristisch so zwingend war, daß der Kanzler sich endlich bereit erklärte, ihnen die Briefe Reinhards und das dreibändige Manuskript des Goethe-Knebel-Briefwechsels auszuhändigen. Er versprach es – doch es geschah nichts. Noch drei Jahre später mußte Walther die Manuskripte anmahnen. Schließlich setzte er gegen den beharrlichen Widerstand des Kanzlers seinen Willen durch: Die alleinige Verfügung über das Archiv, die Briefe, Tagebücher und Handschriften Goethes oblag den Enkeln.

Nun begann die wichtigste Arbeit: die Sicherung der Papiere, ihre Konservierung, Katalogisierung und Archivierung. Mit der Herstellung der Kataloge beauftragte Walther Johann Christian Schuchardt, der sich früher als Registrator der von Goethe beaufsichtigten Anstalten für Wissenschaft und Kunst bewährt hatte. Noch zu Goethes Lebzeiten hatte Schuchardt mit der Inventarisierung von Kunstwerken aus Goethes Besitz begonnen. An den Katalogen, die bis zu Goethes 100. Geburtstag im August 1849 fertig sein mußten, sollten die Enkel mitarbeiten. Für Walther stellte sich diese Aufgabe als eine schwere Belastung heraus. Der Druck der Geschäfte zertrümmere seine Leier, klagte er der Mutter, *daß der Musiker schier des Teufels werden möchte.* Es ging nebenbei auch um notwendige Renovierungen an Haus und Gärten. Walther klagte am 15. Dezember 1847: *Da habe ich meinen Beutel ruiniert, mir jede Häuslichkeit unmöglich gemacht, um das Haus zu kaufen, umsonst – ich quäle mich mit den Geschäften und komme innerlich noch weniger davon los wie äußerlich, so daß ich keine größere Musikidee fassen kann – umsonst!*

Schuchardt stellte die Kataloge immerhin rechtzeitig fertig. Der erste Band erfaßte die Gemälde, Zeichnungen und Graphiken aus Goethes Besitz, der zweite Band die Bronzen, Gemmen, Medaillen, Münzen, Kleinkunst, Vasen, Terrakotten, Gipsabgüsse und Majoliken, der dritte Band alle Gegenstände aus dem Bereich von Mineralogie und Naturwissenschaft. In letzter Minute mußte noch ein Vorwort geschrieben werden, in dem sich die Brüder gegen den Vorwurf, das Haus unter Verschluß zu halten, wehrten. Sie baten darin *diejenigen, welche den Großvater wahrhaft lieben und verehren*, die Verurteilung ihrer Handlungsweise auf später zu verschieben. Die Kataloge seien keine Verkaufsangebote, sondern ein erstaunliches Verzeichnis all dessen, was der Großvater *während seines langen und glücklichen Lebens* angesammelt habe.

Zu Goethes hundertstem Geburtstag richtete das Festkomi-

Treppenaufgang im Haus am Frauenplan mit der sogenannten
»Ildefonso-Gruppe« der beiden fackeltragenden Jünglinge

tee an Walther die Bitte, er möge eine Ouvertüre zu Goethes »Tasso« komponieren. Der Vorschlag traf offenbar zu spät ein. Statt seiner schrieb Franz Liszt eine Tasso-Ouvertüre.

Walther und Wolf von Goethe waren nun im Alleinbesitz des größten Schatzes, der jemals von einem Dichter in Deutschland zusammengetragen worden war. Ihnen gehörte das ganze Haus samt Inventar, das Archiv und die Bibliothek, in der sich Erstausgaben und Widmungsbände, Bücher zur bildenden Kunst aller Epochen, zu Architektur und Musik, Journale und Almanache befanden. Im Archiv lagen die ersten Handschriften des »Götz« und die Reinschrift der »Römischen Elegien«. Sie verfügten über einen einzigartigen Schatz von Medaillen und Münzen, darunter 1120 italienische und 560 Münzen anderer Länder. Den Münzschrank hatte einst ihr Vater tischlern lassen, während der neugotische Schrank im Arbeitszimmer, in dem Goethe den zweiten Teil des »Faust« hinterlegt hatte, von der Mutter beschafft worden war. Sie besaßen die Zinnsuiten, die antiken, mittelalterlichen und neuzeitlichen Kleinbronzen in den Sammlungsschränken und die Bildnismedaillons des Bildhauers David d'Angers wie die 140 gezeichneten Porträts, die der Maler Schmeller auf Goethes Wunsch von seinen Freunden wie von ihnen, den Enkeln, angefertigt hatte.

Und jeder, der die elegante Treppe emporstieg und über das SALVE im Fußboden schritt, erblickte dort auch die Gruppe der beiden Jünglinge, die wie zwei Wächter neben der Eingangstür standen, und es legte der eine seinen Arm um die Schulter desjenigen, der die Fackeln trug, vertraulich an ihn geschmiegt wie an einen Bruder.

Wolfgang von Goethe
als Dichter und Diplomat

Jahrelang war Adele Schopenhauer mit Ottilie und ihren Söhnen zusammen gereist, sozusagen als fester Familienanhang. Sie waren im Januar 1845 zusammen in Rom und verbrachten den Herbst und Winter des Jahres 1846 gemeinsam in Neapel. In Italien entfalteten sich Adeles dichterische Fähigkeiten, sie schrieb unentwegt, und nachdem ihre »Feld-, Wald- und Wiesenmärchen« erfolgreich waren, wurde von den Verlegern in Deutschland alles veröffentlicht, was sie anbot. Auch ihre fünf an Walther gerichteten »Genueser Briefe« wurden in der »Leipziger Novellenzeitung« gedruckt.

Nach fast dreißig Jahren Trennung besuchte Adele ihren Bruder, den Philosophen Arthur Schopenhauer, noch einmal in Frankfurt. Fast unmittelbar danach erkrankte sie an *inneren Schmerzen*, man vermutete eine Geschwulst im Unterleib.[133] In Bonn bei ihrer Vertrauten Sibylle Mertens angekommen, setzte Fieber ein, und Adele konnte von da an *ohne Gifte*, womit wohl Morphium gemeint war, nicht mehr existieren. Ihre Kräfte nahmen zusehends ab, sie wartete nur noch darauf, Ottilie wiederzusehen. Als die Freundin am 29. Juli 1849 eintraf, kam sie eben noch rechtzeitig. Knapp einen Monat später, am 28. August 1849 – Goethes 100. Geburtstag –, wurde Adele Schopenhauer, zweiundfünfzig Jahre alt, auf dem Alten Friedhof in Bonn beigesetzt. Im Nachruf, den er drucken ließ, erinnerte Walther an ihre entzückenden Märchen und lobte *die Grazie ihres Humors*. Aus Adeles Nachlaß erhielt er ihre Kupferstiche und einen geflügelten Amor aus Bronze.

Ihre Bibliothek hatte Adele Schopenhauer für Wolfgang bestimmt.[134] Der promovierte Jurist wäre lieber das geworden, was Goethe früh in ihm sah: ein Dichter. Doch er ahnte wohl die Grenzen seiner Begabung. *Gesundheit, Harmlosigkeit, Glück, diese drei ... dürfen den Dichter nicht verlassen. Und bin ich denn einer?* fragte er seinen Freund Mejer. Insgeheim schrieb er an langen Abenden Verse nieder. Aber ein Dichter – *bin ich denn einer?*

Obgleich von Zweifeln geplagt, ließ Wolf dennoch 1851 einen Band mit Gedichten bei Goethes Verleger Cotta erscheinen. Diesmal verheimlichte der Autor seine Urheberschaft nicht. Auf dem Titel prangte sein voller Name. WOLFGANG VON GOETHE. GEDICHTE. Das ließ aufhorchen. Wer war der Verfasser, Großvater oder Enkel? Man erfuhr es bald. Diese Gedichte, oft nur kurze Vierzeiler, epigonal in Form und Inhalt, reichten an das poetische Genie Goethes bei weitem nicht heran. Der Band enthält rund hundert Gedichte, Sonette und Ghaselen. Einige *An Personen* gerichtete Verse wenden sich an einen Freund, der dem Autor die *Brüderschaft* versagte, an eine vergeblich umworbene Frau und *An Alexander von Humboldt*. Die meisten Gedichte spiegeln die psychische und existentielle Not des Autors, beklagen Isolation, Leere und Einsamkeit.

> *Ich stehe stets daneben*
> *Und trete niemals ein.*
> *Ich möchte einmal leben*
> *Und möchte einmal sein.*

»Heimatsehnsucht«, »Sanftes Sehnen«, »Täuschung« sind Gedichte, die in oft schwülstigen Versen banale Gedanken verkünden. *Ich lernte wenig noch aus dicken Büchern, / Wer kann des Lebens wahren Sinn erfassen, / Auf Sesseln überspannt mit feinen Tüchern? ...* Seinem Freund Mejer hatte Wolf bekannt, auch wenn es ihm gesundheitlich besserginge, werde er doch niemals *wirklich leben.* Dies wurde zum Grundgefühl seiner Lyrik.

Meine Ernte

Ich ging dahin am Felde
Und brach mir Halme ab,
Gedenkend all' der Jahre,
Die ich verloren hab.

Es kam der Herr der Ernte
Und prüfte ihren Stand,
Ich streifte von der Ähre
Die Körner in die Hand.

Es kam der Knecht, der Schnitter,
Die Garbenbinderin,
Ich aber sann und träumte
Von Lieb' und Liebessinn.

Es kam der Erntewagen,
Sie buken neues Brot.
Ich hielt die leeren Halme
Und dachte an den Tod.

Eines der Gedichte richtet sich an eine geliebte, unbekannt
gebliebene Frau.

AN SOPHIE VON S.

Du wähnst an eines Toten Sarg zu stehn?
Nur von Erstarrung bin ich festgehalten;
Ich harre noch der höchsten der Gewalten,
Es wird, wenn du es willst, ein Gott erstehn.

Ein Weib in Liebe lehrt die Welt verstehn!
Du kannst in mir ein neues Sein entfalten,

Du ahnest nicht, welch herrliche Gestalten
In mir, Erlösung harrend, schweigend stehn.

Ich kann nicht zärtelnd, scherzend dich umspielen,
Geschickt nach deiner Gunst mit Pfeilen zielen,
O liebe mich, damit ich lieben kann.

Ich kann, wenn du mir nahst, nur sinnend schweigen,
Im frommen Kuß zu deiner Hand mich neigen.
Erlöse mich vom alten Zauberbann.

Als es Wolf gesundheitlich besserzugehen schien, bewarb er sich um eine Anstellung im diplomatischen Dienst Preußens. Seine Mutter war überglücklich, als geschah, was sie kaum für möglich gehalten hätte: Der Sohn wurde übernommen. Durch Vermittlung des Prinzen Wilhelm, der mit Wolfs Jugendgespielin Prinzessin Augusta von Sachsen-Weimar verheiratet war, wie auch durch die Fürsprache des berühmten Alexander von Humboldt wurde der zweiunddreißigjährige Jurist bei der preußischen Gesandtschaft angestellt. Es war ein Beruf, der ihm tatsächlich zu liegen schien, und der erste Posten, auf den man den jungen Gesandtschaftsattaché im Frühjahr 1852 schickte, war Rom.

Diesmal schien ihm das Glück gewogen. Wolf sprach fließend italienisch, war mit der Kultur des Landes vertraut, gab sich elegant und gesellschaftlich gewandt und war in der Lage, den preußischen Gesandten am Vatikan, Baron von Uslar, würdig zu vertreten. Graf Kuun, der ihn aus Rom kannte, sah in Wolf den Südländer, *einen Herrn mit einer mehr italienischen als deutschen Physiognomie, mittelgroß, schlank, etwas blaß, mit sehr lebhaften schwarzen Augen und schwarzem Backenbart.*[135]

Aber Wolf kränkelte nach wie vor. Er war nahezu ständig von Kopfschmerzen geplagt und fühlte sich trotz der neuen Auf-

Wolfgang von Goethe im Alter von 34 Jahren.
Ölgemälde von Carl Begas, 1854

gabe umhergetrieben wie ein Nomade. So schrieb er es auch dem Direktor der Königlichen Bibliothek in Berlin, die er zu Studienzwecken im Winter 1853 aufsuchte. Wolf entschuldigte sich, daß man sich nicht hatte treffen können, weil er krank im Hotel Meinhardt lag, und setzte hinzu: *da Fügung und Brauch mir das Leben eines Nomaden geben, schlage ich so rasch als möglich, sobald ich in der Nähe einer großen Bibliothek bin, mein gelehrtes Zelt auf und hänge den Kessel über das Feuer.* Das Weihnachtsfest hatte der Dreiunddreißigjährige allein und krank im Berliner Hotel verbracht. Aus den Worten vom *Nomadenleben* spricht die alte Schwermut.

Ein Jahr später wurde Wolf zum Legationssekretär befördert. Hoch erfreut schrieb seine Mutter im Februar 1854 an Sibylle Mertens: *Wolf hat in letzter Zeit das Leben in der großen Welt kennen lernen und all seine Kräfte und seine Zeit ist von Geselligkeit in Anspruch genommen. Ich gönne es ihm, weil es ja gerade Krankheit war, die ihn so viele Jahre von Allem ausschloß.*[136] Otto Mejer jedoch erfuhr nur von Wolfs Unlust und Energielosigkeit. *Sie fragen, ob ich gesund bin? Nie! – Ob ich glücklich bin? Nie!* Ironisch meldete Wolf, daß er leider tat, wozu man ihm als Siebzehnjährigem riet, nämlich sich »zu ducken«: ... *da duckte ich mich zum ersten Mal und wurde Kammerherr. Voriges Jahr duckte ich mich zum zweiten Mal und wurde Attaché. Aber Eines duckte ich nie ... das ist mein Herz. Mit dem setze ich mich auf siebzehn Rosse, und fort geht es, und Euch lasse ich das Glück und nehme die Glückseligkeit.*[137]

Im August 1855 meldete Wolf dem Freund, er habe seine Mutter – wörtlich schrieb er: unsere außerordentliche Mutter – in Wien besucht, habe auch Walther dort getroffen und sei glücklich gewesen zu spüren, daß beide ihn liebten. Ottilie hatte zu Wolf nach Rom kommen wollen, besaß aber keine finanziellen Mittel mehr, denn, so Julie von Egloffstein, *sie hat bereits alles*

216

wieder vertan – womit sie das Kapital von 70 000 Talern meinte, das Ottilie durch Almas Tod zugefallen war.

Ursprünglich hatte Wolf daran gedacht, für immer in Italien zu bleiben. Seiner Mutter erklärte er, seinen Besitz in Deutschland aufzulösen *und hier einen neuen zu gründen, wo Wohnung, Kunstwerke, Sammlungen, eine Bibliothek das ausdrücken sollten, was in mir lag...!* Mit anderen Worten, er wollte in Italien ein Leben als Privatgelehrter führen. Dann aber hielt er es wiederum in der Ewigen Stadt nicht länger aus und reichte seine Bitte um Versetzung ein.

Wahrscheinlich waren an Wolfs Wunsch, Rom zu verlassen, nicht nur die Kopfschmerzen schuld. Er hatte sich vergeblich um eine geliebte Frau bemüht und war zurückgewiesen worden, das verleidete ihm den weiteren Aufenthalt. Im Sommer 1856 verließ er Rom und wechselte zur preußischen Gesandtschaft beim König von Sachsen.[138]

Seine Mutter folgte ihm auch nach Dresden. Ottilie hatte einen kalten italienischen Winter hinter sich, in dem sie derart von asthmatischen Krämpfen und Erstickungsanfällen gefoltert worden war, daß sie an Sibylle Mertens schrieb: wenn sie oft so leiden müßte, wolle sie lieber nicht leben.[139] Die vier folgenden Jahre blieb Ottilie in Wolfs Nähe, wenn auch das schwierige Wesen des Sohnes, der auf alles *übel, müde und verstimmt* reagierte, sie sehr bedrückte. Im Rückblick dachte sie mit Wehmut an Goethe und entgegnete einem Verwandten Schillers, der sie über den Dichter befragt hatte: *Ich habe fünfzehn Jahre mit meinem Schwiegervater zusammengelebt, mit einem jungen, warmen, törichten Herzen, mit einer großen Dosis Phantasie und ebensoviel Unvernunft, und nie habe ich auch nur einmal gefunden, er sei kalt oder gar herzlos...* (4. Juni 1861) Goethes schönster Charakterzug sei seine Neidlosigkeit gewesen. *Wenn ihm etwas Großartiges begegnete, empfand er Anerkennung, aber niemals Neid.*[140]

Wolfs Vorgesetzter in Dresden war Heinrich Alexander Graf von Redern, ein Bruder des Berliner Theaterintendanten und Vater einer dunkelhaarigen Tochter namens Marie, in die sich Wolf bald glühend verliebte. *Nur wer freien will, hat eine Heimat!* hatte er früher notiert: Er, der Nomade, wünschte sich diese Heimat. Komtesse Marie war eine vom strengen Vater dirigierte Tochter, die ihr Leben in keiner Weise selbst in die Hand nehmen durfte, vielmehr mußte der Bewerber unbedingt den Ansprüchen der Eltern genügen. Wie war es in dieser Hinsicht um Wolf von Goethe bestellt? Verfügte er über Vermögen? Das Gehalt eines Legationssekretärs war keineswegs üppig. Aber hatte man nicht gehört, er habe ein großes Erbe in Aussicht? Man wird sich über die Regelung von Goethes Nachlaß Gedanken gemacht haben. Wie stand es um den Adelstitel? Ebenso wie Bruder Walther bestand Wolf plötzlich auf der Anerkennung des Freiherrentitels, was vermutlich mit der geplanten Ehe zusammenhing. Der Großherzog von Sachsen-Weimar nahm sich der Sache an und bestätigte den Brüdern nach vorausgegangener Prüfung das freiherrliche Adelsdiplom am Tag vor Goethes Geburtstag, dem 27. August 1859.

Ottilie lud die gräfliche Familie von Redern zu einer Liebhaberaufführung in ihre Dresdner Wohnung ein, um die begehrte junge Dame auf diese Weise in Augenschein zu nehmen. Was sie sah, war bezaubernd: *eine schlanke Gestalt und ein wunderlicher schwarzlockiger Kopf mit offen und heiter blickenden Augen ... Im ersten Augenblick nicht hübsch, ja, vielleicht häßlich, war doch die blendend weiße Stirn, die weißen Zähne und ein entschiedener Ausdruck von Originalität, Lebhaftigkeit und Natürlichkeit ihr eigen ...* So also sah die Frau aus, die ihr Sohn zu heiraten begehrte. Als drei Tage später die Gräfin Redern mit Komtesse Marie zu einer Dankvisite bei ihr vorsprach, stellte Ottilie fest, wie überaus reizend Marie war, *keine Spur mehr von Häßlichkeit. Im Gegenteil, armer Wolf, da wird es nicht an Freiern fehlen.*[141]

Mit Wolf muß in dieser Zeit seines Liebeswerbens eine positive Veränderung vor sich gegangen sein. Die Nähe der aparten Schönheit machte aus dem Eigenbrötler einen umgänglichen und geselligen Menschen. Dies geht aus Briefen hervor, die Marie von Savigny, die Gattin des preußischen Legationsrats, aus Dresden an ihre Eltern in Berlin schrieb.[142] Sie schilderte ihnen Wolf von Goethe als einen klugen, umgänglichen und aufgeschlossenen jungen Mann, der in seiner Wohnung gerne einen Kreis ausgewählter Menschen um sich sah, darunter den Direktor des Kupferstichkabinetts, den Arzt und Maler Carl Gustav Carus, den Schriftsteller Gustav Kühne, den Gemäldedirektor Schnorr von Carolsfeld, das Diplomatenehepaar von Savigny. Wolf verkehrte außerdem am königlichen Hof und lernte bei der Präsentation ausländischer Gesandter im Frühjahr 1860 auch den Sächsischen Oberhofmarschall Georg Rudolf von Gersdorff kennen. Er besuchte einen Karnevalsball im Palais der Fürstin Taxis, war Gast bei Familie von Schoenburg und der Gräfin Moltke, nahm an einer *großen musikalischen Soirée* bei Graf und Gräfin Lüttichau teil und lud selber zu erwählten Diners ein. Man kann annehmen, daß die ungewöhnliche Geselligkeitsfreude und Tanzlust des gutaussehenden, unverheirateten jungen Goethe auch mit der Anwesenheit der entzückenden Marie von Redern zusammenhing.

Doch auch diesmal war Wolf kein Glück beschieden. Er wurde abgewiesen. Es waren allerdings nicht die Konkurrenten, die ihm im Wege standen, sondern sein undurchschaubarer Charakter, der seinem Vorgesetzten offenbar nicht behagte. Graf Heinrich von Redern besuchte Ottilie allein und sprach sich offen mit ihr aus. Es habe den Eindruck gewonnen, der elegante junge Diplomat sei von hypochondrischem Wesen. Von der Mutter wollte er hören, wie es tatsächlich um ihren Sohn bestellt sei, bevor er ihm seine Tochter anvertraue. Vielleicht spielte auch die unterschiedliche Religionszugehörigkeit eine

Rolle. Otto Mejer berichtet, daß Wolf mit ihm über die schwierige Erziehung von Kindern gesprochen habe, deren Eltern unterschiedlichen Konfessionen angehörten. Jedenfalls scheinen Ottilies Auskünfte den Grafen nicht befriedigt zu haben. Seine Tochter wurde krank, von Scharlach war die Rede, man sah sie nicht mehr. Das Verhältnis zwischen Wolf und Marie war schon zu Ende, bevor es überhaupt begonnen hatte.

Gab es Bedenken anderer Art? In Wolfs Lyrikband war seine Liebeserklärung an die geheimnisvolle »Sophie von S.« zu lesen wie auch das prekäre Gedicht an den männlich-geliebten Freund. In Wolfs Nachlaß haben sich später Schriften gefunden, die wie bei Walther auf homophile Neigungen deuten. In einem Dramenentwurf aus den Jahren 1844 bis 1847 mit dem Titel »Hadrian und Antinoos« heißt es: *Hadrian hat Antinoos immer um sich gehabt als Bild des schönsten Menschen, als vollendete Jünglingsgestalt.* Eine Stelle lautet:

> *Unsel'ger Wunsch nach innigster Vereinigung,*
> *der in der Form des Körpers sich zerschellt,*
> *Versuch, sich ineinander einzuschließen,*
> *Ein Aufeinanderliegen wird daraus.*

Ferner existiert ein unvollendetes Manuskript, betitelt: »Der getreue Eckart«. Wolf hat sich über Jahrzehnte mit diesem Sagenstoff beschäftigt, der schon Goethe 1813 zu seiner Ballade »Der getreue Eckart« angeregt hatte. Wolf las dazu das Nibelungenlied und Grimms »Sagen«, untersuchte verschiedene Vorformen des Eckart-Stoffes und notierte aus einer Fassung von 1538: *Ein höchst neu Fastnachts-Spiel, der treu Eckart genannt, darinne alle Stand der Welt begriffen werden.* Möglicherweise war an eine Gestalt wie die des Faust gedacht.

Wolf, der sich von den Rederns zurückgewiesen sah und wieder unter heftigen Asthmaanfällen litt, nahm Ende 1859 Urlaub, fuhr nach Venedig, wo sich Ottilie mit Schwester Ulrike aufhielt, und nahm Quartier im Hotel Vittoria *neben der großen Uhr auf dem Marcusplatze rechts. Es ist,* schrieb er, *die Gegend, in der der Apapa 1786 wohnte, sein Quartier lag schräg gegenüber von dem meinigen* ... *Es tut mir leid, daß ich mir keine handlichen Abschriften der glücklichen Reisen des Urgroßvaters aus dem Jahre 1739, des Vaters aus dem Jahre 1830 mitgenommen, um auch ihre Erinnerungen hier verfolgen zu können* ...

Der Gedanke an die *glücklichen Reisen des Urgroßvaters* Johann Caspar Goethe, dessen italienische Beschreibung seiner »Viaggio d'Italia« in Goethes Privatbibliothek lag, hat Wolf, wie seine Notizen erweisen, eingehend beschäftigt. Er hatte die Handschrift des Urgroßvaters aus Goethes Archiv entnommen und mit eigenen Anmerkungen versehen. »Zur Reise des Urgroßvaters nach Italien 1740« überschrieb er sein Vorhaben.[143]

Ich lese wieder des Apapas Reise, teilte Wolf Freund Mejer noch aus Venedig mit. Damit war wiederum die »Italienische Reise« des Großvaters gemeint. Doch so glücklich der Dichter in Venedig gewesen war, so unglücklich war nun der Enkel. Wieder wurde er so krank, daß er weder eine Gondel besteigen noch ins Theater gehen konnte. *Jedesmal bin ich noch in einem Gesundheitszustande hier gewesen* ... *in welchem ich interessante Gebäude, Archive, Bibliotheken, Kirchen, Gallerien wegen ihrer Temperatur fliehen mußte, und von allem Dem, was man hier als gebildeter Mensch sehen muß und möchte* ... *kann ich Nichts aufsuchen* ...[144] Die versprochene Beförderung wartete er nicht in Dresden ab, sondern begab sich, wieder erkrankt, zu einer dreimonatigen Kur nach Karlsbad und Franzensbad, wo er unter rheumatischen Beschwerden litt, *welche mein Blut peitschen.*

Ende des Jahres 1860 wurde Wolfgang von Goethe zum Legationsrat ernannt. Doch nach Dresden wollte er nicht mehr zurück. Mit vierzig Jahren nahm er Abschied vom diplomatischen Dienst, den er acht Jahre lang versehen hatte – nahm Abschied von einem Beruf überhaupt. Nicht mehr als Dichter, sondern als Gelehrter wolle er arbeiten. *Ich kann eigentlich die Stellung eines Schriftstellers nicht leiden*, beteuerte er Mejer gegenüber, selbst der Ruhm sei ihm *antisympathisch*. Da er aber fortwährend produziere, befinde er sich sozusagen im ständigen Widerspruch mit sich selbst.

Widersprüchlich sind Wolfs Äußerungen allerdings. Der Ruhm bedeutete ihm nichts? Bei der Veröffentlichung seiner Gedichte hatte er noch geschrieben:

> *Strebe nicht berühmt zu werden,*
> *Und du wirst es endlich sein.*

In Zukunft wolle er sich eigenen Vorhaben widmen, hatte Wolf die Familie wissen lassen. Doch da sich Goethes einzigartiges Archiv mit dem größten in Deutschland erhaltenen Dichternachlaß in der Obhut der Enkel befand, war er es, Wolf, der sich als Jurist und Philologe dafür verantwortlich fühlte. Das Archiv enthielt des Dichters sämtliche Handschriften, Tagebücher und Briefe, Reiseberichte, Entwürfe und Vorarbeiten zu literarischen Werken, Ungedrucktes und Sekretiertes, Gelegenheitsgedichte und Verse, die niemand kannte, sowie Dramen und Singspiele und seinen Briefwechsel mit den Geistesgrößen seiner Zeit: mit Lavater und Knebel, den Brüdern Humboldt und beiden Schlegels, mit Bankier von Willemer und Verleger Cotta, mit den Grafen Reinhard und Sternberg, dem Minister von Gersdorff und dem Kunstsammler Boisserée, mit Voss und Voigt und vielen anderen. Der Dichter war ein Briefschreiber von Gnaden gewesen, der in seinem Leben mehr als vierzehntausend Briefe geschrieben und neuntausend empfangen hatte. Goethe war der Ansicht: *Briefe gehören unter die wichtigsten Denkmäler, die der einzelne Mensch hinterlassen kann.*

Goethes Gartenhaus im Park an der Ilm 1828

Das gewaltige Konvolut war sämtlich noch zu ordnen, zu sichten, zu kommentieren. Alles darin Befindliche war weitgehend unveröffentlicht, und Germanisten, Professoren, Verleger warteten darauf, daß ihnen dieses Material endlich zugänglich gemacht werde.

Vergeblich. Das Betreten von Arbeitszimmer und Bibliothek war ohne Ausnahme jedermann untersagt. Bis heute haben sich Kärtchen mit handgeschriebener Einzelerlaubnis für diejenigen erhalten, denen Walther Zutritt gewährte und die er jeweils persönlich durch die Räume führte.

Doch auch ohne Benutzungserlaubnis des Archivs erschienen nach und nach erste Veröffentlichungen zu Goethes Leben, die von den Enkeln so bitter kommentiert wurden, als habe man ihnen persönlich ein Leid zugefügt. Unter den Publikationen, die ohne ihre Mitwirkung entstanden, waren Werke wie »Goethes Verhältnis zur Musik«, »Weimarer Erinnerungen«, »Goethe und Frankfurt«, »Goethes Stammbaum«, »Goethe als Staatsmann«, »Goethes Jugendzeit«, »Die Uhr von Goethe«, »Goethe und Franz Schubert«, »Goethe und Spinoza«, »Goethe und Charlotte von Stein«, »Goethes Stellung zur Bildenden Kunst«, »Goethes Beziehung zu Köln«, »Frauenbilder aus Goethes Leben«. Jedes Werk wurde argwöhnisch studiert, und selbst in den Briefwechseln Goethes mit Herzog Carl August oder den Brüdern Wilhelm und Alexander von Humboldt mußten Stellen gestrichen werden, die ihrer Empfindlichkeit allzu kompromittierend erschienen.

Großen Ärger gab es, wenn die Enkel auf Publikationen stießen, die auf ihre Gefühle keine Rücksicht nahmen. Im Oktober 1864 war in einer österreichischen Wochenzeitschrift ein erotisches Gedicht von Goethe abgedruckt worden, das Wolf nicht kannte, auch nicht kennen konnte, weil der Großvater diese Verse schon zu Lebzeiten sekretiert hatte – und zwar *sinnlich-verfänglicher Zustände wegen*, wie der Dichter sich ausdrückte. Das Gedicht trug den Titel: »Das Tagebuch«. Wolf erkundigte sich sofort gereizt bei Salomon Hirzel, wie er zu diesen Versen gekommen sei. Der Verleger antwortete, er sei keineswegs Besitzer des Gedichts, es handele sich vielmehr um die Abschrift eines längst gestorbenen Freundes. Das entsprach nicht der Wahrheit. Hirzel selbst war es, der das Gedicht nach Riemers Handschrift kopiert hatte.[145]

Solche Vorkommnisse gaben den Brüdern recht damit, Goethes Nachlaß unter Verschluß zu halten. Das Haus am Frauenplan lag im Dornröschenschlaf. Hier und da bröckelte es, hier und da wurde ausgebessert und renoviert. Doch es wurde nichts verändert und nichts verkauft.

Die Räume Goethes blieben mehr als fünfzig Jahre lang nahezu unberührt.

Walther von Goethe
als großherzoglicher Kammerherr

Am 27. August 1852, anläßlich Goethes Geburtstag, ernannte Carl Alexander von Sachsen-Weimar, soeben Großherzog geworden, Walther von Goethe zu seinem Kammerherrn und verlieh ihm den Hausorden zum Weißen Falken. Auch Wolf wurde zum Kammerherrn ernannt, entwickelte aber kein engeres Verhältnis zum Großherzog, dem er allenfalls von Rom aus zu einigen antiken Kunstwerken verhalf.

Walther hingegen fand endlich zu der ihm eigenen Bestimmung. Für ihn begann eine neue Epoche. Kenntnisse, Takt, Intelligenz und vornehme Gesinnung erwiesen sich als ideal für diesen Posten eines »Kulturattachées« im Lande Sachsen-Weimar, und der unbesoldete Dienst als Kammerherr kam seinem Bedürfnis nach Unabhängigkeit außerordentlich entgegen. Er hatte es bei Carl Alexander, dem Sohn des wenig bedeutenden Großherzogs Carl Friedrich und der klugen, künstlerisch begabten Zarentocher Maria Pawlowna, mit einem Fürsten zu tun, der sich weit mehr für kulturelle als für politisch-militärische Aufgaben interessierte und dessen Bestreben es war, die Stadt Weimar wieder zu einem geistigen Mittelpunkt zu machen. Nach der glanzvollen, »Goldenen« Epoche unter Goethe und Herzog Carl August sollte ein »Silbernes Zeitalter« entstehen. Diese Intentionen wurden von Walther nach Kräften unterstützt. Er verlegte seinen Wohnsitz im November 1852 endgültig von Wien nach Weimar.

Dem Großherzog hatte bisher ein Adjutant zur Seite gestanden, der ihm zum geliebten, nahezu unentbehrlichen Freund geworden war. Es handelte sich um Leo Graf Henckel von Donnersmarck, ein Vetter von Ottilie. Doch Leo hatte sich nach seiner Hochzeit mit Emma von Parry mehr und mehr

zurückgezogen. Walther von Goethe, zwar weniger gut aussehend und weniger gewinnend, dafür aber geistvoll und gebildet, rückte an seine Stelle. Ihn mußte Carl Alexander nicht erst,
wie den Grafen Leo, um das brüderliche Du bitten – ihn kannte
und duzte er von Kindesbeinen an.

Wie weit die Freundschaft zwischen den beiden gleichaltrigen und gleichgearteten Männern ging, die schon als Kinder
miteinander gespielt, gelacht und gelernt hatten, ist schwer
zu sagen. An Wolf schrieb der Großherzog über seine Beziehung zu Walther: *... immer mehr Genuß finde ich an seinem Umgang. Ich ruhe mich aus in seiner edlen, fein gesaiteten und fein gebil-
deten Seele.*[146] Es klingt fast wie ein Liebesbrief, wenn der Fürst,
der schließlich viele Ratgeber um sich hatte, seinem abwesen-
den Kammerherrn erklärte, er fehle ihm *beständig und in zu-
nehmendem Maße ...*

Großherzog Carl Alexander scheint für Männerfreundschaft
nicht unempfänglich gewesen zu sein. Die Tagebücher des dänischen Dichters Hans Christian Andersen, der 1844 und 1846
zweimal länger in Weimar weilte, sprechen von einer Freundschaft, die inniger kaum gedacht werden kann. *Ich liebe richtig
den jungen Herzog*, bekannte er in seinen Memoiren. Man
drückte sich unter dem Tisch die Hände, küßte sich, faßte sich
um den Leib, ging Arm in Arm und flog einander um den Hals,
notierte Andersen in sein Tagebuch.[147]

Seit Walther von Goethe als Kammerherr in Weimar lebte, war
der Großherzog mit ihm am häufigsten und liebsten zusammen. Er sah in ihm seinen vertrautesten Freund, den er auch
bei längeren Aufenthalten nicht missen wollte. Er liebte Walthers geistreiche Unterhaltung und suchte seine Nähe. *Ist es mir
zu verargen,* schrieb er einmal, *daß ich bei Dir mich so sehr gefalle?*

Mit ähnlichen Worten hatte sich auch Sibylle Mertens einmal geäußert. *Walthers Nähe und Umgang hat für mich etwas so*

Carl Alexander Großherzog von Sachsen-Weimar,
Pastell unter Glas von Berthold Woltze

unendlich Wohltuendes, beruhigendes und milderndes, schrieb sie
1854, *wie ich es nur von sehr wenigen Menschen jemals habe sagen*
können: er ist so durchaus von innen heraus edel und gut, daß man
im Zusammenleben mit ihm besser wird, als man ist... Er sei einer
der Menschen, *die man jeden Tag um sich haben möchte.*[148]

Zur Männerfreundschaft trug bei, daß Carl Alexander durch
seine Kindertage im Hause Goethes ein großer Verehrer des
Dichters war. Der Vierjährige durfte sonntags um zwölf, aber
auch wochentags ins Haus am Frauenplan kommen, wo sie sich
dermaßen wild betrugen, daß unter den Erwachsenen kein

Gespräch möglich war. Man sammelte Kastanien, spielte im Alkovenzimmer Domino, machte Seifenblasen und Federball- spiele, pflanzte Blumenzwiebeln, und wie mit seinen Enkeln ging der Dichter geradezu zärtlich auch mit dem kleinen Prin- zen um.

Jetzt war es Walther, der an der Seite des Fürsten Sternstun- den genoß. Ihm wurden Aufgaben geboten, die ihm lagen und ihn zufriedenstellten. Walther war es, der die Vertreter des Jungen Deutschland wie Gustav Kühne zu Vorträgen und einen Goethefreund wie Carl Gustav Carus zum Jubiläum nach Jena einlud, der dafür sorgte, daß Grillparzers »Sappho« auf die Weimarer Bühne kam und verdienstvolle Schauspieler wie Karl La Roche mit Orden geehrt wurden. Gemeinsam mit dem Großherzog holte er Künstler wie Hebbel und Freiligrath, Peter Cornelius, Arnold Böcklin, Franz von Lenbach und Ernst von Wildenbruch, Hoffmann von Fallersleben und Bonaven- tura Genelli in die Residenzstadt.

Über seinen Amtsantritt im Winter 1852 hat Walther ein handschriftliches Tagebuch hinterlassen.[149] Demnach war er am 6. November 1852 früh von Wien abgereist und zwei Tage später im Gartenhaus seiner Urgroßmutter, der sogenannten »Villetta«, eingezogen. *Zwey Tage nicht ganz wohl zu Hause, dann mich bey Hofe gemeldet.* Die Aufzeichnungen enthalten nichts von dem, was wirklich zwischen den Freunden vorging, geben aber die kulturellen und gesellschaftlichen Ereignisse detailliert wieder, unter anderem die Begegnung mit dem Komponisten Hector Berlioz. November 1852: *1. Probe v. »Benvenuto Cellini« in Anwesenheit des Komponisten Hector Berlioz; Herr v. Ziegesar stellte mich Herrn Berlioz vor. – Den 16ten Nov. In die Stadt über- siedelt. Mittages zur Tafel befohlen ... dann nach Tafel Prinzeß Carl v. Preußen vorgestellt. Von Gästen erwähne ich noch: Herrn Berlioz, Kapellmeister Liszt, Mr. Charley, Musik-Kritiker aus London. Abends 1. Aufführung des Cellini im Theater unter Leitung v. Liszt.*

Samstag den 20ten. Großes Konzert von H. Berlioz im Theater unter Mitwirkung des Montagschen Singvereins. »Romeo u. Julie« v. Berlioz. Fausts Höllenfahrt, die ersten Abteilungen v. demselben Komponisten.

Nichts erfahren wir allerdings von Walthers Beurteilung der neuen Musik und nur wenig über den weltberühmten Klaviervirtuosen Franz Liszt, der in Weimar als »Kapellmeister in außerordentlichen Diensten« aus Maria Pawlownas Privatschatulle bezahlt wurde.

Das Weihnachtsfest am 24. Dezember 1852 verbrachte Walther allein. Wirtschafterin Minchen Bachstein hatte seine Stube geschmückt, Leo Graf Henckel ihn besucht. *Abends allein zu Haus; an die Mutter geschrieben.* Am Feiertag war er mit der Jugendfreundin Charlotte Voelckel-Hardtmuth zusammen, der Neujahrstag wurde am Hof mit großem Konzert begangen, wobei Walther grundsätzlich – auch in den folgenden Monaten – jede Komposition sowie die Ausführenden namentlich festhielt. Nebenbei besuchte er ältere Damen wie Gräfin Caroline Egloffstein, Großtante Vulpius, Hofrätin Voelckel und die Schriftstellerin Amalie Winter, bei der Goethes »Pandora« im Beisein von Carl Alexander mit verteilten Rollen gelesen wurde. Walther ging auch zum Tee der Fürstin Carolyne von Sayn-Wittgenstein, der schwärmerisch-exzentrischen Lebensgefährtin von Franz Liszt, welcher am 19. Februar 1853 den »Fliegenden Holländer« von Richard Wagner, am 25. Februar »Die Walpurgisnacht« von Mendelssohn dirigierte, bevor er mit dem »Tannhäuser« eine *musikalische Wagner-Woche* einleitete.

Seine Gefühle beim Hören dieser erfolgreichen Musikwerke gab Walther nicht preis. Nur durch einen Brief an Carl Alexander wissen wir, daß ihm die rauschenden Tonkaskaden von Franz Liszt und Richard Wagner mißfielen und er beide – schon wegen ihres Lebenswandels – zutiefst verachtete.

Walthers Verhältnis zum Großherzog war niemals das eines Untergebenen. Der Enkel Goethes fühlte sich selbstverständlich mit dem Enkel Carl Augusts gleichrangig. Er trug einen Namen, dem Carl Alexander Respekt zollte, er besaß Ansehen, Tradition und Adel, dessen war er sich wohl bewußt.

Nicht nur in ihrem Wesen, auch in ihrem Geschmack stimmten Fürst und Kammerherr überein. Als Kinder hatten sie gemeinsam »Robinson Crusoe« gelesen, jetzt lasen sie Stifters »Nachsommer«, woraufhin Walther das von ihm bewohnte Gartenhaus als *Casa delle Rose* bezeichnete. Beide beschäftigte die Lektüre von »Witiko« in einem Maße, daß der Großherzog seine Briefe mit *Herzog Wratislaw* unterzeichnete und den Freund als *Witiko* titulierte. Infolgedessen schrieb Walther: *Witiko muß sich entschuldigen. Er sei krank und trage eine Haube mit Gänsefeder. Er mit einer Gänsefeder! Der Enkel eines Schwanes! In der Besserung verharrend. Walther, der Kränkliche.* (13. März 1866)

Carl Alexander wiederum nannte Walthers Behausung anspielungsreich *Blaubartshof* oder auch *Blaubartsburg* und fragte ebenso vorsichtig wie höflich an, ob er wohl gerade jetzt im *Blaubartshof* willkommen sei. Es sind schwierige, kaum zu enträtselnde Anspielungen, die die Freunde nicht nur mündlich, sondern sogar brieflich austauschten. »Blaubartshof«? Schon in seinem Buch »Fährmann, hol über!« hatte Walther ein *Blaubartzimmer* erwähnt auf eine Weise, die mit dem eigentlichen Anliegen seiner Geschichten nicht das geringste zu tun hatte. Seine Anspielungen sind offensichtlich autobiographischer Natur. In der Erzählung »Vom Dach herunter« schildert der Autor mit einer gewissen Suffisance, wie *sich die an rheumatischem Gesichtsschmerz leidende Gräfin P.* – Walthers Mutter – und ihr soeben volljährig gewordener Sohn in einem *roten Kabinett* aufhalten, welches, wie es im Text heißt, *ebenso verderblich sein konnte wie das berühmte Kabinett des Blaubart es für dessen schöne Gemahlin wurde.* Damit nicht genug, wird eine weitere

Walther von Goethe im Alter von 35 Jahren.
Ölgemälde von Gustav Jäger, 1853

Fährte ausgelegt. In dem *blutroten* Kabinett herrschte trotz des offenen Fensters *eine unheimlich schwüle Luft*. Listig fügte der Autor hinzu: *Auf welche Weise die Physiker dies erklären werden, ist mir unbekannt, ich muß aber wiederholen: die Luft des Kabinetts war schwül, furchtbar schwül.*

Das seltsame Kabinett, die roten Wände, der Geruch von Verderbtheit und drückender Schwüle, das alles spielt an auf Walthers verborgene Homoerotik. Solche und andere verrätselte Stellen waren wohl auch der Grund, warum er das Buch anonym erscheinen und seine Mutter nichts davon wissen ließ. Die unerklärliche Szene im rot-schwülen Kabinett wird unter Anwendung des Blaubart-Motivs, des verräterischen »Schlüssels«, noch weiter ausgemalt. Der Haushofmeister, heißt es, *drehte den Schlüssel einigermaßen zitternd um, wobei er denselben beinah fallen ließ und also abermals an die Gemahlin des Blaubart erinnerte, nur daß bei der unglücklichen Dame der Schlüssel wirklich zu Boden fiel und mit Blut befleckt – –!* Hier endet die geheimnisvolle Szene bei Walther.[150] Er konnte die Blaubart-Erzählung von Ludwig Tieck kennen, der Goethe in Weimar besucht hatte. In Tiecks Drama »Der Blaubart« von 1812 verrät der blutverschmierte Schlüssel den Mörder: Als die Frau die verbotene Tür öffnet, liegen im *schwülen* Zimmer die Leichen von Blaubarts ermordeten Frauen. Doch das ursprüngliche historische Vorbild für den »König Blaubart« war Gilles de Rais, Marschall von Frankreich und berüchtigter Sadist, der allerdings nicht Frauen, sondern junge Knaben mißbrauchte, bevor er sie tötete.[151]

Was Walthers Gefühlsleben betrifft, wissen wir nur von Männerfreundschaften und Männerbekanntschaften. Die im »Fährmann« wiedergegebene Szene scheint eine Anspielung zu sein, die nur von Freunden des Autors verstanden wurde.

Frauen hingegen haben Walthers Aufmerksamkeit, wie Ottilie bitter klagte, nur selten erregt. Auch Carl Alexander bemerkte, daß der Freund sich nur Männern gegenüber öffnen könne. Die in ihn verliebten oder sich für ihn interessierenden Damen hat Walther, zumal wenn sie jünger waren, scheu gemieden. In seinen Tagebüchern werden nur jene Sängerinnen gerühmt, die ihn, den Musikliebhaber, durch ihre schöne Stimme in Bann zogen. Mutter Ottilie hat sich Sorgen deswegen gemacht. Obgleich sie mit ihrem dominierenden Wesen die Söhne ständig für sich beanspruchte, wünschte sie Walther doch schließlich auch versorgt zu sehen. Verärgert ermahnte sie ihn: ... *ich dächte, Du machtest einmal die Augen in dieser Beziehung auf, während Du jetzt an den Mädchen vorüber blickst, als wären sie ein Regiment, wo ein Soldat wie der andere erscheint, und als wäre es eine Sorte Geschöpfe, die Dich nichts angingen* ...[152] Ottilie ahnte nicht, wie recht sie damit hatte.

Mit Walthers schwierigem Charakter, seinen Empfindlichkeiten und gereizten Reaktionen, die jeden anderen abgeschreckt hätten, übte der Großherzog eine geradezu unglaubliche Nachsicht. Einziger Dissenz war offenbar die gestelzte Art, in der Walther des Großherzogs Post beantwortete. Während Carl Alexander ihm in einem freundschaftlichen Ton schrieb, pflegte Walther einen zeremoniellen und gewundenen Briefstil. So am 30. März 1856 aus Venedig: *Könnte ich der erlauchten Fürstin meine ehrfurchtsvollsten Wünsche persönlich zu Füßen legen; leider ist mir Solches nicht gegönnt durch eine längere Indisposition meiner Mutter – ich fühle, wie ich Höchsten Vorwurf einigermaßen verdiene. Treu ergebener Diener W. W. von G.* Einen Besuch im November 1863 lehnte er folgendermaßen ab: *mit der Bitte, Ew. Königliche Hoheit wollen geruhen, mich noch eine kurze Zeit hinter dem Vorhang zu lassen, verharre ich* ... Woraufhin Carl Alexander ihm am 20. Dezember 1863 erwiderte: ... *und nun schreibe mir einen vernünftigen Brief in Morgenhöschen oder auch ohne Höschen, aber nicht mit Kothurnen.*

Über Walthers Tätigkeit am Hof von Sachsen-Weimar existieren vom Herbst 1858 bis zum März 1859 tägliche Aufzeichnungen unter dem Titel: »Tagebuch der Hof=Pflicht und Geselligkeit«.[153] Steif protokollarisch beginnen die Notate: *Rückkehr des regierenden Hofes nach Weimar am 1. November 1858.*

10. 11. 1858 Im Theater Schillers »Räuber«. (Der 10. November war Schillers Geburtstag.)

13. 11. 1858 Goethes »Geschwister«.

23. 11. 1858 Otto Rank »Über das populäre Element in Schillers Dramen«.

19. 12. 1858 Abends Norma. Es sang Pauline Viardot-Garcia.

24. 12. 1858 Weihnachts-Heiliger-Abend. Der Großherzog ließ mich am Vormittag kommen und machte mir schöne Weihnachtsgeschenke.

30. 12. 1858 Abends im Theater Großvaters Iphigenie. Frl. Daun vortrefflich. Nach dem Theater Serenissimus bei mir zum Tee.

9. 1. 1859 Anfang der Hofdienstwoche. Abends in die Hofloge: »Der Freischütz«.

13. 1. 1859 Abends in die Hofloge: »Florian Geyer« v. Wilhelm Genast.

15. 1. 1859 Schluß der Hofdienstwoche. Abends im Theater Stradella. (Es handelte sich vermutlich nicht um seine eigene Oper »Alessandro Stradella«, sondern um das erfolgreiche Werk von Friedrich von Flotow).

28. 1. 1859 Der Großherzog und die Großherzogin nebst dem Erbprinz v. Reuß u. Gemahlin ließen sich für 12 Uhr zur Besichtigung der großväterl. Räume ansagen.

16. 2. 1859 Ich machte bei Graf und Gräfin Redern Visite. Abends Don Pasquale v. Donizetti. Gräfin Redern war in der kleinen Seitenloge links; ich ging nach der Vorstellung sogleich herüber um die Gräfin durch das Gewühl im Corridor nach der Mittel-Hofloge zurückzuführen.

17. 2. 1859 Ich erkundigte mich nach dem Befinden der Gräfin Redern.

18. 2. 1859 Ich erwartete die Gräfin auf der Eisenbahn und brachte sie schließlich in ihr Coupé – die Gräfin ging direkt nach Dresden zurück.

Die detaillierten Berichte über das Befinden des Ehepaares von Redern zeigen, daß Walther über die Heiratspläne seines Bruders wohl informiert war. Wolfs vergebliche Werbung um die schöne Marie von Redern lag zwei Jahre zurück.

Walthers Aufzeichnungen enden mit dem Eintrag:

21. 3. 1859 Zur Erinnerung an des Großvaters Todestag am Vor-Abend: FAUST.

Gedanken an frühere, schönere Tage verließen Walther nie. Von einer Reise zurückgekehrt, war er über den Berg von Pflichten, der ihn erwartete, geradezu froh. *Auf diese Weise überwinde ich am besten das fremde Gefühl, welches mich stets bei der Rückkehr nach Weimar ergreift und, als Mahnung an Vergangenes und hier Erlebtes, ergreifen muß* (Oktober 1859). Anläßlich der Feiern zu Goethes und Carl Augusts Geburtstag erklärte er: *Erinnerungstage wie der 28ste August und der nahende 3. September schlagen Brücken mit der Vergangenheit; das Gewesene erscheint in schönem, verklärtem Lichte.*

Das Haus am Frauenplan wurde zu Walthers Lebensaufgabe. Um so empörter war Ottilie über Falschmeldungen in der Öffentlichkeit. Rellstab habe in der Zeitung behauptet, *daß die Treppe im Hause des Vaters u m g e b a u t ist und das S A L V E früher ü b e r d e r T ü r s t a t t a u f d e r S c h w e l l e stand* – dabei opfere ihr Sohn nun seit Jahren alles zur Instandhaltung des Hauses, klagte sie bei Sibylle Mertens.[154] Walther beachtete solche Zeitungsmeldungen kaum. Er kümmerte sich um das neu gegründete Freie Deutsche Hochstift in Frankfurt, dessen Ehrenmitglied er 1863 wurde, um die Enthüllung des Denkmals für Herzog Carl August und um das Goethe-Schiller-Denkmal in Weimar, außerdem um die Dreihundertjahrfeier in Jena, das

Grab seiner Urgroßmutter Catharina Elisabeth Goethe in Frankfurt am Main und die Grabstätte seiner Schwester Alma in Wien. Seine Aufgaben waren vielfältig und oft kompliziert, aber niemals politischer Natur. So etwa spielte der Krieg Preußens gegen Dänemark weder in Briefen noch in Tagebüchern eine Rolle, obgleich es um den Besitz Schleswigs ging. Dorthin reiste Walther in jedem Jahr, seit Tante Ulrike von Pogwisch, der die Wohnung an der Weimarer Esplanade zu teuer geworden war, sich als Priorin in das Damenstift des Klosters St. Johannis in Schleswig zurückgezogen hatte, wo sie im eigens für sie erbauten Haus ihren Neffen gastfreundlich empfangen konnte.

Im März 1864 – der deutsch-dänische Krieg war in vollem Gange – schrieb Walther dem Großherzog: *Den ganzen Tag beschäftigt, in allen Räumen des Goethe'schen Hauses ordnend, bessernd, genieße ich doch, bei guter Witterung, gute Frühstunden in ländlicher Villetta, oder schaue ... vom Garten aus dem nächtlichen Reigen von Erlkönigs Töchtern zu.* Er zog erst zum Jahresende aus dem kalten Gartenhaus der Urgroßmutter ins Goethehaus um. *Ich frühstücke in einer Schachtel und schlafe in einer Kiste, ich lebe von Siegellack und Oblaten! Weimar, 22. 12. 64.*

Zu einer ernsthaften Verstimmung zwischen dem Fürsten und seinem Kammerherrn kam es nur ein einziges Mal, und zwar bei Walthers Entdeckung, daß der Freund tatsächlich eine unerlaubte Abschrift von Goethes Tagebüchern besaß. Daran hatte der Fürst nur illegal gelangen können. Carl Alexander rechtfertigte sich mit der Erklärung, es handele sich dabei schließlich auch um seinen Großvater Carl August. Er habe das Manuskript in einer Zeit, da die Enkel der Stadt den Rücken kehrten, für Weimar retten wollen. *Der Inhalt*, schrieb er, *legt das Verhältnis dar, in dem Dein Großvater zu meinen Großeltern stand; die Intimität dieses Verhältnisses ist größer gewesen, als die Welt es zu wissen braucht und weiß*[155] – eine anzügliche Bemerkung, die auch ihr eigenes Verhältnis zu berühren schien.

Für Carl Alexander war Walther von Goethe unersetzlich. Dreißig Jahre lang hatte der Fürst in ihm den kundigsten Berater. Schon in seiner Jugend hatte Walther das Schauspiel geliebt, jetzt machte er seine Leidenschaft zum Beruf. Carl Alexander hatte geäußert: *auf der Bühne solle das Heilig-Schöne nie verletzt werden! – unschöne Trauerspiele sehen wir leider außerhalb der Bühne nur zu viele!* (September 1856) Also empfahl Walther ihm den Dichter Brachvogel, der ausgezeichnete Stücke schreibe, allerdings *in Berlin den Beifall in dürftigem Frack entgegennahm.* Bei anderer Gelegenheit war es wiederum Walther, der die gegenwärtige Theaterpraxis kritisierte. *Unter Goethe wurden Verse gesprochen, später deklamiert, jetzt werden sie gebrüllt,* kritisierte er (Oktober 1858). Vom Kurort Bad Steben aus beschrieb Walther eine Reise mit der Eisenbahn: *selbst Homer brächte keine Odyssee mehr zustande* bei dieser Fahrweise (September 1859).

Carl Alexander bekundete immer wieder sein Interesse an Walthers musikalischer Begabung. Angebote kamen auch von anderer Seite. Emma von Schmeling wollte ihm eine Stelle als Dirigent in Dessau vermitteln, aber Walther schlug statt seiner den begabten Freund Wilhelm Stade vor mit den Worten, er sei ja nur *d e r Walther Goethe, in dem noch dazu der »Musiker« seit den letzten Jahren einigermaßen dem »Enkel« hat weichen müssen.* Enttäuschung wird darin spürbar.

Dagegen ließ ihn ein freundlicher Brief von Carl Loewe aus Stettin aufleben. Glücklich nahm Walther die Verbindung zu seinem musikalischen Gönner wieder auf und antwortete ihm am 7. August 1865 mit einem glühenden Freundschaftsbrief. Er lebe nach wie vor in Weimar, berichtete er, besuche aber oft seine Mutter in Wien, bei der auch sein Bruder sich aufhalte. *Im Großväterlichen Hause steht noch das Salve auf der Schwelle und das gelbe Sälchen ist noch das gleiche … Meine Wohnung habe ich in der Mansarde aufgeschlagen, die früher auch meine*

Eltern bewohnten ... Seine Gesundheit sei zwar *nur mäßig gut,* doch Loewes Brief beglücke ihn, *der mir zeigt, daß ich noch mit Ihnen, noch für Sie lebe!*

Das Weimarer Musikleben unter der Stabführung von Franz Liszt, der auf der Altenburg sein elegantes Domizil zu einem Musikzentrum gestaltet hatte, veranlaßte Walther nur zu beißender Ironie. Als der Großherzog ihn zu neuen Kompositionen anregen wollte und schrieb: *Du hast von Gott ein wunderbares Talent für Musik bekommen, benütze es doch und komponiere,* entgegnete Walther mit dem ihm eigenen Sarkasmus: *Einstweilen mögen die rauschenden Accorde von Vater Liszt und seinem tugendsamen Schwiegersohn die fürstlichen Hallen durchfluten! – ich meinerseits verharre indes an den ernsten Fluten der Saale.*[156]

Der Gesangspädagoge Otto Lange aus Berlin, der Walthers Lieder mit hohem Lob bedacht hatte, bat ihn, eine Komposition zum zweiten Teil des »Faust« zu schreiben. Er solle sich nicht mit seinem Alter entschuldigen – Walther war eben fünfzig geworden: sein Großvater habe noch mit achtzig »Faust II« geschrieben! Doch die Ermahnung fiel nicht auf fruchtbaren Boden.

Walther von Goethe war der Besitzer unermeßlicher Schätze und lebte doch außerordentlich bescheiden. Kostbare Angebote des fürstlichen Freundes lehnte er kategorisch ab, akzeptierte nur kleine Geschenke und ärgerte sich sogar, daß Carl Alexander in seiner Abwesenheit den Goetheschen Garten für ihn neu gestalten ließ. *Geschenke sind bei einer Natur wie die meinige nur in kleinen Dosen ... und sehr vorsichtig anzuwenden,* mahnte er und nahm auch eine Kiste mit »Goethe-Reliquien« nicht an, weil sie zu teuer sei. Allerdings ließ er es sich gerne gefallen, daß der Großherzog ihm und Wolf 1876 die Räume im Botanischen Garten von Jena überließ, die einst Goethe innehatte.

Ottilies Schwester Ulrike von Pogwisch
im Alter als Priorin

Da ihm Walthers finanzielle Situation bekannt war, bot Carl
Alexander ihm eine feste und gut dotierte Tätigkeit an. Seine
Frau Sophie benötige einen zuverlässigen Betreuer ihrer Sammlungen an Büchern, Handzeichnungen und Kunstwerken. Dafür
werde ihm ein Jahresgehalt von 1000 Talern geboten. Großherzogin Sophie hatte zu Walther von jeher das größte Vertrauen.
Das gute gegenseitige Verhältnis wurde noch vertieft, nachdem Walther sie und die herzoglichen Kinder während der
Sommeraufenthalte auf ihre schlesischen Besitzungen begleitet
hatte. Trotzdem lehnte er das ehrenvolle Angebot, für sie tätig
zu werden, ab – zu groß war die Angst, seine Freiheit könne
beschnitten werden.

Bisher konnte Walther Urlaub nehmen, wann immer er
wollte. Er besuchte Tante Ulrike von Pogwisch in ihrem Schleswiger Johannesstift, begleitete seine Mutter 1854 und 1855 nach
Pisa und Venedig, besuchte vier Jahre hintereinander Mutter
und Bruder in Wien und fuhr in die Kurbäder Böhmens, nach

Bad Soden und Süddeutschland – er wollte unabhängig bleiben. Als der Großherzog das Angebot erneuerte und ihn bedrängte, seine Frau Sophie zu unterstützen, entgegnete ihm Walther mit Nachdruck, seine Aufgabe, Goethes Enkel zu sein, sei wahrhaftig schon schwierig genug.

Mutter und Söhne

Auch Wolf lebte nicht mehr in Dresden, sondern war 1869 endgültig nach Jena gezogen; und zwar der hervorragenden Universitätsbibliothek wegen, die noch Goethe eingerichtet hatte. Wolf beschäftigte seit vielen Jahren eine Arbeit, die er kontinuierlich fortführte und erweiterte: »Die italienischen Bibliotheken bis zum Jahre 1500 und ihre Verzeichnisse«. Seine zunächst weitgespannten Studien hatten sich während der Forschungen auf eine große Büchersammlung konzentriert, die des venezianischen Kardinals Bessarion. Es liege für ihn, versicherte Wolf, ein unendlicher Reiz darin, *solch eine Geschichte urkundlich aus der Asche erstehen zu machen.*[157]

Niemals war Wolf in den letzten Jahren frei von Krankheiten gewesen. Er litt unter schweren asthmatischen Anfällen, unter Neuralgien, Herzschmerzen, Gliederschmerzen. Als er im Oktober 1864 seiner Mutter zuliebe nach Wien fuhr, kamen rheumatisches Fieber und Gesichtsschmerzen erneut zu solchem Ausbruch, *wie ich mich nicht erinnere einen ähnlichen ertragen zu haben.* Auf einem kleinen Zettel in den Akten des Goethe-Archivs steht: *Als ich mich an das Universum anlehnte, fiel ich um, als ich mich an Gott anlehnte, blieb ich aufrecht.* Auf einem anderen undatierten Blatt aus Franzensbad fanden sich die trostlosen Zeilen:

> *Ich habe einst gelesen, daß Gott die Seinen schützt;*
> *Wo ist das denn gewesen? Was hat es denn genützt?*

Eines Augenleidens wegen konnte Wolf seine Briefe nicht mehr selbst schreiben, sondern mußte sie diktieren, wie einst der Großvater es tat. Er, der Enkel, bemerkte dazu: *Man stirbt lange, selbst wenn man einmal angefangen hat.*[158] Unterbrochen wurde seine Arbeit durch einen neunmonatigen Aufenthalt mit der Mutter 1867 in Weimar, eine offenbar furchtbare Zeit, *die in jeder Beziehung zu den peinlichsten meines Lebens gehört hat.* Fest steht, daß sein Bruder Walther in diesem Jahr einen Herzinfarkt erlitt und im Jahr darauf in Dresden *an einem Brustleiden*, also einer weiteren Herzerkrankung, darniederlag.

Im Winter 1868/69 hatte Wolf der nötigen Studien wegen nach Italien fahren und einige Monate in Venedig und Florenz verbringen wollen, sich dann aber unglücklicherweise überreden lassen, mit Mutter und Tante Weihnachten in Wien zu verbringen. Bei Glatteis stürzte er in Wien aufs Pflaster und wurde krank *wie in den schwersten Zeiten.* Als er endlich für acht Monate in Venedig und Padua leben konnte, war er glücklich über die Funde, die er in den dortigen Archiven machte.

Wolfs Beschäftigung mit Katalogen und Verzeichnissen erscheint nur folgerichtig angesichts eines Großvaters, dessen Sammelleidenschaft und Interesse für die Weltliteratur er immer bewundert hatte. Schon als Kind lernte Wolf, Bücher wie einen Schatz zu hüten. So wird auch sein Protest gegen eine Öffnung des Archivs verständlich. Der großväterlichen Anleitung entsprang sein Bedürfnis, die Bibliothek, das Archiv und das Arbeitszimmer wie ein Gralshüter unter Verschluß zu halten. Hätte er Zugeständnisse gemacht, wäre der Strom der Neugierigen nicht abgerissen. Schon Goethe hatte nur den intimsten Freunden wie Riemer, Eckermann und dem Kanzler von Müller Zutritt in sein Arbeitszimmer gewährt. König Ludwig I. von Bayern wurde abschlägig beschieden, er mußte Nasenbluten vortäuschen, um auf dem Weg zum Schlafzimmer einen kurzen Einblick ins angrenzende Arbeitszimmer nehmen zu können.

Nur wenigen Kennern gestattete Wolf Einblick ins Archiv. Der Sohn des Grafen Reinhard durfte 1850 Goethes Briefwechsel mit seinem Vater publizieren. 1851 erschien Goethes Korrespondenz mit Knebel, 1863 mit dem Herzog Carl August, 1866 folgte Goethes Briefwechsel mit dem Grafen Sternberg, 1876 erschien als vorläufig letzter Briefwechsel Goethes Korrespondenz mit den Brüdern Humboldt. Im übrigen blieb das Goethe-Archiv für jedermann verschlossen.

In manchem nun veröffentlichten Brief fanden Walther und Wolf sich selbst wieder, konnten nachlesen, wie sich Goethe einst über die geliebten Enkel geäußert hatte.

Für seine Vorsichtsmaßnahmen jedoch wurden Wolf wie Walther als engstirnige Pedanten kritisiert. Nur Freund Mejer verteidigte Wolfs Haltung. Er habe in sechsundvierzig Jahren an Wolf Goethe *niemals etwas Kleinliches oder auch nur Enges* gesehen. *Er war ein groß angelegter Mensch, von umfassender Bildung, von weitem Gesichtskreise, von eigenen Gedanken, von vornehmstem Charakter, voll aufrichtiger Menschenliebe, treu, wahr, arbeitsam ... Wäre nicht die schmerzende Last seiner Krankheit und die glänzende seines Namens auf ihm gewesen, so wäre er nach menschlichem Ermessen ein bedeutender Mann geworden sein ... Eine schwungvolle Seele ...*[159]

Von Natur verschlossen und ernsthaft – um nicht zu sagen humorlos –, wurde Wolf jedoch mit der Zeit unversöhnlich reizbar, wenn er sich von Neugierigen belästigt, von Aufdringlichen angestarrt fühlte. Seine Wut ging schließlich so weit, daß er der Kaiserin von Rußland, die ihn sehen wollte, ausrichten ließ, er sei kein wildes Tier. Einmal von Mejers Ehefrau mit dem Ausruf angesprochen: *Wenn das Ihr Großvater gehört hätte!*, antwortete Wolf verbittert: *mein Großvater war auch ein Hüne, und ich bin ein Hühnchen.*[160]

Seit seinem Austritt aus dem diplomatischen Dienst hatte Wolf in jeder freien Minute an seinen »Studien und Forschungen« italienischer Bibliotheken des Spätmittelalters gesessen. Endlich hielt er die Arbeit für vollendet. Otto Mejer sollte sie begutachten und sich um einen Verleger kümmern. Der Theologe fand zwar die Abhandlung *die eingehendste, ernsthafteste, treueste, gelehrteste Forscherarbeit*, doch vermißte er die unerläßliche Unterscheidung zwischen bewiesenen und nur vermuteten Fakten. Die Arbeit war in seinen Augen unwissenschaftlich. *Der Forscher in ihm stand unter der Herrschaft des Dichters*, kritisierte er, während Wolf sich damit rechtfertigte, sein Ziel sei keine Biographie über den Kardinal, sondern lediglich die Inventarisierung aller über ihn erschienenen Abhandlungen. Konsistorialrat Mejer war entsetzt. Was er vor sich hatte, war lediglich eine Zusammenstellung von Zufallsfunden. Er riet Wolf von einer Veröffentlichung ab, bevor die Arbeit nicht geändert sei, der Autor gebe sich sonst der Lächerlichkeit – er schrieb: der falschen Beurteilung – preis.

Wolfs Enttäuschung war furchtbar. An ein abschließendes Resultat habe er nicht gedacht, wiederholte er. Aus physischen und geistigen Gründen sei er zu einer Umarbeitung nicht in der Lage. Er wies dabei auf *unangenehme Geschäfte* in bezug auf Goethes Nachlaß hin, die seine Zeit raubten. *Dein Verriß*, schrieb er, *ist ein so schwerer neuer Schlag für mich, daß ich seit Tagen ringe, ihn nur einigermaßen zu verarbeiten.* Auch sei er trotz aller Zweifel zur sofortigen Veröffentlichung entschlossen, da sich das kommende Vatikanische Konzil unter Papst Pius IX. gerade auf die in seinem Buch erhellten Beschlüsse des damaligen Konzils von Florenz beziehe. Ohne diese Veröffentlichung werde er *wieder einmal, zum tausendsten Mal, veraltet, ein Greis, werde gestorben sein, ehe ich nur geboren bin* (12. Februar 1870).

Wolf ließ seine Abhandlung nun unvollendet und auf eigene Kosten bei Verleger Frommann in Jena drucken.[161] Das Werk erschien unter dem Titel: »Studien und Forschungen über das

Leben und die Zeit des Cardinals Bessarion 1395-1472. Abhandlungen, Regesten und Collectaneen von Wolfgang v. Goethe.« Es wurde ihm kaum je Beachtung zuteil.

Im Jahr 1870 kehrte Goethes Schwiegertochter Ottilie, nun vierundsiebzig Jahre alt, für immer nach Weimar zurück. Ihre Mutter war vor zwanzig Jahren gestorben, seither lebte auch ihre Schwester Ulrike nicht mehr in Weimar. Ottilies Lebensfreundinnen, die sie über Jahre begleitet hatten, Adele Schopenhauer, Anna Jameson und Sibylle Mertens, waren tot. Als auch ihre große Lebensliebe Ferdinand Heinke gestorben war, bekannte die sonst so stolze und selbstbewußte Ottilie, die Natur habe sie zwar mit den besten *Baumaterialien* ausgestattet, sie seien aber ungenutzt geblieben, *weil mir der Bau- und Ratmeister versagt war, der sie zu einem Ganzen gefügt.*[162] Mit anderen Worten, Heinke hätte ein solcher Baumeister sein können. Ottilie selbst hatte es nicht vermocht, ihr Leben in den Griff zu bekommen.

Ottilie richtete ihre Zimmer wieder in denselben Mansarden ein, aus denen sie einst mit fliegenden Fahnen ausgezogen war. Gegenstände, die sie liebte, versammelte sie um sich, antike Funde aus dem Besitz von Sibylle Mertens, Skulpturen, Lampen und Vasen. Das Bild des Herzogs von Urbino hing in ihrem Salon, der mit Wiener Biedermeier-Möbeln ausgestattet wurde. Auch Goethes Porträt von Stieler und ein Bildnis von Wolf schmückte ihr Zimmer. Ein kleines Porträt ihres Ehemannes August hing über der Eingangstür.

Seit mehr als sechzig Jahren diente der Familie die alte Wilhelmine Bachstein, die schon zu Goethes Lebzeiten in seinem Haus als vierzehnjährige Kinderwärterin der Enkel begonnen hatte. Die junge Adelheid von Schorn besuchte hier die altgewordene Ottilie und traf bei ihr fast immer Walther an, Wolf dagegen nur ein einziges Mal. Häufige Gäste an Ottilies Teetisch, an dem es gewöhnlich aus Gründen der Sparsamkeit nur Zwieback und kleine Butterbrötchen gab, waren die Schriftstellerin Amalie Winter mit ihrer Tochter Melanie, Jenny und Therese von Gerstenbergk und die von Berlin nach Weimar gezogene Freundin Allwina Frommann, Walthers alte Gönnerin, *ebenso hässlich als gescheit, fein und liebenswürdig ... Was sie als junge Mädchen im Goethehaus an Anregung und Freundschaft von dem Dichter empfangen, gab sie den Seinen im Alter wieder ...*

Erstaunlich oft kam auch die inzwischen fünfzigjährige Charlotte Hardtmuth, die als Walthers Jugendgespielin bei seinen Theateraufführungen mitgewirkt hatte. Wie es hieß, habe sie ihn geliebt, er aber habe ihr Liebeswerben als lästig empfunden. Bei seinem bekannten Desinteresse an Frauen wäre es durchaus denkbar. Charlotte war in Walthers Stücken als zuverlässige Darstellerin aufgetreten, so wie er, der damals Achtzehnjährige, ein unermüdlicher Verfasser von Musikdramen war. In »Das Mädchen von Mecheln« wirkte die fünfzehnjährige Charlotte im Frühjahr 1836 im Haus seiner Großmutter mit, im Winter 1836 war sie die Anne in Walthers *nach einem dänischen Roman* gestalteten Sprechstück »Anunciata«, in seinem Zweiakter »Eduard« stand sie mit Bertha von Schmeling auf der Bühne, und in Walthers letztem Drama mit dem traurigen Titel »Zu spät« verkörperte sie im Juli 1837 – neben Walther als *Maler Alfred* – die sechzehnjährige Nichte Marie.

»Zu spät« war es nun auch für eine Verbindung der Jugendgespielen. Immerhin umrankte beide die Sage, Walther habe Charlotte am Sarg seines Großvaters auf die Stirn geküßt.[163] Jetzt, im Alter, waren sich beide zugetan, sogar Familien-, Erb- und Testamentsangelegenheiten wurden offen zwischen ihnen besprochen.[164]

Ottilie im Alter von 56 Jahren.
Zeichnung von S. Dahl, 1859

Wolfs Freund, der Konsistorialrat Otto Mejer, sah Ottilie von
Goethe in ihren Mansardenzimmern nach langen Jahren wieder, fand *eine zarte Gestalt mit einem energischen Gesicht, dessen
Züge bisweilen streng erscheinen konnten. Wie früher hatte sie reiche, im Gespräche vielgeschüttelte Locken, damals noch dunkelblond,
dann frühe weiß, die Hände überaus schmal und fein, Bewegung und
Rede ausdrucksvoll, aber bei aller Lebendigkeit stets bemessen. Offenbar war die Frau, bevor sie durch eine von einem Sturz mit dem Pferde
herrührende Narbe entstellt worden war, schön gewesen.* Er bewunderte damals wie später eine Eigenschaft, die auch die Söhne
hervorgehoben haben: ihre *Energie des Herzens. In den großen,
festen, markierten Zügen ihrer Handschrift drückte sich der Mut
der eigenen Meinung aus,* erklärte der Besucher, *sich unterzu-
ordnen verstand sie nicht.*[165]

247

Ottilies Herrschsucht nahm im Alter nicht ab, im Gegenteil. Sie ließ die Söhne nicht aus der Umklammerung. Sie litt, also mußte man helfen. Sie rief, also mußte man kommen. Walthers Briefe an den Großherzog sind durchzogen von Äußerungen dieser Art. Die Söhne lebten in ständiger Furcht, die immer dünner und gebrechlicher werdende Mutter könnte sterben. Wolf sah es als ein Unglück voraus, *vor dem ich seit Jahren Tag und Nacht in Furcht lebe*, wie der Fünfzigjährige dem Freund schrieb. *Ich habe die Überzeugung, daß man von dem Augenblick an, wo man aufhört, ein Kind zu sein, d. h. keine Eltern mehr hat, in eine Stellung in der Welt tritt, die man eigentlich nicht auszufüllen vermag. . .*[166]

Am 26. Oktober 1872 starb Ottilie von Goethe in ihrer alten Mansarde im Goethehaus. Bis zuletzt war sie klar und tätig gewesen. Noch im Mai hatte sie Romeo Seligmann gebeten, ihr aus Wien die zurückgelassenen Gegenstände von Alma zu schicken, eine Kette, eine Brosche, eine rotlederne Brieftasche. Im Sommer hatte sie mit Allwina Frommann Pläne gemacht, an einen anderen Ort zu ziehen. Bis zuletzt hielt sie ihre beiden Söhne wie eine Herrscherin in Atem, gab Ratschläge, bat und befahl. Im Herbst verschlechterte sich ihr körperlicher Zustand rapide. Sie starb an Herzversagen.

Einen Monat vor ihrem Tod hatte Otto Mejer sie noch einmal besucht. *Wolf hatte recht, sie war wie ein Hauch. Aber ihre alte Lockenfülle umgab noch das schmale Gesicht, und auch im Anzuge war ihr Geschmack der alte: sie trug einen farbigen Umhang mit kleiner Goldborte. Jahre und Krankheit waren ihr sehr anzusehen; als ich aber ihr gegenübersaß, richtete sich im Gespräch das gesenkte Haupt nach wenig Minuten in die Höhe, und es gab Momente, wo man hätte meinen können, die Zeit sei spurlos an ihr vorübergegangen . . . Ihre Söhne und meine Kinder, alte und neue Freunde, Liebe und Haß, Bewunderung und Verwerfen, Kleines, Großes und Größ-*

tes bewegte das Gespräch, nicht zum Wenigsten die große Zeit des
Krieges, der eben vorüber war und das Eine Deutschand, ihre alte
Hoffnung, geschaffen hatte; Schmerzen, Freude, Erinnerung, noch
immer Liebe zum Leben, alles klang lebhaft an. Mir war, als erlebe
ich den Schlußsatz eines Beethovenschen Musikstückes. Als ich nach
einer Stunde Abschied nahm und in der Türe einen letzten Blick
zurückwarf, war die alte Frau in sich zusammengesunken ... Ich
wußte, ich werde sie nicht wiedersehen.[167]

Durch den Tod der Mutter wurde Wolf zunehmend einsam.
Er litt unter Angstgefühlen, die vermutlich auch von seiner
Herzkrankheit herrührten. Im Goethehaus richtete er sich in
derjenigen Mansarde ein, in der früher sein Vater gewohnt
hatte. Daß er das ganze Zimmer mit Erinnerungen an August
ausstattete, war Beweis dafür, wie sehr er als Zehnjähriger unter
dem Tod des Vaters gelitten hatte.

Seinen Freund Otto, der ihn mit Frau und Kindern im Som-
mer 1874 in Weimar besuchte, führte Wolf – eine große Aus-
nahme – durch Goethes Räume. Er zeigte dem Freund den
Schreibtisch, *den sein Großvater einst dem Knaben dort hatte vors*
Fenster setzen lassen, damit er bei ihm arbeite. Jetzt erfuhr der
Besucher auch den Grund, warum die Brüder finanziell äußerst eingeschränkt lebten. Ottilie hatte nie mit Geld umgehen können. Durch kostspielige Salons und einen großzügigen
Lebensstil, durch unentwegtes Reisen, teure Hotelsuiten in
Rom und Venedig, Genua und Mailand, Pisa und Neapel, die
Privatquartiere in Dresden, Eisenach und Jena, dabei die Wohnung in Wien, die sie auch während der Abwesenheiten beibe-
hielt, hatte sie nicht nur das vorhandene Vermögen dezimiert,
sondern auch das Kapital der Söhne verbraucht. Die Einnahmen aus Goethes Werken waren damals weder groß noch bedeutend genug, um diese Ausgaben decken zu können. Es fehlte
den Enkeln nicht nur das Fundament zu einem sorgloseren Leben, sondern zu ihrem Kummer auch zur Erhaltung des Besit-

zes. Nach ihrem Tod zeigte sich, daß sämtliche Balken unter Goethes Wohnräumen verrottet waren.

Obwohl es nun nach dem Tod der Mutter selbstverständlich gewesen wäre, die Kunstschätze Goethes zu Geld zu machen, schienen weder Walther noch Wolf daran zu denken. Sie schritten wie früher durch das Haus, zeigten ausgewählten Besuchern das, was sie zu zeigen genötigt wurden, zogen auch Schubladen auf oder öffneten Schränke, um sich des Inhalts zu vergewissern, und schienen mit ihrer Entscheidung zufrieden. Wolf, der Jurist und Philologe, entschied über neue Veröffentlichungen wie die Herausgabe der »Italienischen Reise« 1861 und Goethes naturwissenschaftliche Korrespondenz 1874. Walther, der sich beim Großherzog scherzhaft *Wächter, Hüter und Stationsbeamter des Goethehauses* nannte, führte den umfangreichen, die gesamte Verwaltung betreffenden Briefwechsel mit dem Juristen Karl Böttger[168].

Beide Brüder blieben, was sie immer gewesen waren: die pflichtbewußten und stolzen Bewahrer des großväterlichen Erbes.

Wolfs Zustand verschlimmerte sich. Das alte Leiden der furchtbaren Gesichtsneuralgien kehrte zurück, er konnte weder lesen noch schreiben. Als Ottilies Schwester Ulrike von Pogwisch, die beide Brüder oft in ihrem Schleswiger Anwesen besucht hatten, im September 1875 starb, schien für ihn der Verlust vollkommen. *Ich kenne das Leben seitdem nicht mehr.* Neuerdings wurde er gepeinigt von einer beängstigenden Atemnot, die ihm das Leben zur Qual machte.

Pflegebedürftig geworden, zog Wolf im Herbst 1879 nach Leipzig um. Er brauchte einen Betreuer, und es erschien unmöglich, gemeinsam mit Walther, der noch die alte Wilhelmine Bachstein bei sich hatte, in den Mansarden des Goethehauses zu leben. Also nahm der kranke Wolf eine bescheidene

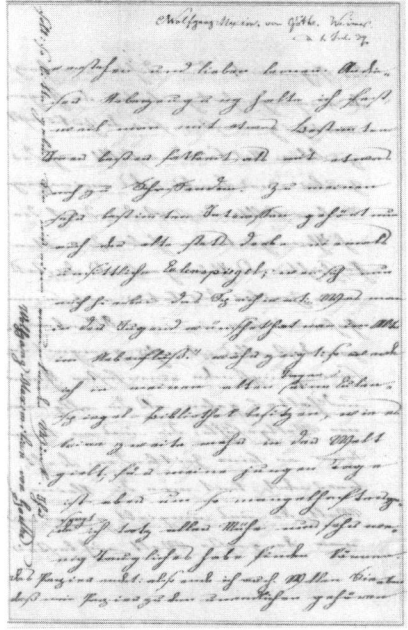

Handschrift von Wolfgang von Goethe

Wohnung als Untermieter des Kutschers und Geschirrführers Seiffried, einer bürgerlichen Leipziger Familie. Durch Bertha von Schmeling hatte er immerhin einen guten Betreuer und Sekretär gefunden. Es war der mehr als dreißig Jahre jüngere Gutsbesitzerssohn Ernst Thalmann. Großherzog Carl Alexander nannte ihn in seinem Tagebuch Wolfs *ami de feu*[169] — Thalmann war also nicht nur Wolfs Pfleger, sondern auch sein Freund.

Bis zuletzt schrieb Wolf, solange es seine Kräfte erlaubten, an seinem großen Thema, dem umfassenden Verzeichnis der italienischen Bibliotheken des Mittelalters, wobei es ihn bekümmerte, in Leipzig nicht die Bücher zu finden, die man ihm in der Jenaer Bibliothek zur Verfügung stellen konnte. Große

Freude bereitete ihm zuletzt der Vorschlag von Jenny von Gustedt, seine »Erlinde« auf die Bühne zu bringen; sie habe den
richtigen Theaterdirektor gefunden. Wolf antwortete ihr, da
sein rechter Arm durch neuralgische Schmerzen gelähmt sei,
nur kurz: *Rühre die Wunde nicht an, denn nur dünn ist die Haut,
die darüber wuchs: daß meine Erlinde einen lebenskräftigen Keim
hatte, glaube auch ich, aber es war niemand da, der sie pflegte.* Ihrem
Drängen entgegnete er am 1. Januartag des Jahres 1881 noch
einmal: *Es wäre unnatürlich gewesen, wenn ich nicht an die Erlinde
Hoffnungen geknüpft hätte ... Es hat nicht sein sollen! Ob die Zeit
der Erlinde gekommen ist, weiß ich nicht. Ob gar meine Zeit gekommen?!*[170]

Nach Weimar ist Wolf nicht mehr zurückgekehrt. Am 3. März
1881 schrieb er seinem theologischen Freund Mejer: *Was Gott
tut, ist ja i m m e r weise, aber oft sehr schmerzlich und dunkel.* Am
20. Januar 1883 kam Wolfgang Maximilian von Goethe, drei-
undsechzig Jahre alt, nach einem schweren Anfall von »Brust-
krämpfen«, wie er sie als Gymnasiast von sechzehn Jahren
zum ersten Mal erlebte, nicht mehr zu sich.
Noch am gleichen Tag war in der Weimarer Zeitung die Anzeige zu lesen:

> *Heute entschlief in Leipzig mein theurer Bruder,*
> *der Königlich Preussische Legationsrath und*
> *Grossherzoglich Sächsische Kammerherr,*
> *Dr. jur. Wolfgang Maximilian Freiherr von Goethe*
> *Comthur des Falken-Ordens.*
> *Gottes unerforschlichem Willen sich beugend, zeige dieses*
> *tieferschüttert an.*

Weimar, 20. Januar 1883   *Walther Freiherr von Goethe.*

Zwischen Wolfs Papieren fand ich einen Zettel mit der Aufschrift: *Dem unvergeßlichen geliebten Freunde! Röschen.* Wahrscheinlich hat dieses Blatt einen Blumenkranz begleitet.

Drei Tage später wurde Wolf auf dem Alten Friedhof von Weimar bestattet. Jenny von Gustedt notierte in ihr Tagebuch: *Heute haben sie meinen lieben Wolf neben seiner Mutter begraben, er ging jammervoll zugrunde an der Kraft, die von innen zehrte, weil sie sich nach außen nicht entfalten durfte.* Walther sagte in seiner erschütternden Rede am Grab des Bruders, nun seien genau zehn Jahre vergangen seit dem Tod *der heißgeliebten Mutter, die so unbedingt den Mittelpunkt und Hauptinhalt gebildet, daß mit ihrem Hinscheiden das letzte Band sich löste, das unsere Zeit mit einer großen, glanzvollen Vergangenheit verknüpfte.*

Aus Wolfs Leipziger Nachlaß gelangten Handzeichnungen Goethes, zwei Landschaften der Herzogin Anna Amalia, neun Zeichnungen von Allwina Frommann und Ansichten der Wohnungen, die Wolf in Rom bewohnte, ins Goethehaus.[171]

Vergangenheit und Erinnerung – von nichts anderem als von seiner glücklichen Kindheit handelt das erste Gedicht, das Wolf seiner einzigen Gedichtsammlung vorangestellt hatte.

Aus der Ferne

Wie schön! wenn aus vergang'nen Zeiten
Ein Jugendhauch den Geist bewegt,
Und leis' an längstverklung'ne Saiten
Des vielbewegten Herzens schlägt!

Ist es ein Traum aus frühen Tagen?
Ist es der Kindheit Sonnenblick?
Ich fühl' es tief und kann's nicht sagen,
Ich fühle erster Tage Glück.

Was mir dazwischen hingeflossen,
Vergessen ist es wie das Heut;
Was mich umgibt, wird übergossen
Vom Zauber der Vergangenheit.

Ich ernenne meinen Bruder Walther von Goethe zu meinem Universal-Erben. So lautete der erste Paragraph von Wolfs Testament. Alle Wertsachen und Erinnerungsgegenstände erhielt Walther, während Wolfs Privatbibliothek, insgesamt 629 wissenschaftliche Werke aus Literatur und Kunst, Geographie und Geschichte, an die Universität Jena ging. Dort befinden sich auch heute seine 46 Mappen mit Vorarbeiten zu Publikationen, Studien zur italienischen Sprache, zur Manessischen Liederhandschrift, Forschungen zur italienischen Renaissance, Mappen mit *Sentenzen, Worterklärungen, Reflexionen*, Auszüge aus der »Geschichte Thüringens«, die er zur »Erlinde« und zum »Getreuen Eckart« benutzte, und *auch ein Bündel loser Noten von Walther von Goethe.*

Ernst Thalmann, inzwischen verheiratet und im eigenen Haushalt lebend, erhielt aus Wolfs Vermögen 22 000 Mark. Er wurde nach Wolfs Tod auch der Vertraute von Walther, dessen langjährige Betreuerin Wilhelmine Bachstein im hohen Alter starb.

Es hat sich ein Billett gefunden, geschrieben von Walther: *Lieber Thalmann! Kommen Sie bald zu mir! Es geht mir nicht gut. Der Bruder Wolfgangs.*

Der letzte Goethe

Walther war stets ein Verehrer liebenswürdiger älterer Damen, die seinen Weg begleiteten und überwachten, aber keine Forderungen an ihn stellten. An der Spitze der Skala rangierte bis zu ihrem Tod die geliebte Großmutter Henriette von Pogwisch, seine erste Klavierlehrerin. An zweiter Stelle stand die unverheiratete Schwester der Mutter, Ulrike von Pogwisch. Sie war einmal sehr hübsch gewesen und besaß, anders als Ottilie, ein *reizendes, feingeschnittenes Gesicht.*[172] Hilfsbereit und selbstlos, hatte »Tante Ulrike« die beiden Neffen von früh an betreut und auf Reisen begleitet. Ihr Tod bedeutete nach dem der Mutter eine Lücke, die, wie Walther dem Großherzog schrieb, *den Verlust erst vollkommen machte.*

Immer zog Walther ältere Freundinnen, die so ungefährlich waren wie alte Tanten und vertrauenswürdige Kusinen, jungen Frauen vor. Das kam seiner Veranlagung offenbar entgegen. Er liebte Adele Schopenhauer, war gerne Gast bei Marianne von Willemer und Sibylle Mertens, den Freundinnen seiner Mutter. Offenbar waren die alten Damen sogar in seine »Blaubart«-Eigenschaften eingeweiht. Zu Walthers Dauerfreundinnen, deren Bekanntschaft noch aus Goethes Zeiten herrührte, zählte Emma Froriep sowie die verehrte Allwina Frommann, die Tochter von Goethes Verleger, von der sechzig Briefe erhalten sind, in denen sie ihren Schützling nur ein einziges Mal kritisiert: *Ist es denn wahr, daß niemand mehr die Zimmer und Sammlungen des Großvaters sehen kann?* Allwina lebte zuletzt als unzertrennliche Freundin in Ottilies und Walthers Nähe.

Verbunden blieb er in alter Treue der schon von Goethe geförderten Malerin Luise Seidler, die ihn als Kind mehrmals porträtiert hatte. Als ihr Ende nahte, spielte Walther ihr seine Me-

Walther von Goethe.
Gouache von Luise Kugler, 1846

lodien vor. Im Salon der Mutter traf er weiterhin die alte Marie
von Herder, vor der sich schon Alma gegrault hatte, sowie
die zehn Jahre ältere Jenny von Gerstenbergk, die über sein
Leben berichtete. Amalie von Seebach, mit Wolf befreundet,
stand auch Walther zur Seite, ebenso Tante Bertha von Schmeling, die er immer wieder in Nassenheide aufsuchte. Die einzige Bekannte, die nicht auf irgendeine Weise mit Goethe in
Verbindung stand, war die Übersetzerin und Blumenmalerin
Eufemia von Kudriaffsky, deren Bekanntschaft Walther in Wien
machte. Sie war ihm bis Weimar gefolgt und hatte ihm ihr
Stammbuch mit den Eintragungen von Brahms und Grillpar-
zer vermacht.

Als Varnhagen Ende Juli 1858 Ottilie besuchte, fand er bei
ihr bezeichnenderweise außer Walther nur ältliche Damen vor:
das alte Fräulein Froriep, Frau Doktorin Gumprecht, Frl. v. Herder,
Fräulein Louise Seidler. Auch Walther von Goethe fand sich ein und
war nach seiner Art sehr zuvorkommend. Walther wie immer, um-

geben von alten Damen aus Goethes Lebenskreis, die ihn re-
spektvoll verwöhnten.

Diejenigen jungen Mädchen dagegen, die sich in Walther verliebten, wurden nicht erhört. Wir wissen, daß seine Jugendgespielin Charlotte Voelkel ihn anschwärmte, während er sie,
wie er seiner Mutter schrieb, nur als lästig empfand. Es existieren auch noch die Briefe der jugendlichen Cäcilie von Gersdorff an den neunzehnjährigen Musikstudenten, die er jedoch
so oberflächlich–desinteressiert erwidert haben muß, daß die
Freundschaft einschlief und Cäcilie statt seiner den Grafen
Beust heiratete.

Auf einen Brief, den ihm die einst geliebte Jenny von Pappenheim Weihnachten 1857 nach Weimar schrieb, reagierte
Walther zunächst ohne Interesse. *Mein lieber lieber Walther, Ich
weiß nicht was Dein Herz empfinden wird bei dem Gedanken eines
Wiedersehns, ich weiß nicht ob nach allen Wirren, Stürmen, Erfahrungen des Lebens, der Zeit und des Todes dein Gefühl wie das Meinige … das ächte und wahre Freundschaftsgefühl als ein hohes, un-
verlierbares Eigentum sich gerettet hat …* Sie traf in Berlin Wolf
wieder, Walther jedoch nicht. *Gott spare mir eine Täuschung –
ich möchte noch einmal ein bisschen Lehrerin spielen, wenn Dein
Herz mir wieder entgegen kömmt. Deine alte Freundin Jenny.*[173]
Erst nachdem Jenny von Gustedt als Witwe nach Weimar zurückgekehrt und im Haus ihres Schwagers Beust eingezogen
war, nahm Walther den Faden wieder auf und begrüßte sie
wie das Allerbeste in seiner Stadt. Wirkliche Wärme aber hat er
ihr auch dann nicht entgegengebracht.

Ohne seine beherrschende Mutter zu leben, hatte Walther sich
niemals vorstellen können. Er lebte in Erinnerungen. In keinem Jahr versäumte er, an Goethes Geburtstag zu denken; regelmäßig steht in seinen Tagbüchern: *Apapas Geburtstag.* Wie
schon seinem Vater scheint auch ihm ein Freudenschimmer die-

sen Tag verklärt zu haben, als genügten schon die zwei Worte, das Ereignis in die Gegenwart zurückzurufen: *Apapas Geburtstag*. Die Zeit mit dem Großvater war einzigartig gewesen. *Glauben Sie mir: das Reich der Eumeniden geht zu Ende*, hatte er mit dreiundzwanzig Jahren gesagt. Nun war er, was er nie sein wollte: der letzte Besitzer von Goethes Vermächtnis.

Walther von Goethe war eine Persönlichkeit, welche aus dem Alltäglichen und Gewöhnlichen vollkommen heraustrat, schrieb Großherzog Carl Alexander an Jenny von Gerstenbergk. *Geboren zu der Zeit, wo der Ruhm seines unsterblichen Großvaters seinen Höhepunkt erreicht hatte und der Gegenstand von nie gesehener Bewunderung und Verehrung vom In- und Auslande, von der ganzen Welt war, genoß Walther Goethe von der Wiege an die schmeichelnden Töne der Bewunderung für den Großvater* ... Die Welt habe Forderungen an ihn gestellt, ihm aber keine Vorrechte eingeräumt. *Diese Umstände erschwerten Walther sowohl wie seinem Bruder den Lebensweg und erzeugten bei Beiden oft eine Erbitterung gegen diese Welt* ... *Dabei kannte der edle Charakter Walthers absolut keine Selbstliebe* ... So habe er auch verlockende finanzielle Angebote trotz der *keineswegs glänzenden Vermögensverhältnisse* ausgeschlagen. *Das Wort Rücksicht war gleichsam die Devise seines Lebens* ... Immer habe er die Bedeutung des Großvaters über alles gestellt. *Auch selbst der treusten Freundschaft* sei es nicht gelungen, ihn zu seiner musikalischen Begabung zu ermutigen. Walther sei zurückhaltend und scheu gewesen, *aber er bot dem, der ihn nahe kannte, den Genuß treuster Freundschaft, und das in jeder Beziehung und zu allen Zeiten. So war Walther Goethe.*[174]

Die »Weimarer Zeitung« würdigte 1885 Walthers und Wolfs Verdienste: *Die Pietät gebot den Erben des großen Dichters, weder das Haus noch die Sammlungen zu verkaufen. Die »Deutsche Nation« tat nichts für sie, und so waren sie angewiesen auf das allerbescheidenste Leben. Nach dem Tode ihrer Mutter und ihrer Schwester*

verbrachten beide Brüder ihr Dasein in staunenswerter Zurückgezo-
genheit. Beide blieben unvermählt. Wie hatte die Freundin Jenny
von Pappenheim die Brüder bezeichnet? Sie seien, erklärte
sie, *zwei in Nachtvögel verzauberte Prinzen, die einen vergrabenen
Schatz bewachen.*[175]

Adelheid von Schorn hat Walther kurz vor seinem Tod im
Goethehaus aufgesucht. *Ich wollte den Letzten, der den Namen
Goethe trug, noch einmal sehen. Das Zimmer, in dem ich oft bei sei-
ner Mutter gesessen, war jetzt so mit Büchern angefüllt, die auf dem
Sofa, auf Tischen und Stühlen lagen, daß faktisch nur ein Stuhl für
einen Besuch freigehalten war. Walter saß – matt und zusammengesunken – auf einem Rohrstuhl am Ofen, vor sich einen kleinen
Tisch, auf dem ein Glas Wasser stand. Er war gut und liebenswürdig wie immer, sein feines, weiches, schüchternes Wesen hatte etwas
Rührendes . . .*[176]
Der Großherzog besuchte seinen Freund laut Tagebuch fast
täglich, und immer mit Gewinn. *19. Juni 1883. Einstündiger Besuch bei Goethe, wie immer für mich sehr wohltuend durch den her-
zenswarmen Geist meines ausgezeichneten Freundes, den Gott seg-
nen und behüten wolle! . . .*[177] Allerdings ging es Carl Alexander
bei diesen Gesprächen auch um die Kunstsammlungen Goethes, die er nicht in alle Winde zerstreut, sondern für Weimar
gerettet sehen wollte. Walther hörte sich die Vorschläge geduldig an, machte aber keine Zusagen oder Versprechungen. Doch
dann setzte er, ohne dem Großherzog eine Andeutung zu machen, am 24. September 1883 sein Testament auf.

Noch einmal 1884, im Jahr vor seinem Tod, schuf Walther
eine neue Komposition. Vielleicht hat er bei dieser Gelegenheit auch seine früheren musikalisch-literarischen Arbeiten
und Opernrezensionen geordnet und in Mappen zusammengestellt, die er mit der romantischen Aufschrift versah: *MEIN
KÜNSTLER-LEBEN-TREIBEN- UND TRÄUMEN. AUS LO-*

SEN BLÄTTERN ZUSAMMENGEFASST VON WALTHER VON GOETHE. Es ist der romantisch-verklärende Titel für das, was zu werden ihm das Schicksal versagt hatte. Als er neun Jahre alt war, hatte ein Besucher des Großvaters Walther gesehen und notiert: *Goethes Antlitz belebte sich und erstrahlte in ausdrucksvollem Lächeln, als sein kleiner Enkel hereinkam, welcher mittlerweile herangewachsen ist und ein tüchtiger Musiker zu werden verspricht. Er richtete seinen Blick auf ihn wie auf seine Zukunft und war erfreut, ihn seinen Gästen vorstellen zu können.*[178]

Walthers Mappen[179] vermitteln den Eindruck, als wolle der verhinderte Künstler noch nachträglich seinem Leben den Stempel seines musikalischen Wollens aufdrücken. Das erste Blatt mit der Aufschrift *Biographisches* führt aus: *Zu meinen Musicalischen Leiden und Freuden gehörig; enthält Briefe von Loewe und seiner Familie; sowie von anderen Musikalischen und Künstlerischen Dingen Bericht und Kunde . . .* Da finden sich die Visitenkarten von Robert Schumann und Giacomo Meyerbeer, Bänder und getrocknete Blumen, Glückwunschkarten aus der Jugend, da liegt die Korrespondenz, die sich um mögliche Aufführungen seiner Opern drehte, mit denen er letztlich niemals Erfolg hatte. Er hatte auch die Programme aufbewahrt von jenen Konzerten, bei denen seine Lieder gesungen wurden – in Wien, als vor geladenem Publikum »Der Ritt zum Liebchen« erklang, »Die Träne«, »Liebes-Frage« und »Das Lied von der Lanze«.

Aber auch die handgeschriebenen Programmzettel aus der Kinderzeit, als der elfjährige Walther mit der reizenden Charlotte Voelckel, mit Cäcilie von Gersdorff, Felix Vulpius und den Schwestern Marie, Ida und Luise Melos selbstverfertigte Singspiele aufführte, ruhen in der »Künstler-Mappe«. Seine Patin Caroline von Egloffstein hatte damals ihrer Mutter von den Aufführungen im Haus am Frauenplan berichtet: *Vor einigen Tagen haben die Goethekinder ganz allerliebst »Jery und Bätely« gespielt. Walther war charmant als Windbeutel in der Rolle von Tho-*

260

mas, Wolf ein sentimentaler eitler Bursche als Jery. Alle sangen zum Entzücken.

Der Großherzog erkundigte sich täglich nach dem Befinden des gealterten Freundes. Im Tagebuch Carl Alexanders heißt es: *Leipzig, 2. 1. 1885 Besuch bei Walther Goethe, der seit Dezember in Leipzig weilt und im Augenblick durch einen Hexenschuß dort festgehalten wird. Er hinterließ mir einen schmerzlichen Eindruck. 15. 4. 1885. Während des Mittagessens empfing ich aus Leipzig eine Depesche des jungen Vulpius, des Arztes, die mich davon unterrichtete, daß die Schwäche Walther Goethes zunimmt ... Abends um elf Uhr eine neue Depesche von Vulpius empfangen, die mir anzeigte, daß mein lieber und ausgezeichneter Freund Walther gestorben ist.*

Walther von Goethe starb am 15. April 1885, gerade siebenundsechzig Jahre alt geworden, in einem Leipziger Hotelzimmer, wo er sich seit Weihnachten alleine aufhielt. Anfang April 1885 erfuhr man, daß er dort bedenklich erkrankt sei. Der Mediziner Walther Vulpius, fünfundzwanzigjähriger Sohn des Vetters Felix, fand ihn durch einen Blutsturz schon so geschwächt, daß ihm nicht mehr zu helfen war. Er und Thalmann wachten am Sterbebett. Am Tag darauf wurde Walther nach Weimar überführt. Im Goethehaus am Frauenplan stand der Tisch zu seinem 67. Geburtstag noch gedeckt und war mit Blumen geschmückt.

Tagebuch von Carl Alexander: *18. 4. Um 3 3/4 Uhr mit meiner Familie nach dem Friedhof aufgebrochen. Es hatten sich dort viele Menschen aus allen Schichten versammelt. Schöner Gesang und würdige Ansprache von Heß.* Die Ansprache wurde in der Weimarer Zeitung veröffentlicht.

So ist denn der letzte des Goetheschen Geschlechts der kühlen Erde zum ewigen Schlaf wiedergegeben! schrieb die Hofsängerin

Die Gräber der Enkel Walther, Wolfgang und Alma
und ihrer Mutter Ottilie von Goethe

Marie Schmidt. *Heute Nachmittag vier Uhr fand unter feierlichem Gedränge die Beerdigung statt. Eine hochansehnliche Versammlung aus allen Schichten der Bevölkerung erwartete ehrfurchtsvoll den Großherzog und seine Gemahlin. Es sprach Oberkirchenrat Dr. Hesse: »Was sichtbar ist, das ist zeitlich, was aber unsichtbar ist, das ist ewig.«* Auf Walthers Grabtafel steht:

> *Mit ihm erlosch Goethes Geschlecht,*
> *dessen Name alle Zeiten überdauert.*

Alma von Goethe, die vierzig Jahre lang auf dem Währinger Friedhof von Wien, gegenüber von Schubert und Beethoven, bestattet lag, wurde drei Monate nach Walthers Tod auf den Weimarer Friedhof überführt. *Einen Augenblick gibt es, in dem Gott nicht allwissend ist – wenn er einer Mutter ihr Kind nimmt,* hatte Ottilie in ihr Tagebuch geschrieben. Noch von Rom

262

aus gab sie ein Grabmonument für die Tochter in Auftrag, und zwar bei einem Schüler des berühmten Bildhauers Thorwaldsen, Jens Adolf Jerichau, der ein liebliches Bildnis schuf, wozu er Almas Totenmaske benutzte. Er stellte Alma als ein im Schlaf liegendes junges Mädchen dar, mit einem Kranz von Rosen im Haar. Das schöne Marmorbild wurde erst 1910 in die Familiengrabstätte in Weimar eingefügt, in der Ottilie von Goethe nun mit ihren drei Kindern Walther, Wolfgang und Alma gemeinsam ruht.

Mit einer Spannung, die sich kaum beschreiben ließ, wurde die Eröffnung von Walthers Testaments erwartet. Zu wessen Gunsten hatte sich der letzte Goethe entschieden? Hatte er an seine Heimatstadt, an die Nation gedacht? Das Testament, von Walther noch einen Monat vor seinem Tod, dem 10. März 1885, mit zwei Zusätzen versehen, lautete:

§ I.

Ich ernenne das Großherzogtum Sachsen (den Staat) zum Erben des aus dem Nachlaß meines seligen Großvater, des Geheimrats Johann Wolfgang von Goethe herrührenden, in der Stadt Weimar belegenen Immobiliarbesitzes. Der genannte Erbe erhält daher
> *das Wohnhaus (eigentliche Goethehaus) nebst Garten, Nr. 1219 des Fundbuchs am Goetheplatz;*
> *das Wohnhaus Nr. 1220 daselbst;*
> *das Wohnhaus Nr. 1221 daselbst;*
> *das Wohnhaus Nr. 1217 in der Seifengasse.*

§ II.

Der genannte Erbe erhält weiter die ebenfalls aus dem Nachlasse meines Großvaters herrührenden, im Goethehaus verwahrten Sammlungen von Bildern, Medaillen, Mineralien, Kunstwerken aller Art

usw., ebenso alles, was in dem von meinem Großvater benutzten Vor-
zimmer, Studierstube und Schlafzimmer sich befindet.

§ III.

Den in vorstehenden beiden Paragraphen erwähnten Besitz stelle ich
unter die direkte Oberaufsicht Sr. Königlichen Hoheit des Großher-
zogs, indem ich alle bezüglichen speziellen Bestimmungen und An-
ordnungen in Höchstdesselben fürsorgende Hand lege.

In Paragraph 4 schlug Walther vor, den Gesamtbesitz in eine
Stiftung umzuwandeln, und verfügte, daß von seinem Kapital
zehntausend Taler zur Instandhaltung der Gebäude verwendet
werden sollten. Das Gartenhaus an der Ilm vermachte er samt
Park dem Großherzoglichen Krongut als Spielplatz für die
Kinder der fürstlichen Häuser Sachsen-Weimar und Reuß.
Zur Erbin des Goetheschen Familienarchivs einschließlich seines *wissenschaftlichen, poetischen, literarischen, administrativen und*
familiären Inhalts sowie aller Schriftstücke und Akten setzte
er die Großherzogin Sophie ein. Selbstlos, wie er war, wollte
Walther auch im Testament nicht von *seinem* Vermächtnis sprechen, sondern nannte es das *Goethesche Vermächtnis*, als ob das
große Vermögen weiterhin dem Großvater gehöre und ihm
nur auf Zeit anvertraut worden sei.

Alle Liegenschaften, Häuser und Gärten fielen mithin dem
Staat Sachsen-Weimar zu; der literarische Nachlaß hingegen
ging an die Großherzogin Sophie, die das gesamte Archiv sofort in das Schloß holen ließ. Durch Walthers kluges Testament
wurde die Grundlage geschaffen für das Goethe-Nationalmu-
seum und die Goethe-Gesellschaft, beide bereits noch in Walthers Todesjahr 1885 gegründet. Die Anregung zur Schaffung
des Goethe- und Schiller-Archivs ging ebenfalls von der Großherzogin Sophie aus. Die von ihr initiierte, historisch-kritische

Gesamtausgabe der Werke, Briefe und Tagebücher Goethes, die sogenannte Sophienausgabe, kann als eine mäzenatische Jahrhundertleistung bezeichnet werden.

Es sei, als wäre durch die Öffnung des lange verschlossenen Hauses die Seele Goethes wieder in der Stadt eingezogen, schrieb der Großherzog im Juni 1897 an Jenny von Gerstenbergk: *Walther v. Goethe wie sein Bruder wußten ihrem Leben den glanzvollsten Schluß zu geben, den man sich nur erdenken konnte ... Diese Tat der beiden Brüder aber verbindet ihre Namen mit dem ihres Großvaters und mit der Dankbarkeit von allen Denen, die in Wahrheit die Bildung erkennen und erstreben.* Walthers Testament habe in dem Augenblick, in dem es bekannt wurde, in Weimar neues Leben erweckt.

Während die Großherzogin mit ihrem Expertenstab erste Vorkehrungen zur Sicherung des umfangreichen Archivs traf, stieg Carl Alexander Tag für Tag die Treppe im Haus am Frauenplan empor, erblickte die mit Lorbeer bekränzten, fackeltragenden Jünglinge, trat über das vertraute SALVE und schloß die Tür zu Goethes Räumen auf. Mit Ehrfurcht betrat er das kleine Zimmer, in dem Goethe gestorben war, betrachtete den Sessel neben dem Bett, in dem der Dichter noch an seinem letzten Morgen Walther zu sich rief und seine Anweisungen erteilte, ging in des Dichters Arbeitszimmer. Hier sah er den Kinderschreibtisch wieder, den Goethe einst für seinen Enkel Wolfgang anfertigen ließ. *Wolf hält sich besonders zu mir und hat eine Schublade in meinem Schreibtisch sich zu Kleinigkeiten und anderen Spielsachen angemaßt*, hatte Goethe über den Vierjährigen verlauten lassen, bevor ein eigener Schreibtisch für die Enkel aufgestellt wurde.

Offenbar war nichts in diesem Zimmer verändert worden. Keiner hatte seit Goethes Tod an die Dinge gerührt. Der alte Glo-

Goethes Arbeitszimmer mit dem für die Enkel
angefertigten Kinderschreibtisch

bus stand verstaubt an seinem Platz. Der Arbeitstisch befand
sich, wie immer umgeben von den vier alten Birnbaumstühlen,
mitten im Zimmer. Tintenfaß und Streusandbüchse lagen ordentlich im marmorierten Pappkasten, die Tinte war einge-
trocknet, die Gänsefeder steckte fest. Früher habe das hölzerne
Tintenfaß, hatte Wolf gesagt, seinem Vater August gehört. Das
Stehpult stand, wo es immer gestanden hatte, darauf der opali-
sierende Flakon in Napoleongestalt, den Eckermann von einer
Reise mitgebracht hatte, und auch die Glaskugel, mit der Goethe zur Freude der Kinder alle Regenbogenfarben erglänzen
ließ, war noch da. Die Schnur mit den aufgefädelten Visitenkarten der Besucher, die um Audienz baten, hing an der Wand,
daneben ein längst nicht mehr gültiger Postkutschen-Fahrplan.

Carl Alexander hatte immer geglaubt, das Haus gut zu kennen. Wie erstaunte er aber, als er hinter dem Arbeitszimmer
noch einen weiteren Raum erblickte, *eine anmutige Bibliothek,*

von deren Existenz er nichts gewußt hatte.[180] In seiner Jugend war er als Spielgefährte der Enkel oft ins Haus gekommen, und jedesmal war es ein Ereignis gewesen. Der Dichter hatte ihnen die seltenen Steine gezeigt, die aus Böhmen eingetroffen waren, und sie durch seine neuen *optischen Apparate* in Erstaunen versetzt. Als sie größer waren, durften sie einen Blick auf die Handschrift des »Götz von Berlichingen« werfen, und einmal zeigte ihnen Goethe ein Buch, das er anscheinend eben erst erhalten hatte: Es war der »Sardanapal« des Lord Byron. Dieses Buch, für Kinder eigentlich nicht bestimmt, hatte er gleich wieder in der Schreibtischschublade verschwinden lassen.

Carl Alexander ging zum großen Schreibtisch, auf dessen Bord in Reih und Glied Goethes kostbare, in Leder gebundene Handexemplare standen, und zog eine der Schubladen auf, an die er sich zu erinnern meinte. Das Buch des Lord Byron, so berichtete er später, *lag noch an der gleichen Stelle.*[181]

Beim Verlassen der Räume sah er drei Bilder, die er nicht kannte, die man ihm nie gezeigt hatte. Es waren farbige Porträts, Kinderbildnisse von Goethes Enkeln. *Meine drei Enkel, zwei Knaben und ein Mädchen, sind wirklich wie heiteres Wetter, wo sie hintreten, ist es hell*, hatte Goethe gesagt. Die kleine Alma sah lieblich aus mit ihren langen Locken, die ihr über die Schultern fielen. Daneben hingen die Bildnisse der Brüder Walther und Wolf in ihren blauen Anzügen mit dem großen, weißen Kragen, zwölf und zehn Jahre alt. Damals konnten sie nicht wissen, daß sie, wie Jenny es ausdrückte, als *zwei verzauberte Prinzen* einst einen großen Schatz zu bewachen hätten.

Der Wolf gefällt mir über die Maßen wohl, bemerkte Goethe zu Eckermann, *er ist ein tiefer fester Charakter, von dem sich einmal viel erwarten lässt. Walther dagegen ist viel leichter, er hat mehr das Naturell seiner Mutter – Wolf mehr das seines Großvaters.*

An seinem letzten Geburtstag, an dem er gemeinsam mit den Enkeln in den Thüringer Wald fuhr, hatte Goethe sie als *seine lieben Wesen und Neulinge* bezeichnet, und so waren sie auch auf den Bildnissen zu sehen, zwei Brüder, die ernst und zuversichtlich aus großen Augen erwartungsvoll in die Welt blickten.

Quellenverzeichnis

1　Goethe. Die letzten Jahre, Bd. 38, S. 122/123
2　Egloffstein, S. 127/128
3　Goethe aus der Nähe, S. 174
4　Goethe aus der Nähe, S. 306
5　Weisbecker, S. 177
6　Bode, Sohn, S. 137
7　Bode, Sohn, S. 122
8　Stern, Johanna Schopenhauer, S. 189
9　Bode, Sohn, S. 208
10　Goethe. Die letzten Jahre, Bd. 37, S. 25
11　Goethe. Die letzten Jahre, Bd. 38, S. 143
12　Goethe. Die letzten Jahre, Bd. 37, S. 14
13　Goethe aus der Nähe, S. 297
14　Deetjen, S. 7
15　Heute im Goethe-Museum Düsseldorf: Aus dem Nachlaß von Ottilie von Goethe.
16　Janetzki, S. 61
17　Lily Braun, S. 129/130
18　Karoline von Humboldt in ihren Briefen an Alexander von Rennenkampff, Berlin 1904, S. 166
19　Janetzki, S. 61
20　Goethe. Die letzten Jahre, Bd. 38, S. 142
21　Eckermann, S. 246
22　Janetzki, S. 70
23　Soret, S. 125/126
24　Goethe. Die letzten Jahre, Bd. 37, S. 186
25　Egloffstein, S. 301
26　Bode, Sohn, S. 286
27　Gersdorffs Wohnhaus, in dem er von 1812-1848 lebte, steht in der heutigen Wielandstraße 2.
28　Lily Braun, S. 80
29　Jenny von Pappenheim vererbte den Ring ihrer Enkelin Lily Braun, in deren Besitz er sich bis 1963 befand.
30　Schorn, S. 24

31 Lily Braun, S. 150

32 Seidler, Erinnerungen, S. 70/71

33 Goethe. Die letzten Jahre, Bd. 38, S. 916

34 Goethe. Die letzten Jahre, Bd. 38, S. 142/143

35 Goethe-Museum Düsseldorf

36 Wilhelm Buchner, Ferdinand Freiligrath. Ein Dichterleben in Briefen, Lahr 1881, Bd. I, S. 365 f.

37 Vertraulich III, S. 298

38 I. Stolzenberg, Ein Stammbuch von Ottilie von Goethe, in: Jb. Sammlung Kippenberg, NF III, 1974, S. 85

39 Wilhelm Buchner, Ferdinand Freiligrath. Ein Dichterleben in Briefen. Lahr 1881, Bd. I, S. 365 f.

40 Janetzki, S. 73.

41 Lily Braun, S. 137

42 Bode, Sohn, S. 313

43 A. v. Goethe, Auf einer Reise nach Süden, S. 215

44 Bode, Sohn, S. 220

45 Goethe in vertraulichen Briefen, S. 329

46 Goethe. Die letzten Jahre, Bd. 38, S. 342 f.

47 Egloffstein, S. 377

48 Vulpius, S. 17

49 Janetzki, S. 75

50 Lily Braun, S. 126-131

51 Deetjen, Goethes tägliche Tafel

52 Egloffstein, S. 370

53 Goethe. Die letzten Jahre, Bd. 38, S. 810

54 Goethe. Die letzten Jahre, Bd. 38, S. 415/416

55 Janetzki, S. 101, 102

56 Heute im Düsseldorfer Goethe-Museum

57 Goethe. Die letzten Jahre, Bd. 38, S. 448-451

58 Goethe. Die letzten Jahre, Bd. 38, S. 522 ff.

59 Hesse, S. 72

60 C. Vogel, Die letzte Krankheit Goethes, Berlin 1833

61 Goethe. Die letzten Jahre, Bd. 38, S. 559

62 Goethe aus der Nähe, S. 364-366

63 Janetzki, S. 113

64 Büch, S. 274

65 Rahmeyer, S. 171

66 Rahmeyer, S. 176

67 Houben, S. XV

68 Kühn, S. 61

69 Eckart Kleßmann, Die Mendelssohns. Bilder aus einer deutschen Familie, Frankfurt am Main 1993, S. 211

70 Vulpius, S. 23

71 Unveröffentlicht, GSA Weimar

72 Vulpius, S. 28

73 Vulpius, S. 27, 28

74 Rahmayer, S. 185

75 Vulpius, S. 28/29

76 Weissweiler, S. 27

77 Weissweiler, S. 78

78 Robert Schumann, Tagebücher I, Frankfurt am Main 1994, S. 28, 47, 119 f.

79 Weissweiler, S. 86

80 R. Schumann, Tagebücher II, S. 36, 37, 47

81 Weissweiler, S. 89

82 Weissweiler, S. 91

83 Mejer, S. 15

84 Mejer, S. 11

85 Mann für Mann. Ein biographisches Lexikon, S. 291

86 Vulpius, S. 35

87 Der Komponist Johann Josef Abert (1832–1915) schrieb ebenfalls eine Oper »König Enzio«; sie wurde 1862 in Stuttgart uraufgeführt.

88 Vulpius, S. 37

89 Völker, Weihnachten bei Goethe

90 Vulpius, S. 83

91 Vulpius, S. 84

92 Tagebücher von K. A. Varnhagen, Leipzig 1861, Bd. 10, S. 237/238, Bd. 14, S. 327

93 Goethe. Die letzten Jahre, Bd. 38, S. 335

94 Vulpius, S. 49

95 Vulpius, S. 50

96 Janetzki, S. 126

97 GSA Rep. 37/ XLV, 5

98 Vulpius, S. 56

99 Vulpius, S. 81/82

100 Vulpius, S. 118

101 GSA, unveröffentlicht

102 Vulpius, S. 65/66

103 Die vollständige Bibliographie der Kompositionen Walther von Goethes s. Bergmann.

104 Jelinek, S. 59

105 Georg Droescher, Walther von Goethes Oper »König Enzio«, in: Jb. der Goethe-Ges. Bd. 14, 1928, S. 200-207

106 Vulpius, S. 77

107 GSA, Rep. 37, XXXI, 1-4,8

108 J. Schultze, Der Plan eines Nationaldenkmals in Weimar. Der Deutsche Bund und die Erben Goethes, in: Jb. der GG Bd. 12, 1926

109 Deetjen, S. 18

110 Vulpius, S. 93

111 Böhlau, S. 117/118

112 Goethe-Museum Düsseldorf, Inv. KK 3551

113 Böhlau, S. 120

114 GSA Weimar

115 Rahmeyer, S. 352

116 Schmidt, S. 20, 23, 25

117 Studentenbriefe, S. 52-55

118 Die Briefe von Wolfgang von Goethe an Schelling befinden sich im GSA Weimar.

119 Schuller, S. 168

120 Büch, S. 276

121 Rahmeyer, S. 246

122 Lily Braun, S. 259

123 Wolfgang von Goethe, Gedichte, Cotta 1851, S. 89

124 F. Noack, Der Nachlaß August von Goethes in Rom. In: Jb. der Goethe-Gesellschaft Bd. 29, 1908, S. 206/7

125 Schorn, S. 34

126 Mejer, S. 53

127 Jelinek, S. 58/9

128 Houben, S. 151

129 Vulpius, S. 125, 133

130 Vulpius, S. 144

131 »Fährmann«, S. 135

132 Vulpius, S. 124

133 Büch, S. 314

134 Wolfgang von Goethe hat seinen schriftlichen Nachlaß einschließlich seiner umfangreichen Bibliothek der Universitätsbibliothek
Jena vermacht.

135 Mejer, S. 80

136 Houben, S. 187

137 Mejer, S. 61

138 Berichte aus Wolfgang von Goethes diplomatischer Tätigkeit 1852–
1860 GSA, Rep. 37, XL, 4

139 Houben, S. 213

140 Bode, Stunden mit Goethe, S. 147/148

141 Houben, S. 163

142 Karl Friedrich von Savigny, Bd. I, S. 23, Bd. II., S. 721, 728, 759

143 GSA, Rep. 37, XLII, 4, 1–4

144 Mejer, S. 71

145 S. Goethes Gedichte 1800–1832, Frankfurt am Main 1998, Bd. II,
S. 1325

146 Vulpius, S. 147

147 Pöthe, S. 76

148 Houben, S. 188

149 Walther von Goethe, Mein Winter in Weimar. Mein Sommer
in Weimar. Goethe-Museum Düsseldorf, Inv. KK 3502

150 Hinweise verdanke ich R. J. Baerlochers Beitrag im Goethe-Jahrbuch 117, Weimar 2001, S. 183.

151 Hinweise verdanke ich Herrn Willi Diedrich, Berlin.

152 Vulpius, S. 162

153 Goethe-Museum Düsseldorf, Inv. 3528

154 Houben, S. 217

155 Vulpius, S. 156

156 Vulpius, S. 157

157 Mejer, S. 78

158 Mejer, S. 87

159 Mejer, S. 113

160 Mejer, S. 19- 20

161 Die Korrespondenz von Wolfgang von Goethe mit dem Verleger Frommann über den Druck seiner Arbeit umfaßt 200 Seiten.

162 Houben, S. 222

163 Redslob, Der Garten der Erinnerung, Naumburg 1928, S. 26

164 Vulpius, S. 217/218. Die Briefe von Walther und Wolf von Goethe an Charlotte Hardtmuth befinden sich im Goethe-Museum Düsseldorf.

165 Mejer, S. 9

166 Mejer, S. 101

167 Mejer, S. 102

168 Die Korrespondenz zwischen Walther von Goethe und Böttger befindet sich im Goethe-Museum Düsseldorf.

169 Vulpius, S. 116, 217

170 Lily Braun, S. 372-376

171 Jahrbuch der Goethe Gesellschaft Bd. 9, 1922, S. 334

172 Schorn, S. 42

173 GSA Weimar

174 Schorn, S. 48/49

175 Lily Braun, S. 358

176 Schorn, S. 47

177 Vulpius, S. 223

178 M. P. Pogodin, in: Mit Goethe durch das Jahr. Ein Kalender für das Jahr 1979, S. 77

179 GSA Rep. 37, XXXI, 1-4, 8

180 Pöthe, S. 195

181 Pöthe, S. 195

– *Achim und Bettina in ihren Briefen.* Briefwechsel von Achim von Arnim und Bettina Brentano. Hg. von Werner Vordtriede. 2 Bde. Frankfurt am Main 1988
– Amft, Hubert, *Dem Geist des Ortes verpflichtet.* Lebensbilder und Werk von sechs Weimarer Schriftstellerinnen. Weimar 2005
– Andersen, Hans Christian, *Das Märchen meines Lebens.* Frankfurt am Main 1979
– Baerlocher, René Jacques, *Auch Briefe haben ihr Erlebtes.* Anmerkungen zu einem Brief Walther von Goethes vom 8. Juni 1847, in: Goethe-Jahrbuch Bd. 109. Weimar 1993, S. 131-143
– Baerlocher, René Jacques, *Nachsommer in Weimar. Walther von Goethe* (Ausstellungsbroschüre). Weimar 1997
– Baerlocher, René Jacques, *Walther von Goethe – Epilog zu einem Jubiläumsjahr,* in: Goethe-Jahrbuch Bd. 117, Weimar 2001, S. 179-200
– Bechstein, Karl, *Häuser und Gärten in Alt-Weimar.* Weimar 1938
– Bergmann, Alfred, *Die Kompositionen Walther von Goethes. Eine Bibliographie,* in: Jahrbuch der Sammlung Kippenberg Bd. 7, 1927/28, S. 175 f.
– Beutler, Ernst, *Essays um Goethe.* Leipzig 1941
– Biedrzynski, Effi (Hg.), *Goethes Weimar. Das Lexikon der Personen und Schauplätze.* Zürich 1992
– Bode, Wilhelm, *Goethes Sohn.* Berlin 1918. Neuauflage, hg. von Gabriele Radecke, Berlin 2004
– Böhlau, Therese, *Alma von Goethe,* in: *Stunden mit Goethe.* Hg. von Wilhelm Bode, Bd. 6, Berlin 1910
– Braun, Lily, *Im Schatten der Titanen. Ein Erinnerungsbuch an Baronin Jenny von Gustedt.* Stuttgart 1910
– Büch, Gabriele, *Alles Leben ist Traum. Adele Schopenhauer. Eine Biographie.* Berlin 2002
– Buchner, Wilhelm (Hg.), *Ferdinand Freiligrath. Ein Dichterleben in Briefen.* Lahr 1881
– Carus, Carl Gustav, *Lebenserinnerungen und Denkwürdigkeiten.* Nach der zweibändigen Originalausgabe von 1865/66 neu hg. von Elmar Jansen, Bd. I/II. Weimar 1966

- Deetjen, Werner, *Goethes tägliche Tafel vom 25. Dezember 1831 bis 15. März 1832*, in: Jahrbuch der Sammlung Kippenberg, Bd. 7, 1927/28
- Denecke, Toni, *Das Testament. Menschenschicksale um das Haus am Frauenplan*. Weimar 1965
- *Die Bibliothek Maximilian Wolfgangs von Goethe* (Versteigerungskataloge). 2 Bde. Kiel 1905
- Droescher, Georg, *Walther von Goethes Oper »König Enzio«*, in: Jahrbuch der Goethe-Gesellschaft Bd. 14. 1928, S. 200–207
- Eckermann, Johann Peter, *Gespräche mit Goethe in den letzten Jahren seines Lebens*. Nach den Erstausgaben mit Nachlaßmaterialien ediert und umfassend kommentiert. Hg. von Christoph Michel unter Mitwirkung von Hans Grüters. Frankfurt am Main 1999
- Egloffstein, Hermann, Freiherr von, *Alt-Weimars Abend*. Briefe und Aufzeichnungen aus dem Nachlasse der Gräfinnen Egloffstein. München 1923
- Fischer-Dieskau, Dietrich, *Robert Schumann. Das Vokalwerk*. München 1985, S. 54
- Gajek, Bernhard, *Wolfgang Maximilian von Goethe*, in: Neue Deutsche Biographie VI, Berlin 1964, S. 576 f.
- Geiger, Ludwig, *Goethe und die Seinen*. Leipzig 1908
- Gersdorff, Dagmar von, *Goethes Mutter. Eine Biographie*. Frankfurt am Main 2001
- Gersdorff, Dagmar von, *Marianne von Willemer und Goethe*. Frankfurt/Leipzig 2003
- Gerstenbergk, Jenny von, *Ottilie von Goethe und ihre Söhne Walther und Wolf in Briefen und persönlichen Erlebnissen*. Stuttgart 1901
- Goethe, August von, *Auf einer Reise nach Süden*. Erstdruck nach den Handschriften. Hg. von Andreas Beyer und Gabriele Radecke. München 1999
- Goethe. *Die letzten Jahre*. I. und II. = Bd. 37, (1823–1828), Bd. 38, (1828–1832). Hg. von Karl Eibl u. a. Frankfurt am Main 1993
- *Goethe in vertraulichen Briefen seiner Zeitgenossen*. Zusammengestellt von Wilhelm Bode. 3 Bde. Berlin u. Weimar 1982
- *Goethe aus der Nähe*. Texte von Zeitgenossen, ausgewählt und kommentiert von Eckart Kleßmann. Zürich 1995
- Goethe, Walther von, *Fährmann, hol' über!* Berlin 1848. Nachdruck 1911

- *Walther von Goethe.* Zum 100. Todestag am 15. 4. 1985. Goethe-Museum, Anton-und-Katharina-Kippenberg-Stiftung. Düsseldorf 1985
- Goethe, Wolfgang Maximilian von, *Studenten-Briefe. Erstes Semester. Briefe und Lieder eines alten Burschen und krassen Fuchses.* (Anonym.) Jena 1842
- Goethe, Wolfgang Maximilian von, *Der Mensch und die elementarische Natur.* (Anonym.) Stuttgart 1843
- Goethe, Wolfgang von, *Erlinde.* Stuttgart und Tübingen 1845 u. 1851
- Goethe, Wolfgang von, *Gedichte.* Stuttgart und Tübingen 1851
- Goethe, Wolfgang Maximilian von, *Studien und Forschungen über das Leben und die Zeit des Cardinals Bessarion 1395-1472.* Abhandlungen, Regesten und Collectaneen. I. Die Zeit des Concils von Florenz. Erstes Heft. (Als Manuscript gedruckt.) (O. O.) 1871
- *Goethe-Handbuch.* Hg. von Bernd Witte, Theo Buck, Hans-Dietrich Dahnke, Regine Otto, Peter Schmidt. 4 Bde. Stuttgart 1996-1998
- *Goethe und seine Welt.* Unter Mitwirkung von Ernst Beutler hg. von Hans Wahl und Anton Kippenberg. Leipzig 1932
- *Goethes Kunstsammlungen.* Zusammengestellt von Christian Schuchardt. Teil 1-3, Jena 1848-1849
- Golz, Jochen (Hg.), *Das Goethe-Schiller-Archiv 1896-1996.* Beiträge aus dem ältesten deutschen Literaturarchiv. Weimar, Köln u. Wien 1996
- Gräbner, Karl, *Die Großherzogliche Haupt- und Residenzstadt Weimar nach ihrer Geschichte und ihren gegenwärtigen gesamten Verhältnissen dargestellt. Ein Handbuch für Einheimische und Fremde.* Erfurt 1830, Reprint Leipzig 1987
- Hecker, Max, *Walther von Goethe,* in: Allgemeine Deutsche Biographie, Bd. 49, 1904, S. 479-490
- Houben, Hans Heinrich, *Ottilie von Goethe. Erlebnisse und Geständnisse 1832-1837.* Leipzig 1923
- Huschke, Wolfram, *Musik im klassischen und nachklassischen Weimar 1756-1861.* Weimar 1982
- Jelinek, Oskar, *Die Geistes- und Lebenstragödie der Enkel Goethes. Ein gesprochenes Buch.* Wien 1938
- Jagemann, Caroline von, *Erinnerungen.* Hg. von Eduard v. Bamberg, Dresden 1926

- Janetzki, Ulrich (Hg.), *Ottilie von Goethe. Goethes Schwiegertochter. Ein Porträt.* Frankfurt am Main 1982
- *Karl Friedrich von Savigny (1814-1875).* Bd. I und II, hg. von Willy Real. Boppard 1981
- Kempen, Wilhelm van, *Ein Weihnachtsabend bei Ottilie von Goethe.* In: Jahrbuch der Goethe-Gesellschaft 1929, Bd 15.
- Klein, Otto, *Alma von Goethe, des Dichters Enkelin.* Mit 3 Porträts. Leipzig 1910
- Kraft, Werner, *Goethe. Wiederholte Spiegelungen aus fünf Jahrzehnten.* München 1986
- Kroeger, Heinz, *Aus Alma v. Goethes Brieftasche,* In: Jahrbuch der Sammlung Kippenberg, Bd. 8, 1930
- Kühn, Dieter, *Clara Schumann, Klavier.* Frankfurt am Main 1998
- Kuhn, Karl, *Aus dem alten Weimar. Skizzen und Erinnerungen.* Wiesbaden 1904
- Littrow-Bichoff, Auguste von, *Alma von Goethe.* In: Chronik des Wiener Goethe-Vereins, Jg. 6, 1887, S. 28-34
- Loeb, Ernst, *Der Enkel Einer. Betrachtungen zu einer unbekannten Stammbuch-Eintragung Walther von Goethes* (1862). In: Jahrbuch der Goethe-Gesellschaft N. F. 26 (1964), S. 260-265
- *Mann für Mann.* Biographisches Lexikon zur Geschichte von Freundesliebe und mannmännlichem Sex im deutschen Sprachraum. Hg. von B. U. Hegemöller, Hamburg 1998
- Mit Goethe durch das Jahr. *Die Nachkommen Goethes.* Ein Kalender für das Jahr 1979. Zürich und München 1978
- Mejer, Otto, *Wolf Goethe. Ein Gedenkblatt.* Weimar 1889
- Kanzler von Müller, *Unterhaltungen mit Goethe.* Hg. von Ernst Grumach. Weimar 1959
- Pöthe, Adelheid, *Carl Alexander, Mäzen in Weimars »Silberner Zeit«.* Köln/Weimar/Wien 1998
- Rahmeyer, Ruth, *Ottilie von Goethe.* Frankfurt am Main und Leipzig 2002
- Sachsen-Weimar, Carl Alexander Großherzog von, *Tagebuchblätter einer Reise nach München und Tirol im Jahre 1858.* Hg. und erl. v. Conrad Höfer. Eisenach 1933
- Schmidt, Günter, *Alma von Goethe. Ein Lebensbild.* Msch.schrift, unveröff. O. D., GSA Weimar

- Schuller, Wolfgang, *De fragmento Vegoiae: Wolfgang Maximilian von Goethe und seine Doktorarbeit*, in: Antike und Abendland 45, 1999, S. 165-176
- Clara und Robert Schumann, *Briefwechsel.* Kritische Gesamtausgabe, hg. von Eva Weissweiler. Basel/Frankfurt am Main 1984
- Schopenhauer, Adele, *Feld-, Wald- und Wiesenmärchen*, hg. von Karl Wolfgang Becker. Hanau 1987
- Schorn, Adelheid von, *Das nachklassische Weimar unter der Regierungszeit von Karl Alexander und Sophie.* Weimar 1912
- Sedlacek, Carola, *Walther von Goethe.* In: Goethe-Handbuch, Bd. 4/1, hg. von Hans-Dietrich Dahnke u. Regine Otto, Stuttgart/Weimar 1998
- Seeliger, Domietta, *Adele Schopenhauer: nicht nur die Schwester des Philosophen.* Analyse des Erzählwerks von Adele Schopenhauer und der dramatischen Dichtung »Erlinde« von Wolfgang Maximilian von Goethe und Adele Schopenhauer, Frankfurt am Main 2004
- Seidler, Luise, *Erinnerungen.* Hg. von Hermann Uhde. Berlin 1922
- Soret, Fréderic, *Zehn Jahre bei Goethe. 1822-1832.* Leipzig 1929
- Stolzenberg, Ingeborg, *Ottilie von Goethes Lebensverhältnisse in den ersten Jahren nach Goethes Tod.* In: Jahrbuch der Sammlung Kippenberg, NF II, 1970
- *Verlassenschaften. Der Nachlaß Vulpius.* Edition Weimarer Klassik, Weimar 1995
- Völker, Werner, *Weihnachten bei Goethe.* Stuttgart 1999
- Vogel von Frommanshausen, Hermann, *Allwina Frommann, eine treue Freundin des Goethehauses*, in: Jahrbuch der Goethe-Gesellschaft, NF. Bd. 3, 1938, S. 257-281
- Vulpius, Wolfgang, *Walther Wolfgang von Goethe und der Nachlaß seines Großvaters.* Weimar 1963
- *Weimar. Lexikon zur Stadtgeschichte.* Hg. von Gitta Günther, Wolfram Huschke und Walter Steiner. Weimar 1998
- Weisbecker, Walter, *Goethe zwischen Geist und Sinnenfreude.* Frankfurt 1994
- Weissweiler, Eva, *Clara Schumann.* Hamburg 1990

Bildnachweis

Freies Deutsches Hochstift/Frankfurter Goethe-Museum, Frankfurt
a. M., Foto Ursula Edelmann: S. 114;
Goethe-Museum Düsseldorf: S. 10, 60, 176, 179, 183, 223, 251;
Heinrich-Heine-Institut, Düsseldorf: S. 136;
Klassik Stiftung Weimar: S. 16, 19, 26, 32, 41, 51, 57, 65, 72, 91, 97, 101,
103, 123, 133, 159, 161, 167, 173, 189, 191, 201, 209, 214, 227, 231, 247, 256,
266.
Weitere Nachweise über das Archiv des Insel Verlags.